培文·媒介与文化译丛

媒介、风险与科学

Media, Risk and Science

[英]斯图尔特·艾伦（Stuart Allan）著

陈开和 译

著作权合同登记号　图字：01-2006-1556

图书在版编目（CIP）数据

媒介、风险与科学/（英）艾伦（Allan, S.）著；陈开和译. —北京：北京大学出版社，2014.9

（培文·媒介与文化译丛）

ISBN 978-7-301-24608-5

I.①媒… II.①艾… ②陈… III.①传播媒介—研究 IV.① G206.2

中国版本图书馆 CIP 数据核字（2014）第 184959 号

Stuart Allan
Media, Risk and Science
ISBN 0 335 20662 X
Copyright © 2013 by McGraw-Hill Education.

All rights reserved. No part of this publication may be reproduced or transmitted in any form or by any means, electronic or mechanical, including without limitation photocopying, recording, taping, or any database, information or retrieval system, without the prior written permission of the publisher.

This authorized Chinese translation edition is jointly published by McGraw-Hill Education and Peking University Press. This edition is authorized for sale in the People's Republic of China only, excluding Hong Kong, Macao SAR and Taiwan.

Copyright © 2013 by McGraw-Hill Education and Peking University Press.

版权所有。未经出版人事先书面许可，对本出版物的任何部分不得以任何方式或途径复制或传播，包括但不限于复印、录制、录音，或通过任何数据库、信息或可检索的系统。

本授权中文简体字翻译版由麦格劳-希尔（亚洲）教育出版公司和北京大学出版社合作出版。此版本经授权仅限在中华人民共和国境内（不包括香港特别行政区、澳门特别行政区和台湾）销售。

版权 © 2013 由麦格劳-希尔（亚洲）教育出版公司与北京大学出版社所有。

本书封面贴有 McGraw-Hill Education 公司防伪标签，无标签者不得销售。

书　　　名：	媒介、风险与科学
著作责任者：	［英］斯图尔特·艾伦 著　陈开和 译
责 任 编 辑：	徐文宁
标 准 书 号：	ISBN 978-7-301-24608-5/G·3859
出 版 发 行：	北京大学出版社
地　　　址：	北京市海淀区成府路 205 号　100871
网　　　址：	http://www.pup.cn　新浪官方微博:@北京大学出版社 @培文图书
电 子 信 箱：	pkupw@qq.com
电　　　话：	邮购部 62752015　发行部 62750672　编辑部 62750112
	出版部 62754962
印 刷 者：	三河市国新印装有限公司
经 销 者：	新华书店
	650 毫米 × 980 毫米　16 开本　17 印张　260 千字
	2014 年 9 月第 1 版　2014 年 9 月第 1 次印刷
定　　　价：	42.00 元

未经许可，不得以任何方式复制或抄袭本书之部分或全部内容。
版权所有，侵权必究
举报电话：010-62752024　电子信箱：fd@pup.pku.edu.cn

目　录

丛书编者前言…………………………………………………… 3

致　谢…………………………………………………………… 5

第一章　导论：媒介、风险与科学……………………………… 1
　　　　科学与公众………………………………………………… 4
　　　　有风险的科学，靠不住的媒体…………………………… 9

第二章　科幻故事……………………………………………… 14
　　　　科幻小说中的科学………………………………………… 17
　　　　超科学的奇妙故事………………………………………… 24
　　　　外星世界…………………………………………………… 32
　　　　终极边界…………………………………………………… 39
　　　　结论………………………………………………………… 45

第三章　大众文化中的科学…………………………………… 47
　　　　事实就在那里……………………………………………… 48
　　　　科学家们的公众形象……………………………………… 54
　　　　公众了解科学……………………………………………… 63
　　　　展示中的科学……………………………………………… 72

第四章　科学新闻……………………………………………… 81
　　　　科学与社会………………………………………………… 82
　　　　让科学具有新闻价值……………………………………… 88

　　　　作为消息来源的科学家……………………………………… *96*
　　　　风险传播……………………………………………………… *104*

第五章　媒介、风险与环境………………………………………… *114*
　　　　生活在风险社会……………………………………………… *117*
　　　　描绘"环境"地图…………………………………………… *121*
　　　　核子的梦魇…………………………………………………… *126*
　　　　报道环境议题………………………………………………… *132*

第六章　处于风险之中的身体：有关艾滋病的新闻报道………… *142*
　　　　一场（不）道德恐慌………………………………………… *145*
　　　　报道艾滋病疫情……………………………………………… *149*
　　　　傲慢与偏见…………………………………………………… *154*
　　　　新世纪的艾滋病毒/艾滋病………………………………… *163*

第七章　食品恐慌：疯牛病与转基因食品………………………… *172*
　　　　媒体中的食品恐慌…………………………………………… *174*
　　　　疯牛与愤怒的市民…………………………………………… *179*
　　　　关于转基因食品的争议……………………………………… *195*
　　　　吸取教训？…………………………………………………… *205*

第八章　人类的影子：机械机器人、生物机器人、
　　　　电子机器人、克隆人……………………………………… *209*
　　　　弗兰肯斯坦创造的怪物……………………………………… *210*
　　　　血肉与钢筋的结合…………………………………………… *216*
　　　　试管婴儿，设计出来的孩子………………………………… *224*
　　　　克隆人………………………………………………………… *234*

参考文献……………………………………………………………… *246*

丛书编者前言

"文化与媒介研究议题"丛书旨在提供批判性的视角,以推进目前亟需研究的一系列重要问题。文化与媒介研究的概念体系变化速度非常惊人,因此,丛书作者均努力为这一正在进行中的学术重估和批判作出自己的贡献。每本书都从一个全新的视角,针对一个特定的议题,进行生动全面具有创新意义的探讨。读者不仅可以充分了解每本书主题的来龙去脉及各方观点,还可以很好地把握该议题的未来研究方向。总之,本丛书以其特有的想象力,深刻地探讨了文化与媒介研究领域的一系列核心议题。

斯图尔特·艾伦

致 谢

笔者在写作本书时得到许多友人帮助，他们的热情支持和精辟见解为本书增色不少。感谢许多科学家、新闻记者、活动家、决策者接受我的采访并容忍我提出各种不合时宜的问题。感谢 Cynthia Carter、Felicity Mellor、Peter Brokes 评述了本书的早期书稿。感谢 Alison Anderson、David Berry、Donald Matheson、Martin Montgomery、Alvaro Pina、Karen Ross、Imogen Tyler、Chris Weedon 邀请我到他们各自所在的大学去发表演讲，使我的一些想法有机会得到考验和交流。特别感谢卡迪夫大学"风险、媒介与传播研究小组"的同事们，与他们的深入讨论给我很大启发。感谢 Ulrich Beck、Frank Burner、Simon Cottle、John Durant、Nils Lindahl Elliot、Peter Glasner、Olga Guedes、Iain Hamilton Grant、Dick Heller、Jim McGuigan、Adam Nieman、Lesley Patterson、Roberta Pearson、Chris Philippidis、Helen Lawton Smith、Joost van Loon、Ian Welsh、哈佛大学"风险分析中心"成员和多年来各种会议的与会同仁一直与我分享他们的思想。特别感谢 Barbara Adam、Martin Lister、Maureen McNeil、John Tulloch 的支持。我在西英格兰大学文化研究学院的同事和学生，一直热情地鼓舞我把媒介与文化研究导入新方向。同样要感谢研究小组的同事们给了我一个学期的研究假期，感谢"艺术与人文研究委员会（AHRB）"资助了我另一个学期的研究和写作。感谢公开大学出版社的 Justin Vaughan 及其同事们，他们一直都是那么优秀，感谢 Christine Firth 的精心编校。最后我要一如既往地衷心感谢我的太太 Cindy 和儿子 Geoff，感谢他们对我从不间断的巨细无遗的关爱。

斯图尔特·艾伦

第一章　导论：媒介、风险与科学

> 坦率地讲，在大规模的"公司-科学"宣传和报纸上歇斯底里报道的支配下，多数选民都只是信息贫民、科学文盲、空洞白痴。他们被告知："官方科学家"才是权威，不管这个科学家研究的是蚯蚓还是星球。他们不去探听同行评议。他们甚至不会确切知道什么是科学证据，也不知道报纸头版刊登的那些离奇故事的背后是哪些并不复杂的大发现。
>
> ——记者安德鲁·马尔（Andrew Marr）

从一些媒体的描述中我们知道：科学世界是一群白领科学家紧盯着显微镜，是实验室工作台上许多煤气灯上面冒着泡泡的长颈瓶，是一排排试管架子和散发着奇异香味的培养器皿。那是一个隔着实验室窗户远离尘嚣的世界。媒体告诉我们，科学世界大体上无趣而又平凡得令人麻木，科学家们日复一日地重复着平常的工作。但偶尔也会有激动人心的时刻，在那些瞬间（如原子裂变），乍现的灵感之光会神奇地将人类命运抛入未定之天。科学要是被坏人掌握，就会被用于邪恶的目的；如果落入好人之手，则会被看作拯救人类的力量。至于科学家们自己，他们似乎永远都是那么优雅从容，为了社会的利益孜孜不倦地去寻求真理。这意味着，科学家们追求真理的努力是现代民主的基石，它使得我们生活的世界变得井然有序。然而，媒体也告诫我们，要注意种种例外情形。比如,有些科学家可能想要把科学知识用于邪恶的目的。这些科学家,或者出于贪婪的欲望,或者出于权力的诱惑,鬼迷心窍,失去了控制。

从部分科学家的言论中我们知道:媒体世界痴迷于追求娱乐多于提供信息,重视形式多于内容,受此倾向驱使,媒体提供的是一个肤浅、表象的世界。媒体世界充满了烟幕和镜像,那里的一切都不够真实,在关注阅听率、目标受众、财务利润之余,科学真理问题无人问津。新闻记者们在努力报道某项科学进展时,不管用意如何善良,多数情况下他们都会屈从于煽情的做法,好让他们的报道能够抓住受众们漂移不定的目光。新闻越是血腥,就越受关注。同理,科学真相必须为新闻故事的吸引力让路。遍观各种媒体,我们经常看到的不是有关科学研究的深层探讨和辩论,而是种种科学奇谈:恐龙曾与人类和平相处、魔术师轻易地打破了物理学定律、神秘预言家用他们的水晶球预测了彩票的结果、星座透露出人的前途命运,等等。一些科学家认为,媒体中经常出现的对科学的种种误传,不仅诬蔑了科学,也背离了民主本身的价值与利益。他们警告说,媒体没有给予科学以适当的尊重,其后果将会十分严重。

毋庸讳言,上面只是刻意对这两个"世界"所做的非常粗略而又黑白分明的描述。我这样做的目的是想强调,在现代社会,"科学"这样具有精致界限的概念,必须与我们在媒体中看到的种种关于"科学"的典型意象联系起来。简单讲,我认为必须在"科学—媒体"的联结中,从一系列不同的视角来看待争议中的科学界限,这是至关重要的。究竟什么"是"科学、什么"不是"科学,很难有一个明晰的结论,随便浏览一下天天发行的报纸中出现的诸如"疯牛病"或电视纪录片中出现的"全球变暖"之类的词汇,就可明白这个道理。也许有人会说,就像什么是"美"一样,什么是"科学"也是一件见仁见智之事。不管怎样,把科学和媒体看成两个截然不同而且时常对立的世界,这种做法有时是有其便利之处的，至少在公开辩论中便于指出问题的根源。但若我们真的认为这两者之间存在这种简单的对立，那就错了。在我看来，科学与媒体都试图以各自不同的复杂方式去描述现实的真相，因此，从批判视角出发把科学话语和媒体话语联结到一起，才是更为恰当的方式。如此联结之后，我们就可以找出它们各自所声称的真理中相互重叠的部分，或是相互排斥的部分，这都是非常重要的，将会大大有助于我们认识周围世界。

要判断什么是科学，我们就必须认真看待媒体的各种表述，这是本书中笔者研究问题的基本出发点。本书将表明，多学科视角的新研究，正在扩展并充实目前关于新闻与娱乐媒体表述科学议题的方式及其对受众影响的辩论。然而，笔者在这里必须首先承认，总体来看，本书在概念框架和研究方法上还处于相当初步的阶段。正如库特和庞弗里指出的，多年来还极少有人就大众文化中的科学问题写过什么：

> 就连最简单的科学知识和文化的传播机制，如大众出版物、广播电视，更不用说科学文本、博物馆、学校课程，以及科学游说团体散发的各种宣传品等，其效果如何，至今仍乏人研究而难窥究竟。从咖啡馆到连环画册、化学玩具，从布道台到小酒馆和电影院，从业余艺术家俱乐部到广告公司，从科学公园到《侏罗纪公园》，不管是通俗的戏剧还是高雅的科学艺术，我们对其传播方式及大众化的生产与再生产方式的了解，都贫乏得惊人。
>
> (Cooter and Pumfrey 1994：237)

尽管对这一领域的研究尚属初步，库特和庞弗里仍为我们指出了新近取得的许多重要进展，比如他们提出了一个很好的研究趋势，即要把科学放入相应的文化背景中加以考察。对于文化与科学的关系，有两种概括：一种是"文化中的科学"，这是比较温和地说明文化的作用；另一种是"作为文化的科学"，这是突出地强调文化因素的作用。这两种概括的共同点是承认"科学的形态和成就"都深深地根植于一系列复杂的社会关系中。这些社会关系反过来又联结着许多不同的科学社群,其中包括"各种联盟、受众、公众、消费者、生产者;有权有势的精英阶层;以及'低层'社会团体(他们对科学的接纳或拒绝同样深深地影响到科学文化)"(Cooter and Pumfrey 1994:240)。库特和庞弗里认为,科学与"低层"社会团体之间的社会关系,正是研究者们所关注的如何在大众中"普及"科学的问题。

科学与公众

关于如何才能最好地"普及"科学这一问题,很早就有激烈的辩论,但那些站在科学研究立场上的人,对这个问题似乎有着日益增强的紧迫感。邓巴指出,科学家们一般不会花很多时间去追问自己的工作性质及其社会意义。他说:"科学家都很务实,他们只是把自己的研究工作一步一步地做下去。"(Dunbar 1995:12)

科学家们这种专心致力于解决现有急迫问题的态度,显然有其益处,但也有局限性。可以说,最明显的局限性是:这种实用主义使得科学家们无法更好地反省他们在向"普通"或"外行"公众解释科学的性质方面应承担的共同责任。对于有关科学研究的目的和意义的各种公开辩论,科学家们通常很快就会指出他们所认为的各种误解,但他们大都不愿花费精力去澄清这些误解。然而,越来越多的科学群体认为,科学家们的这种沉默是不应该的。他们认为,这种沉默导致社会大众(尤其是年轻人)对科学的支持度日益下降。为了支持这一看法,他们经常引用各种用来测量公众对科学了解程度的民意调查数据,而西方国家的调查数据往往显示,反对科学的态度所占的比例正在稳步上升。也有人反对这样解释,但不管怎样,中学和大学理工科学生的数量在减少,这一点是可以确定的。有评论者认为,这一明显的趋势非常不利于下一代理工科教师和研究者的成长，也不利于现代社会工业科技的未来发展。

倡导科学的人士则为人们对待科学的这种明显的淡漠（如果不是完全反感）态度找出很多不同的理由。比如，典型做法是将其归咎于人文社会科学学者的声音，数十年前斯诺在《两种文化》一书中淋漓尽致地描述了人文学者与社科学者之间的紧张关系。持这种观点的人认为，当今那些把"后现代主义"哲学信条奉为独特知识立场的社会与文化理论家尤应受到谴责。他们说，后现代主义者质疑普遍理性的存在，特别是不认为存在可用科学调查来理性地加以认识的外在现实，这都是被严重误导的看法。他们认为，后现代主义把科学贬低为只是理解世界的方式之一、只是一种"语言游戏"，与其他认识世界的方法相比没什么内在优劣可言，这完全是对科学的侮蔑。他们认为，后现代主义者不仅在教育系统中攻击科学，而且越来越多地在媒体中攻击科学，所造成的影响也越来越大，对此他们感到特别愤怒（参见 McGuigan 1999）。这些人坚持认为，后现代主义者没有认真地把科学当回事，有可能使得公众对传统求知标准的怀疑，演变成对科学抱持一种虚无主义的、黯淡的疏离态度。

倡导科学的人士找到的另一个理由是，那些迫切想要阻止科学在现代社会中地位上升的个人和团体对科学的挑战。这些人一方面拒绝某些关于科学研究的后现代定义中所包含的道德相对主义立场，另一方面又反对把科学看成是道德中立的东西。这正是阿普尔亚德在《理解当下》（*Understanding the Present*, 1992）一书中的立论。他写道："科学家应该受到比谁都更严格的检验和批判，这不仅是因为他们的实验室中可能产生恐怖的发明，也因为必须让他们在道义上和哲学上对其他社会大众负责。"（Appleyard 1992：xiii）阿普尔亚德认为，科学正在取代宗教和文化，这应该加以反对，因为科学会极其有效地"腐蚀人的精神，把古老的经典和传统都化为乌有"。他认为，科学家们不可避免地会"穿上巫婆神汉的外衣",确保他们的"神奇疗法"变成"我们的符咒",他们的"实验"变成"我们的仪式"(Appleyard 1992:9)。因此,科学的"惊人成就"正是我们必须抵制的东西,因为科学的冷血逻辑最终将摧垮人类最基本的价值,相应地也将摧毁赋予生命以意义、目的和情感满足的自我意识。由此,阿普尔亚德在呼吁终结"科学规则"的同时,也勇敢地挑战了倡导科学人士所宣称的观点,即在科学中我们可以找到一个以更丰富的精神来欣赏周遭世界的方式。

对于这样的批评,有一位倡导科学的人士出面作了回应,他就是演化论科学家道金斯。有趣的是,道金斯的书名《解析彩虹》(*Unweaving the Rainbow*),出自诗人济慈的诗句:"谁曾想到,牛顿摧毁了彩虹的诗意,把它化约为光谱上的七色。"(Dawkins 1998:xii) 道金斯认为,济慈大错特错了,因为牛顿对彩虹性质的解释,不仅没有破坏彩虹本身的诗意,而且科学还是(或应该是)伟大诗篇的灵感之源。有人认为"科学是诗意的敌人,它干冷、乏味而又专横,缺乏浪漫的年轻人所喜爱的任何特质",道金斯坚决反对这样的看法。事实上,他甚至提出一个"无法证实的推测":"如果济慈到科学中去寻找一些灵感,他可能会成为一位更出色的诗人。"(Dawkins 1998:27) 更准确地讲,道金斯认为有一点非常重要,那就是,我们应该承认,"好奇心"是伟大诗人的灵感之源,也是伟大科学家的灵感之源。道金斯还进一步指出:"牛顿把彩虹分解为不同波长的光线,这导致了后来马克斯维尔的电磁理论和爱因斯坦狭义相对论的先后诞生。"(Dawkins 1998:42)

在道金斯看来,媒体中经常出现的各种形式的伪科学所威胁的,恰恰是"好奇心"这一科学意识的基础。尤其令人不安的是,一些形态的大众文化毫无根据地公开(更多则是隐晦地)声称自己是科学的。比如,道金斯很鄙视占星术,认为那是"毫无意义的垃圾","与天文学所揭示的真实宇宙一比较,更是显出其荒谬","占星家根据人出生时的星象,把人分成十二个类型或贴上十二种标签,这是一种轻巧而且可能带来伤害的做法"(Dawkins 1998：115，118）。报纸中的星座专栏，对有些读者来说只是一种轻松的消遣，但对那些急于按照占星家兜售的建议去行事的人，则可能会带来不幸的后果。道金斯还以媒体"沉迷于"各种异常现象为由，极力反对把"二流魔术师的戏法装扮成物理学现象和特异功能"(Dawkins 1998：115）。因为如果那样，也就很容易去相信心灵感应和巫术，甚至相信各种精灵妖怪的存在了。"心神不宁的人们述说着他们关于鬼怪的种种幻觉，"他写道，

> 但电视节目制作人不是把他们送到好的精神医师那里去寻求治疗，而是急切地与他们签约，然后找来演员，把他们的幻觉搬上舞台去生动再现——这将对广大容易轻信的观众产生什么样的影响，是可想而知的。
>
> (Dawkins 1998：129）

或许还可以说，这种做法同时也影响到人们对"科学"的理解。

再回到电视对科学研究的再现上，道金斯专门挑出《X档案》(The X-Files) 这部广受欢迎的系列电视剧来进行批评。他指出，《X档案》中每一集的故事，都是围绕着两个联邦调查局特工面对的神秘现象而展开："这两个特工中，斯库利喜欢采用理性、科学的解释；穆尔德则主张采用超自然的解释，或者特别推崇非理性现象。"(Dawkins 1998：28）两位特工都努力从各自的立场来为他们遇到的神秘现象提供最好的解释以便解决这些现象，这种小说式的叙事策略，在有些人看来并没有什么害处。但道金斯却不这么看，他坚持认为："《X档案》的问题在于，该剧一而再、再而三地出现的情形是：超自然的解释，或偏向穆尔德那一端的解释，被证明是正确的。"因此在他看来，把这个节目说成是无伤大雅的虚构故事，是没有道理的，因为它"系统地宣扬了非理性的世界观，并且一再重复这个主题，因而是阴险的"(Dawkins 1998：28）。因为《X档案》拒绝按照有些自然法则的要求，把世界描

绘成一个秩序井然的地方，因而也就不符合道金斯所认为的好的科幻片的标准。道金斯认为，在科幻小说中，"可以有神秘现象，但不能出现变戏法；可以有超乎想象的怪异现象，但不能出现符咒或巫术，也不能出现各种轻巧低廉的奇迹"（Dawkins 1998：29）。

在本书后面的章节中我们还会谈及《X档案》，但这里要指出的很重要一点是，道金斯对该剧的批判，同样包含着一种企图，即让科学"通俗易懂"，从而使公众更容易接近科学。比如，在英国和美国的"公众了解科学"运动中，道金斯发现科学家们有一种渴望获得公众热爱的焦虑（可同时参看本书第三章）。他写道：

> 滑稽的帽子和夸张的欢快声音，表明科学是好玩、好玩、好玩。古怪的"表情"表演着各种爆炸和惊心动魄的把戏。我最近参加了一个吹风会，会上要求科学家到大型购物中心去表演，以吸引人们体会科学的乐趣。会议主讲人建议我们，不要提出任何会让观众感到无所适从的说法。总是让你们的科学与普通人的生活"相关"，与他们的厨房或浴室相关。只要可能，就选择观众可以直接品尝的材料来做实验用品……他告诉我们，最好别用"科学"这个词，因为"普通人"一看到这个词就会产生畏怯情绪。
>
> （Dawkins 1998：22）

道金斯认为，为了取得这种"通俗易懂"的效果，类似这样的刻意做法也许的确能引起公众兴趣，但也很容易变成一种居高临下而屈尊降贵的姿态，更严重的则会变成一种"糟蹋科学好奇心的民粹式卖弄"。道金斯使用的后面这个短语在我看来不太合适，但却正好清楚地流露出他自己所说的那种激愤："我们不需要用古怪的表情和各种可笑的爆炸来说服自己：投入到寻找生命起源的工作中去是有意义的。"（Dawkins 1998：23）因此，关于如何使科学"通俗易懂"的争论已经持续很长时间了，道金斯的声音则部分地体现了科学群体中日益增强的一种共鸣,那就是:应该回击媒体对科学的误解,这种误解已经变得越来越危险。

有风险的科学,靠不住的媒体

面对前面提到的对媒体的种种批评,我们仍然会很想问一个问题:难道媒体中的科学形象不是正面的吗?我们的头脑中会很快闪现无数例子,这些例子可能来自报纸新闻,或是来自广告、电视纪录片等其他媒体,它们都显示科学能提供答案,能解决问题,能让世界变得更美好。在一个帮助观众了解宇宙起源的科普节目中,可能会插播一则商业广告,该广告又告诉我们,由于采用了科学配方,某个特定牌子的洗发水比另一个牌子的洗发水效果更好。

上述说法仅仅依赖于零星证据,而且如果按照那一逻辑,我们不难发现,要就科学在媒体中的形象问题作个划一的定论是没有多大意义的。我们必须充分关注媒体再现(media representation)在社会的公领域和私领域中的生产方式、传播方式及妥协方式,这些方式不仅错综复杂而且经常相互矛盾。重要的是,对于任何有关民众的日常生活如何(不)被媒体再现影响的大胆论断,不管是肯定的还是否定的论断,我们都要将其放入具体情境去看。事实上,本书后续章节将会进一步表明,涉及"风险"问题时,这种结合具体情境来判断媒体影响的做法显得尤为重要。我认为,就像我们不可能从民意调查数据中精确地推断并界定"公众对科学的了解",我们同样不应武断地认为,单凭媒介内容分析就可准确得知公众对风险、危险和危害的看法。然而,与此同时,我们无需借助媒介"效果"或"影响"的因果语言就可以了解到:当人们面对各种不同的科学争议时,媒体再现对人们认识这些争议起到了至关重要的作用。核电是安全的吗?我是否有感染艾滋病的危险?如果我吃牛肉汉堡,是否会染上"疯牛病"的人类变体?吃转基因作物或转基因食品到底会怎样，是不是风险太大？我有没有必要为克隆人感到担忧？这些问题我们每天都会碰到，与之相关的问题更是难以计数，它们触及本书的核心，即阐明媒介、风险与科学之间不断变化的关系。

笔者希望本书能在建立概念框架方面有所贡献，以便能参与这一令人振奋的研究领域中诸多紧要问题的争论。想要整合不同学科领域的相关研究和观点确实不容易，本书没有面面俱到。当然面面俱到也是不可能的，因此，如何选择重点确是一个挑战。限于篇幅，我的办法是集中论述这些争论中的某些方面，我希望读者对这些方面会特别感兴趣。本书绝不是要给所谓的"科学战争"增加新火力，也不是要对大家早已淡忘的"索克尔事件"(Sokal affair)作出回应，本书的目的是建立一种新的联结，将原本零散的研究文献串联起来。在详细阐述概念框架的过程中，本书尝试努力为一场内容更丰富的学术对话提供更好的条件，这场对话或许能使学术界跨越传统学科界限的樊篱，对相关问题展开跨学科探讨。依据这一思路，本书各章的主要内容如下：

- 霍金（Hawking 1995: xiii）曾指出："今天的科学幻想，常常成为明天的科学现实。"因此，本书第二章对科幻小说如何描述科学和科学家进行了评估。它考察了科幻小说作为一种独特文学类型的产生过程，重点分析了凡尔纳（Jules Verne）和威尔斯（H. G. Wells）两人的作品，以及"低俗"杂志在科幻小说早期发展阶段所扮演的结构性角色。科幻小说最有名的主题是星际迷航，本章以科幻电视系列剧《星际迷航》为对象，对这一主题作了专门分析。总之，本章集中探讨了科幻小说中的科学，揭示了科幻小说如何直接谈论人们的各种关切、恐惧、焦虑和渴望，鼓励人们去充分理解不同情节所包含的可能含义，同时又确保人们能在阅读和观看的过程中获得乐趣。

- 第三章的讨论由一个关键问题所引发：在今天的大众文化中究竟什么才算是"科学"？这是一个很紧迫的问题，因为科学家们越来越担心科学事实与伪科学勾当之间的界限正在消失——很重要的原因就在于媒体以不负责任的方式来陈说这两者的区别。因此，本章的讨论就从科学和科学家的大众文化形象谈起，认为这是一个值得持续探讨的问题。《X档案》提供了一个研究这一问题的很好个案。本章将阐明，如果真要重新审视有关"公众了解科学"的辩论，尤其是有关"科学素养"方面的辩论的要害，那么我们必须非常认真考虑的一个关键因素就是科学和科学家在大众文化中的形象。在论述这一论点时，本章对科学博物馆和科学中心给予了特别关注。

- 第四章把焦点转到了科学新闻（science journalism）方面。新闻机构报道科学世界时受到哪些因素的影响？本章在回答这个问题的过程中，检视了一系列非常有趣的议题。科技记者常常声称，他们在日常工作中判断哪些科学故事足以引起公众兴趣因而具有"新闻价值"时，凭的只是"本能"或"直觉"。然而，仔细分析我们就会有一个重要发现：这些看似"即兴随意"的判断背后，其实是来自制度的压力。这方面特别有意思的是，一方面，科技记者必须取得科学家的合作以便让科学家成为新闻的来源；另一方面，科技记者同时也意识到，科学家经常有自己追求的媒体议程。本章关于不同"风险"定义的讨论，可以让我们更清晰地看到记者与科学家之间的这种互动。

- 第五章的论述基础是我们迫切需要更好地了解媒体是如何表述风险的。本章讨论的是环境方面的风险。本章首先考察了种种不同的"自然之谜"，以便提出一种质疑：所谓的"环境"，其实是一种社会问题。之后，本章把重点转向贝克的"风险社会"（Beck 1992a）概念，以便说明新闻媒体如何形塑"定义的关系"

(Beck 2000)，这种"定义的关系"又如何限定了有关环境风险、环境威胁和环境伤害的公共话语空间。为了深入论述这一观点，本章接着评估了很多有关环境议题的新闻报道，重点关注核技术问题。随后本章分析了环境记者们自己提出的许多相关论点。本章认为，新闻媒体在维系"专家"风险评估的必要性方面起着关键作用，但与此同时，它们也为"违反科学定义的观点"的出现创造了空间，尽管这种空间有很大局限。

- 第六章的考察主题是，媒体如何报道人类历史上最严重的流行病——艾滋病。目前，全世界每天新增艾滋病感染者约15000例，而且这一数字还在迅速攀升——其速度可能很快就会淹没人类控制艾滋病的能力。仔细检视媒体对艾滋病的报道我们就会发现，多数相关新闻都助长了对艾滋病充满敌意的环境（通常称为"道德恐慌"）的产生。虽也有小部分记者拒绝采用煽情的报道方式，但却有太多记者在其新闻报道中把艾滋病患者有效地妖魔化了。本章着重分析英美媒体早年关于艾滋病的新闻报道，从中可以看到，艾滋病的早期定义是如何一步一步地发生变化的，而艾滋病团体在试图瓦解、挑战和转变套在他们身上的观念绳索时，又是如何的艰难。

- 为了阐明与食品风险相关的几个关键问题，第七章把焦点放在新闻媒体对食品恐慌的报道上。卡普兰（Caplan 2000：187）说："吃饭已经变成一件风险很高的事情。"本章首先剖析了食品恐慌的一般过程，随后考察了两个具体的食品恐慌案例，以便更清楚地说明问题。笔者详细检视了两个正在发生的食品危机的相关新闻报道。第一个危机是英国"疯牛病"的认定，以及随后遍及整个世界的"牛肉危机"。第二个危机是公众对转基因作物和转基因食品的恐惧，在这场危机中，大众文化中到处充斥着"自杀食品"和"杀人西红柿"这样的词汇。本章结论部分探讨了我们可以从这些危机中得到何种教训，笔者并就媒体应该如何改善其对科学形象的表述提出了一些问题和建议，以便让媒体能够更好地履行其对公众、公司和科学决策者的民主责任。

- 人是什么？这是第八章研究的出发点。在这一章，笔者首先把目光投向了小说中虚构的人造怪物"弗兰肯斯坦"，因为正如特尼所说，这个故事是"现代生物学中最主要的神话"（Turney 1998：3）。本章特别分析了这一神话的特点，以及它是如何被当作一种修辞资源，用于推进和挑战关于科学的某些论述的。接着，为了弄清科幻小说是如何从不同的角度重新划定"人类自我"与"机械他者"之间的熟悉界限，笔者分别剖析了几个相关意象：机械机器人、生物机器人、电子机器人。之后，笔者讨论了体外受精胚胎移植（IVF）、试管婴儿及基因工程创造出的"人造儿童"等"美丽新世界"的问题。人们原先只是担心机器人将会控制活着的真人，现在看来，人们需要担心的是基因技术将会把人类自身改造成像机器人一样的东西。本章最后部分探讨了克隆人的前景。不管科学的发展是会失去控制（导致出现怪物"弗兰肯斯坦"）还是会受人类控制（导致出现"美丽新世界"现象），克隆人（即用复制成人基因的办法创造出婴儿）可能给人类带来的影响都是极其深远的。

第二章　科幻故事[1]

可以说，一部小说就是一连串的谎言。当这些谎言是由科学串在一起时，我们就说这是科幻小说。科幻小说之所以能引起读者的强烈兴趣，是因为当代科学虽已发展出大量伪装成公理但确实有用的规律和公式，它却仍在不断取得新进展。科学并没有用僵硬的教条去束缚人们的创造力，它只是树起各种路标，上面写道：看这里！往那边走！前方有急转弯，危险！

——《纽约时报》科幻小说评论家
杰拉尔德·乔纳斯（Gerald Jonas）

"从来没有见过火星人的人很难想象出这么恐怖的外形"，有人这么警告我们。当来自火星的入侵者缓缓地走出太空舱，一段极其生动的描述随之展开：

奇怪的V型嘴巴和凸起的上唇，没有眉骨，楔形的下唇下面也找不到下巴，嘴巴不停抖动，长着一条条像神话里女怪身上的触手，它的肺在陌生的空气里粗重地喘着气，移动困难笨拙，因

---

[1] 本章的"science fiction"既可以指文学类型，也可以指影视类型，译者根据所指内容分别译成不同的词汇，指文学类型时译成"科幻小说"，指影视类型时译成"科幻电影"或"科幻电视节目"，统称小说及影视节目时译为"科幻故事"。——译注

为地球的重力比火星上大得多。尤其是那双大眼睛虎视眈眈的样子，立即给人一种致命的、非人类的和怪兽一般的印象。它油腻的棕色皮肤上好像长着树瘤，那种行动缓慢和笨拙的思考的样子有一种让人说不出的恶心。我第一眼见到它就感到厌恶和恐惧。[1]

(Wells[1898] 1993：19—20)

这段描述当然是出自威尔斯 1898 年出版的小说《星球大战》(*The War of the Worlds*，又译《世界大战》)。在美国，这部非凡的小说于 1938 年被改编成广播节目（该节目播出后在听众中引起巨大恐慌，因而特有影响），后来又据此拍了好几部电影和一个电视系列剧。这些广播和影视节目播出后，又过了数十年，"科幻小说"一词才流行开来。但是，很多人都认为，《星球大战》恰巧具备了科幻小说作为一种迷人的文学类型的一系列特征。比如，小说把我们带到了另一个世界，在那里我们发现人类在宇宙中并不孤独，而且人类在科学和技术上都落后于他们的"外星人"对手。直到今天，人们一想到火星还会记起威尔斯小说中火星人入侵地球要消灭人类的故事，新闻媒体在报道有关火星上是否存在有机生命的辩论时，更是经常提及这部小说。部分由于这部小说的描述，火星上也许存在生命这个问题引起了人们的兴趣，但这决不是单纯的科学兴趣问题。科幻小说家阿瑟·克拉克指出："虽然我们不能把后来星际大战故事的泛滥归咎于威尔斯，但如今人们一提起外星人多半都会认为是很可怕的，这个信条的广为传播，威尔斯确实难辞其咎。"(Arthur Clarke 1993：xxxii)

在追溯科幻小说作为一种独特文学类型的演变历程时，历史学家通常都会找到标志性人物或重要事件，作为他们各自认定的历史起点。但在具体应该采用什么标准来做判断上，意见分歧很大。有人主张把萨摩萨塔的卢奇安（Lucian，在 2 世纪写过很多英雄人物张着翅膀飞向

---

[1]　[英]威尔斯：《世界大战》，王荣生译，华文出版社，2005 年。

月球的故事）这样古老的作家当作起点。相比之下，我比较认同另一种看法，即把 1818 年在伦敦出版的玛丽·雪莱（Mary Shelley）的《弗兰肯斯坦》一书作为最早的科幻小说，从那时起一直到 20 世纪，科幻小说才发展成一种完整的文学类型。这部小说描述的是如何可能在实验室中创造出生命的故事，故事的主要依据是瑞士科学家弗兰肯斯坦博士，他通过把一些（想象的）科学事实和原则运用到他自己的"生命工具"中来制造生命，而不是求助于所谓的神力或先验的力量。多位评论者认为，正是这一自然与超自然的不同，把《弗兰肯斯坦》与早期围着超自然力量打转的奇幻文学区别开来。正如特尼所说，如果说雪莱"没有对科学发展的前景作任何预言"，她确实"提出了我们对科学发展前景最深层的担忧"。事实上，特尼认为"这个关于寻找生命秘密的故事，已经成为现代性的最重要迷思"（Turney 1998：2—3）。

本章的主要目的是在一般层面上探讨科学在科幻小说中的形象，所以我们把弗兰肯斯坦神话对现代生物学的重要性这个问题留到第八章再讨论。科幻小说当然是一种广受欢迎的大众娱乐方式，有一群死党，因而吸引了专业评论者从很多不同角度对其进行严格评判。本章的讨论范围仅限于探讨科幻小说向公众表述科学议题的某些方式。按照这个思路，我们自然不能同意这样的说法：科幻小说与"真实"的科学毫无瓜葛，科幻小说中的人物情节只不过准确或不准确地反映了科学规律所表现出的客观事实。相反，本章开始（以下各章还会进一步深入）评估，包括科学家在内的人们，在理解日常生活中碰到的各种科学争议时，是如何受到科幻小说中的表述的影响。为此，我们首先要追根溯源找到"科幻小说"一词的文学鼻祖，进而厘清它在从产生到发展成为一种得到认可的文学类型的过程中，是如何受到科学话语的影响的。

科幻小说中的科学

要给"科幻小说"下个正式定义，立马就会遇上一个明显的难题："科幻小说"这个词本身就是一个矛盾混合体。至少，把"科学"与"小说"联结起来，自然会引起高度矛盾的联想。试图让这两个元素维持某种平衡，这正是"科幻小说"有别于其他较为接近的文学类型（如恐怖小说或奇幻小说）的地方。但进一步检视，我们仍会清楚地发现，不同的媒体内容正在不断地重新界定科幻小说的外部边界。因为何谓科幻小说的界定标准一直都在变化，科幻小说圈子的有些成员更喜欢用"SF"这个标签。SF可以用来指称科幻小说，也可以根据个人喜好重新译成"科学神话"（science fable）、"科学幻想"（scientific fantasy）或"小说中的科学"（science-in-fiction）等等。当然，很可能会引起科幻小说界嘲笑的一个用词是"sci-fi"，因为这个词一般用来指那些不是真正的科幻小说迷们所喜欢的"低级趣味的科幻小说"（low grade pulp sf）。

既然有这么多语义上的对立，确实很难给科幻小说下个令人满意的定义。事实上，甚至有人认为，任何类似的努力都注定不会有结果，如果概念范围太窄或太小，还可能起反作用。即使下一个很粗略的定义，也应涵盖范围非常广泛的作家及其读者、听众、观众、评论者，以及那些能从确定科幻小说作为一种文学类型的起源或地位中获得经济利益的人。不管如何定义，如果具体到一部小说、一部电影或一档电视节目要被认定为属于"科幻"范畴，它通常需要具备一些相互关联的手法技巧、叙事符号和风格策略。这些特征非常令人熟悉，因而很难被解构或质疑，读者和受众可以根据这些特征，用特定方式来理解科幻故事——就像人们对西部故事、爱情故事和侦探故事也分别会有不同的预期一样。因此，科幻故事之所以能被辨识出来，是因为它遵循着一些特定规则。

为了厘清科幻故事的主要特征，这里有必要先简要追溯一下这种文学类型的历史。多位科幻小说史家认为,"科幻小说"一词确切的出现时间是 1851 年。具体则出现在英国作家威廉·威尔逊(William Wilson)一篇关于科学诗意的论文中,题目是《一部关于一个古老而重要话题的认真小书》(*A Little Earnest Book upon a Great Old Subject*)。该书第十章有这么一段关键的话:

> 大家知道,科学的世界里有着许多优美的诗意。一般民众越是熟悉科学研究中不断变化的主题以及研究过程的美妙,科学就会越快地传播和发展。科学是一项神圣的事业,寻求科学真理的过程和结果,同样都是光荣的事业。……
>
> 坎贝尔[1]说:"诗歌中的故事,不是真理的反面,而是用温柔迷人的方式来比喻真理。"这句话现在特别适用于科幻小说(Science-Fiction)。在科幻小说中,科学已经揭示的真理,可能与一个动人的故事结合起来,这个故事本身可能充满诗意而且是真实的。因此,科幻小说是以"生命的诗意"的包装,在传播一种关于"科学诗意"的知识。
>
> (引自 Evans 1999: 180)

威尔逊的论文在很多层面上都是很有意思的,但特别有意思的是,它强调了科幻小说的一种潜在作用:它有助于为"科学已经揭示的真理"提供一个通俗易懂的理性解释,使之广为人知。对科幻小说这一功能的强调,明显不同于那个时期出版的其他类型的小说,当时的奇幻作品(works of fantasy)更是完全出于娱乐读者的目的而编造各种奇思妙想。可以放进"其他类型"的,包括各种"推理"小说,更包括大仲马、纳撒尼尔·霍桑、维克托·雨果、菲茨-詹姆斯·奥布赖恩、埃德加·爱伦·坡和马克·吐温等人的"科学爱情故事"(scientific

---

[1] 指苏格兰诗人托马斯·坎贝尔(Thomas Campbell)。

romances)。

在此背景下，值得注意的是，法国作家凡尔纳的短篇小说《气球之旅》——他的"奇妙之旅"系列中的第一部——也是在 1851 年面世（他的第一部科学探险小说《气球上的五个星期》出版于 1863 年）。凡尔纳被很多当代评论家视为"科幻小说"之父，从他的小说中经常可以发觉他个人对寓教于乐的坚持。兰伯恩说："在科学方面，凡尔纳基本上是自学成才，他与所有自学成才者有着共同的特点，总是急切地想把新学到的知识与别人分享。为出版商赫策尔（Hetzel）写的很多书，更是时刻把青少年读者放在心上。"（Lambourne 1999：147）有些传记作者认为，凡尔纳坚持自学地理学、物理学和数学，始于他早年与探险家雅克·阿拉戈（科学家弗朗索瓦·阿拉戈的哥哥）的一次见面。在文学方面，凡尔纳从坡等人的作品中获取灵感，这一点他自己很乐意承认。凡尔纳多年来一直坚持把他观察到的科学现象写进小说，在小说中让广大读者欣喜地看到他对技术进步的预言式描绘。他的主要作品包括：《地心之旅》（1864 年出版，书中描述了旅行者从一座休眠火山穿越地壳的故事）、《从地球到月球》（1865 年出版，书中描绘了太空旅行者由一个巨大的火炮发送到太空轨道的故事）、《海底两万里》（1870 年出版，其中出现了尼摩船长的潜艇 Nautilus）、《云之帆》（1886 年出版，其中出现了一种由 74 个垂直推进器推动的重于空气的飞行器）。

然而，凡尔纳的目的明显不是要创作科幻小说（这个词要到很多年后才流行开来）。他写的大多数故事（其中有些是与他的儿子一起创作的）都是关于探险的，不少是充满想象力地描绘去往奇异地点的旅程，他只是借助科学来增加整个叙事的可信度。但是，几乎所有人都认为，凡尔纳的作品为科幻小说这一文学类型的出现作出了非常重要的贡献。他坚定地拒绝滥用他称之为"不负责任"的科学推测，因此他的作品基本上属于科学知识范畴，也有一些原型出自当时刚出现的新技术。用文学批评家安杰诺特的话来说："凡尔纳是个很矛盾的人，他是一个乌托邦主义者,却没有提出自己理想的社会是什么样子;他是最后一位对工业化前景感到欢欣鼓舞的科幻作家,但他晚年的作品中又带有一些悲观主义色彩。"(Angenot 1979：31)安杰诺特所说的那些晚年作品,很可能包括反乌托邦作品《21世纪的巴黎》等等,但安杰诺特说凡尔纳是"最后一位快乐的乌托邦主义者",这个评价还算公允。如果说凡尔纳的作品有时被认为文学价值不高(这往往要归咎于从法语转译的难度),那么他在抓住读者关于科学发展的奇妙前景的想象力方面,则是无与伦比的成功。

其他早期科幻小说先驱中最值得注意的是英国作家威尔斯,这一点很容易确定。他的作品中常被科幻小说史家拿来讨论的有《时间机器》(1895)、《莫洛博士岛》(1896)、《隐身人》(1897)、《星球大战》(1898)、《第一个登上月球的人》(1901)、《未来互联网书》(1933)等。一般认为,在科幻小说这种文学类型还处于萌芽状态时,威尔斯给了它极大的推动。但威尔斯本人则表示,他的写作技巧不过是"把科学的进展创造性地运用到小说中"(引自 Alkon 1994：43)。与凡尔纳对科学的说教式态度不同,威尔斯尽量让他的描述能"反省当时的政治和社会议论",以便实践他对自己的要求,即就社会发展趋势提出尖锐批评。这样的写作目的,使得他常常疏于描述科技的精确细节,而更倾向于就科技在政治和哲学方面的一般意义作出评价。

凡尔纳在1903年接受《TP's 周刊》采访时,批评了《第一个登上月球的人》,他直接指出了这篇小说中存在的这种矛盾状态:

> 这是很奇怪的,而且——我还想说——是非常英国式的。我没看出他的作品与我的作品有什么可比之处……我觉得他的故事没有很好的科学依据。不,他的作品与我的作品是完全不同类的东西。我运用了物理学。他编造了物理学。我的小说主角是先坐着炮弹,然后从炮弹中出来登上月球的。完全没有胡编乱造。他

的小说主角是坐着飞船去火星的,他说那个飞船是用一种能够脱离地心引力控制的金属材料做成的。那真是太神奇了,但把那金属给我看一眼吧!让他造造那种金属。

(转引自威尔斯《第一个登上月球的人》2001年再版后记)

很明显,虽然凡尔纳的确精细地计算了从火炮中出来的逃生速度和转换时间,但他提出的用火炮把人送入太空的设想,并未比威尔斯喜欢的办法实用多少。这里的问题仍然是,威尔斯在大胆地超越了浪漫科学所带来的叙事限制的同时,没有尊重科学事实和数据,而后者正是凡尔纳所推崇的。事实上,威尔斯的小说中所隐含的科学是不可信的,有些甚至是荒唐的。但这话有时也可以反过来说,因为他在小说中提到的一些见解明显来自他在伦敦科学师范学校(后改名为皇家学院)学习时所获取的生物学知识。在那里,他曾师从像托马斯·赫胥黎(达尔文进化论的热烈倡导者)这样的名师。

威尔斯毕业后当了一名理工科教师,生活近乎赤贫,于是开始了卖文为生的生涯。1895年,年近三十的他出版了第一部科幻小说(当时可能还不这么叫)《时间机器》。这部小说一面世就获得成功,广受读者和评论界好评。这是一部短篇小说,描写一个时间旅行者被送入802701年的故事。这位旅行者在802701年遇到了一个分为两个阶级的社会:莫洛克斯族生活和工作在地表之下,艾洛伊族则在地表之上享受着田园牧歌式的舒适而颓废的生活。这部寓言式小说,表达了威尔斯对西方社会的深刻批判。在随后几年出版的每一部小说中,他都力图以出人意表而又扣人心弦的方式,把抽象的科学原理生动地描写出来,并总是与他对社会(有时是对人类自身)的批评结合起来。在这方面,1898年面世(这之前曾连载过)的《星球大战》最为成功,至少我是这么认为的。

《星球大战》是威尔斯的第五部小说,生动地描写了火星人侵入地球的故事。尽管地球上的军队协同作战，奋勇抗敌，但人类几乎所有的抵抗行动都在火星人杀人机器的热光线发出的"发光的绿色烟雾"中瞬间蒸发消失，少数躲过屠杀劫难的人，都被火星人的金属圈套捕获。火星人随即前去摧毁伦敦——那座城市正在快速疏散居民，最后，火星人被一种微生物细菌征服了，他们的身体对这种细菌没有抵抗力。这部小说绝不仅仅是一篇空洞的灾难故事。小说的开头段落就以带着自我反省的语气（通篇小说都细心地贯穿着这种调子）写道：

> 没有人会相信，在十九世纪的最后几年，一种比人类更伟大但又与人类一样只有有限寿命的智能生物正敏锐而密切地注视着这个世界；也没有人会相信，当人类正被自己的各种烦恼所纠缠的时候，他们也在被细致地观察和研究着，细致到好像一个人用显微镜观察一颗水滴中大量涌现的转瞬即逝的微生物。人类在这个星球上来来往往，对他们自己那些微不足道的事情无限得意，信心十足地以为他们能够主宰各种事务。显微镜下面那些可怜的微型虫子大概也是这样想的吧。没有人想过太空中的古老星球可能会给人类带来的威胁，或者他们想到那些星球的时候也只是以为那里根本不可能有生命。回想过去的一些思维惯性，真是很奇怪。地球人顶多只是想象着火星上或许有另一种人类，他们比人类低级，非常欢迎人类带着拯救的使命奔向火星。然而，越过太空的浩瀚鸿沟，那些我们以为和我们一样的头脑，其实是与已经灭绝的野兽一样的头脑，他们智力无边，冷酷无情，用嫉妒的眼睛眺望着地球，逐步而又坚定地制定着对付我们的计划。在二十世纪初期，人类终于大梦初醒。[1]

(Wells [1898] 1993：5)

---

[1] [英]威尔斯：《世界大战》，王荣生译，华文出版社，2005年。

这一段对入侵地球的火星人的描述，加上本章开头引用的那一段细节描写，挑动了人们既熟悉又陌生的一种情绪。正如奥尔迪斯所说，威尔斯的火星人"是一种让人极端害怕却并不恐怖的生物；火星人的意象出自一种精巧的承认，即他们是人类的一部分，是我们的骨肉同胞"（Aldiss 1973：119）。这部小说不是简单地把罪恶外在化，或者说把罪恶推给人类以外的生命，相反，作者是在恳切地希望读者能认识到人性本身就存在着为恶的倾向。火星人的帝国主义动机，与人类历史上各国之间彼此争战不休的事实正相吻合，此外，小说可能还预示了人类最终将对遥远的星球进行殖民。不管怎样，就像奥布赖恩所说，这部小说"对英国科幻小说传统产生了深远影响：从它开始，引发了许多黑暗的、反乌托邦的、往往是严酷的关于世界末日善恶之战的想象"（O'Brien 2000：50；此说还可参看 King and Krzywinska 2000；Roberts 2000）。

凡是读过威尔斯小说的人，今天很可能都会对这些小说惊人的预言能力印象深刻。威尔斯在小说中展示了他预知科学发展的天赋，比如，早在裂解原子成为现实之前的数十年，他就在《获得自由的世界》（*The World Set Free*, 1914）一书中预言了这一进展。在美国的原子武器发展计划中起到关键作用的匈牙利物理学家西拉德（Leo Szilard）后来回忆道：

> 1932 年，当时我还在柏林，我读了威尔斯的一本书，书名是《获得自由的世界》。这本书写于 1913 年，即世界大战爆发前一年。威尔斯在书中描写了发现人工放射能的情形，并把这一发现的时间放在 1933 年——后来确实是在这一年发现的。接着他描写了大量释放原子能用于工业用途、原子弹的发明，以及明显是以英国、法国，可能还有美国之间的联盟为一方，与以中欧强国德国、奥地利为另一方的一场世界大战。
>
> （转引自 Canaday 2000：3）

带着从威尔斯小说中获得的灵感,西拉德开始研究如何才能让原子核的系列反应持续下去,最终他找到了一种方法,以英国海军部的名义取得了专利。他相信"作家的预言可能比科学家的预言更准确",这种可能性意义深远:"我知道'维持原子核的系列反应'意味着什么——这是因为我读过威尔斯的书——我不想把这项专利公开"(转引自Canaday 2000:4)。西拉德适时地给爱因斯坦写了一封信,请他转交美国总统罗斯福,告诫罗斯福总统说"一种威力极大的新型炸弹"有可能被制造出来。罗斯福作出回应,于是一个委员会成立了,该委员会随后制定了"曼哈顿方案",该方案就是二战期间最机密的原子弹制造计划。科学"小说"与"事实"之间的分别就这样被决定性地改写了,用西拉德的话来说,威尔斯对原子战争的描写"转眼间"就变成"真实的"了。

超科学的奇妙故事

"科幻小说"这个词直到1929年才开始广泛流传,那时威尔逊在1851年对它的叙述早已被人淡忘。现在大家习惯性地认为,把"科幻小说"一词引入大众词汇的是雨果·根斯巴克(Hugo Gernsback),他是美国一些低俗杂志的老板兼编辑,其中包括《惊人的故事:科学化的杂志》(*Amazing Stories: The Magazine of Scientification*)。"低俗"(pulp)一词原本是指当时使用的质量低下的纸张,虽然也有人(公平或不公平地)认为"低俗"一词是指那些杂志在文学价值方面存在明显不足。

《惊人的故事》上刊登的很多小说,其灵感都来自像凡尔纳和威尔斯这样的作家,以及坡的作品。根斯巴克之所以重视这些作家的作品,部分原因是,根据当时的商业重印政策,扣掉版税和相关出版费用,重印这些人的作品还有利可图。比如,《惊人的故事》第一期(1926

年春季）就刊登了凡尔纳的《彗星大逃亡》、威尔斯的《新型加速剂》和坡的《关于瓦德莫尔先生的事实》等小说。考虑到这类小说新增了少量读者，重印名著也有助于扩大杂志的篇幅以满足他们的需要。然而，同样重要的是，根斯巴克确实对这类小说崭新的创作方式感到新奇，用他自己的话说，这些小说"把科学事实与预言式的想象结合在一起，创作了令人着迷的浪漫故事"（Gernsback 1926: 3）。这三者正是这种文学类型的基本特点：浪漫故事为读者提供娱乐，科学用来教育读者，预言用来为读者提供灵感。在第一期杂志的编者评论中，根斯巴克直截了当地说明了他这份杂志的教育目的，这里摘录两段：

> 必须记住我们是生活在一个全新的世界。两百年前不可能出现这样的小说。科学，通过其不同的分支如力学、电学、天文学等，今天已经与我们的生活如此密不可分，我们是如此深地沉浸在科学之中，以至于我们经常对新的发明创造熟视无睹。随着科技进步，我们整个的生活方式都已发生变化，因此，今天世界上出现许多神奇现象（一百年前它们不可能出现）也就不足为怪。正是从这些新现象中，新一代浪漫小说作家找到了取之不竭的灵感源泉。
>
> 这些神奇故事不只带来极大的阅读乐趣——它们还富有教育意义。它们还以非常令人愉悦的方式提供了我们从别处无法获得的知识。因为当代这些一流的科学小说作家在传授知识方面很有窍门，甚至很有灵感，他们能在不知不觉中让我们得到教育。
>
> （Gernsback 1926: 3）

不幸的是，根斯巴克在这里用的复数人称"我们"，正好非常清楚地表明了那个时代的特点。当时的作家几乎清一色都是白种男人，他们的小说中很少出现女性角色，而据罗斯观察，在当时的小说中，"诬蔑'外星人'的方式恰恰是一种典型的种族主义方式"（Ross 1991: 111；

又参 Cartmell et al. 1999)。《惊人的故事》上发表的第一篇女作家小说，是克莱尔·哈里斯（Clare Harris）的《海神的命运》(*The Fate of the Poseidonia*)。1926年12月那期《惊人的故事》举办了一次优秀小说大奖赛，优胜者可获500美元奖金。《海神的命运》就是这一期的参赛作品并获第三名。此后，哈里斯的作品就经常出现在该杂志上（又参 Hartwell 1996；Ackerman 1997；Ashley 2000)。

1929年，根斯巴克发行了一本新的大众杂志《科学奇妙故事》(*Science Wonder Stories*)。这一年早些时候，他失去了《惊奇的故事》的编辑控制权，遂打算另创一本小说刊物，刊名不再使用旧杂志名称中的"科学化"（scientification——这是他炮制的又一个新词，但很快就被认为不够简洁实用）一词，以便更好地在市场上与旧杂志区分开。在使用"科幻小说"这个词时，根斯巴克认为他不过是给已经很好地存在的文学类型贴上一个新标签而已。话虽如此，《科学奇妙故事》实际上在出版之初就宣布它将严格遵循科幻小说的基本创作手法。根斯巴克在创刊号（1929年6月）上发表了一篇编辑原则声明，明确了他对作品的取舍标准："《科学奇妙故事》的原则立场是，我们只刊登那些根据我们已知的科学规律创作出的小说，或者根据从已知的科学规律中推论出的新规律创作出的小说。"（转引自 Parrinder 1980：13）此外，他关于科幻小说基本原理的观点同样值得引述，他说：

> 科幻小说不仅仅是一种非常重要的念头，它还能教育公众，让他们了解科学的潜能和科学对生活的影响，进而使我们生存的世界变得更美好……如果我们能引导男女老少人人都来坚持阅读科幻小说，这当然对社会大有益处……科幻小说可以让人们更快乐，可以让他们更广泛地了解这个世界，并使他们变得更为宽容。
>
> （转引自 James 1994：8—9）

1930年6月，《科学奇妙故事》杂志更名为《神奇故事》(*Wonder Stories*)，继续强调尽可能准确地描写科学——这是一个值得称颂但并非总能实现的目标。除了小说，该杂志还在"科学问答"栏目中刊登科学小测验，杂志的"副主编"中有好多位都是当时的科技界名人。时至今日，有些批评家还是认为根斯巴克作了一个坏的示范：在引入科幻小说时，他过于坚持把科幻小说与其他文学传统区分（有人认为是割裂）开。但兰伯恩等人则坚持认为："好坏先不管，根斯巴克的确帮助确立了美国通俗科幻小说市场的独特风格，进而给科幻小说的后续发展带来了巨大影响。"(Lambourne et al. 1990：18)

1930年代，低俗杂志一直被认为是科幻小说最成功的典范。虽然低俗杂志把科学语言"普世化"了，但根斯巴克这样的主编们早就清楚地认识到，科幻小说最忠实的读者还是白种人，尤其是白种成年人。当然，杂志社也在努力扩大发行范围，奥尔迪斯在总结科幻小说界的发展历程时写道：

> 根斯巴克很快就发现并利用了一群很活跃的读者，那是一群青少年，他们以近乎虔诚的热情阅读每一本杂志上的每一个字，并相信主编们胡扯的每一句话。这些小说迷自发形成一个个团体和小组，发行他们自己的业余杂志或"科幻小说爱好者杂志"，他们大体上是读者群里最活跃的部分。他们中间成长出很多作家和编者。不管在当时还是今日，这种有着热情而忠诚的读者存在的现象，都是科幻小说所特有的。
>
> （Aldiss 1973：216）

杂志上的读者来信栏目逐渐已经无法满足小说迷们相互交流的需要。1934年，根斯巴克在《神奇故事》上的"编者的话"中号召成立了第一个科幻小说迷组织"科幻小说联合会"。这个联合会存在时间不长，但它的好几个地区分会以及这些分会所办的科幻小说迷杂志却各自蓬勃发展起来，包括在英国（1935年"科幻小说联合会"在英国利兹成立了第一个海外分会）和澳大利亚成立的分会。世界各地的分会举办了各种形式的联谊活动和研讨会，比较大型的有1937年在利兹举办的活动，1939年在纽约举办的世界科幻小说大会。

科幻小说迷聚在一起交流思想，切磋意见，倾听相关作家的演说，并（从1940年在芝加哥举行的世界科幻小说大会起）参加模拟武器战斗游戏，打扮成他们所喜爱的科幻小说角色的模样参加假面舞会。此外，詹姆斯写道：

> 科幻小说迷之间的凝聚力，主要不在于他们对科幻小说的共同阅读兴趣，而在于他们对人类在宇宙中的位置有一种独特的笼统看法，并认为未来将会为人类提供巨大的潜能。他们认为，这就是他们与周遭芸芸众生对世界看法的不同所在。他们热切地主张，科技可以解决世界面临的一切问题。与根斯巴克一样，他们也认为科幻小说担负着教育读者的使命，这一教育使命是社会发展进步的重要动力。科幻小说迷就像传教士，他们有时会谈到非科幻小说读者们那无限狭隘的头脑，更多时候，他们当然相信自己有责任去把这些非科幻小说读者转化为科幻小说读者。
>
> （James 1994：134—5）

在科幻小说大会上，有的记者热衷于报道小说迷们举办的各种有趣活动，而有些"自炫博学"的文学批评家则急切地对科幻小说本身提出批评。他们把自己当成文学品味的仲裁者——部分由于他们提倡所谓严肃、高尚的文学——认为科幻小说不过是青春期少年逃避现实的幻想。他们经常质疑科幻小说作为一种文学类型的地位，声称科幻小说没有足够独特的历史或传统，还不够格成为一种"主流"文学类型。有些更激进的批评家甚且认为，科幻小说在重建社会价值方面对读者没什么帮助，而且还总是误导公众对科学术语和原则的理解。

矛盾的是，科幻小说圈外的各种批评声浪，反而大大促进了科幻小说圈内的集体认同。在总结科幻小说如何一步一步地发展成为更"严肃"或更具"合法性"的文学类型时，约翰·坎贝尔(John Campbell)主编的低俗杂志《惊奇的故事》(*Astounding Stories*)起了不可低估的作用。事实上，有些人甚至认为，坎贝尔担任该杂志主编的1937—1950年是科幻小说的"黄金时代"。1930年1月，该杂志以《超科学的惊奇的故事》(*Astounding Stories of Super-Science*)为名出版发行，每本售价20美分，很快就在市场上占有可观的份额。它的第一篇编者的话 [由坎贝尔的前任哈利·贝茨(Harry Bates)执笔] 宣称："本刊发表的小说将会预测未来的超科学成就。这些小说不仅将严谨地描述科学，而且其故事情节极其生动形象、惊险刺激。"(转引自 Ackerman 1997：125)

坎贝尔从1937年11月起担任《惊奇的故事》杂志主编，通常认为是他开启了这份杂志的黄金时期。用阿克曼的话来讲，坎贝尔上任不久，《惊奇的故事》就推出了"不同时期的大量一流科幻小说家及其科幻名篇"(Ackerman 1997：128)。坎贝尔毕业于麻省理工学院和杜克大学物理系，他向读者引介了阿西莫夫(Isaac Asimov)、布拉克特(Leigh Brackett)、海因莱因(Robert Heinlein)、琼斯(Raymond F. Jones)、库特纳(Henry Kuttner)、穆尔(C. L. Moore)、斯特金(Theodore Sturgeon)、沃格特(A. E. van Vogt)等人的作品。更有名望的作家如布拉德伯里(Ray Bradbury)、史密斯(E. E. Smith)、威廉森(Jack Williamson)及坎贝尔本人 (笔名 Don A. Stuart) 的作品也在该杂志上刊登过。

《惊奇的故事》杂志上刊登的科幻小说，在写作风格上有不少令人激赏之处，对那些渴望超越之前根斯巴克式技术取向的以各种精妙的小器件见长的写作风格的读者来说更是如此。在坎贝尔看来，最好把科幻小说看作一种文学媒介，它与科学本身是一种结盟的关系。他说："科学方法中包含着这样一种命题，即：一个好的理论不仅可以把已知的现象解释清楚，而且可以预测新的和尚未发现的现象。"他还说：科幻小说"要做的是差不多一样的工作，并要用讲故事的方式写出当这个理论不只被应用于机器,还被应用于人类社会时,会出现什么结果。"(转引自 Clute and Nicholls 1999：311)坎贝尔把重点转移到要求更多地关注技术变迁的社会后果上,这深刻地影响了很多作家对未来"科学"概念的想象。很明显,坎贝尔看到了科学能"拯救人类,提升人类的水准",但他也看到,有关科学的表述对"科学进步"已经带来的各种矛盾现象更加敏感。科学发明究竟会给未来的世界带来怎样的影响?诸如此类的棘手问题常被提出,进而产生了一批对根斯巴克式乐观主义构成挑战的新型科幻小说。

同样是在 1937 年,而不是更早的时候,英国出现了第一份科幻小说杂志《神奇故事》(*Tales of Wonder*)。正如詹姆斯指出的,1937年之前,"英国的短篇科幻小说还没有固定的发表地方,当美国的科幻小说已经在自由而热烈地猜测未来的事情时,英国却还几乎是一片空白:在英国,科学冒险和空间探索类作品只能作为男孩小说发表。"(James 1994：42)并不奇怪,《神奇故事》杂志的灵感来自美国的同类低俗杂志,它经常重新刊载来自大西洋另一侧的美国作家的作品。后来,英国的科幻小说杂志界增加了一批新的竞争者,如 *New Worlds*、*Authentic Science Fiction*、*Nebula Science Fiction* 等。这些杂志推出了克拉克(Arthur Clarke)、拉塞尔(Eric Russell)、坦普尔(William Temple)等一批深受读者欢迎的作家。在欧陆其他地区,与英国一样,科幻小说很快就成为获得认可的文学类型标签,出版商纷纷利用这个标签来牟利。在法国,Conquetes 从 1939 年就开始重印《神奇故事》中的文章,后来的"Le Rayon fantastique"系列更是大获成功。*Jules Vernes-Magasinet* 在瑞典非常受欢迎,联邦德国的 *Utopia-Magazin* 和意大利的《星系》、"*I Romanzi di Urania*"也都在本国广受欢迎。这些国家的科幻小说杂志很大程度上依赖于翻译外来作品,尤其是自二战结束后。它们主要翻译美国的科幻小说,有时也翻译英国的科幻小说。

1950 年代,科幻小说迅速成为一种"成熟"的独特文学类型。当时低俗杂志已日暮途穷，这主要是受到平装本小说和电视的影响。到50年代中期，大多数低俗杂志都已停刊，因此公众（尤其是年轻人）也就不用再担心这些杂志歪曲科学概念和原则，进而伤及"科学文学"。相比之下，平装本小说的突然崛起为科幻小说提供了新的发展机会。平装本小说的商业吸引力是如此之大，美英等国出版商迅速把科幻小说当作一种独特的、有利可图的文学类型列入出版名单。与此同时，科幻小说经过改编出现在很多其他媒体形态中，如电影《星球大战》(*The War of the Worlds*, 1953)、《太空之路》(*Spaceways*, 1953)、《禁忌星球》(*Forbidden Planet*, 1956)；广播节目《遨游太空》(*Journey into Space*, 1954)；以及刚刚兴起的电视媒介中的 *The Quartermass Experiment* (1953)、《1984》(1954)和《阴阳魔界》(*The Twilight Zone*, 1959)等科幻剧目。

　　遍观各种媒体可以发现，太空飞行极大地促进并维系了科幻小说的繁荣，这一点怎么评价都不为过。苏联在1957年10月4日发射的人造地球卫星"Sputnik"一号引发了一场史无前例的科幻小说热。奥尔迪斯写道："对我们这些长期浸淫于科幻小说的人来说，太空飞行本身——以及第一批人造地球卫星和人造卫星的发射——就好像是科幻小说的延伸，正如威尔斯的小说导致原子弹的发明一样。"太空飞行是低俗杂志中科幻故事的热门主题，它"原本是一种伟大梦想，是对信仰的一种大胆描述；现在一夜之间变成了铁一般的现实，并与日常生活建立了密切关联。"(Aldiss 1973：245) 太空飞行也很快地卷入了"冷战"的政治中，特别是在美国政府决定与苏联展开全面的"太空竞赛"以反制苏联的太空优势之后。1958年1月31日，美国向太空发射了第一颗卫星"探索一号"，接着又在同年成立了"国家航空航天局"(NASA)。肯尼迪总统1960年当选总统后，迅速批准了一笔拨款，以确保美国宇航员能最先登上月球。太空探索的可能性，过去只是科幻作家们纸上谈兵的热点，现在变成了报纸头版激烈辩论的话题。

外星世界

　　星际迷航的前景，以及随之而来的对世间种种束缚的超越，可以说是科幻小说各种主题里最引人入胜的部分。17、18世纪出版的早期科幻小说，有不少（人们常常认为绝大部分）都是关于飞往外星球的故事。有关宇宙航行的动人小说有开普勒（Johannes Kepler）的《萨明/月亮之梦》(*Somnium*，1634)、戈德温（Francis Godwin）的《月亮上的人》(*The Man in the Moone*，1638)、贝热拉克（Cyrano de Bergerac）的《关于月球上的国家与帝国的滑稽故事》(*Histoire comique des etats et empires de la lune*，1657)等。科幻小说史家认为值得注意的还有丹尼尔（Gabriel Daniel）的《飞向Cartesius世界》(*A Voyage to the World of Cartesius*，1690)和斯威夫特的《格列佛游记》(*Gulliver's Travels*，1726)。《格列佛游记》第三卷中描写了飞往飞行浮岛勒普泰岛的航程，这部小说常被认为奠定了科幻小说的早期形式，伏尔泰的《米克罗美加斯》(*Micromegas*，1752)就受到它很大的影响。《米克罗美加斯》中有个英雄，名叫Sirius，他先后到访了土星、木星和火星，之后于1737年来到地球。

　　从那时起，人们对太空飞行就充满了幻想。1865年凡尔纳的小说《从地球到月球》及其续篇《环绕月球》(1873年与《从地球到月球》结集出版了英文版)通常被认为是最早尝试用科学写实方式描述这种飞行的小说。当然，这部小说的写实程度只是相对而言，因为小说中那些太空炮据以产生的科学原理，实际上很容易让太空旅行者刚一起飞就炮毁人亡。不久，威尔斯在1901年发表了《第一个登上月球的人》，前面提到过，凡尔纳对这部科学浪漫小说提出过批评，认为它没有足够精确地描写飞行工具的细节。威尔斯只是提到，那艘太空船是用一种革命性的、叫做Cavorite的金属来推进的，Cavorite这个名称取自小说中发明该金属的科学家凯沃，而凯沃是如何发明这种金属的，小说里却含糊其词。把这些技术细节问题放到一边，小说把焦点放在凯沃和故事的讲述者贝德福德身上，他们遇到了生活在月球表面以下长得像昆虫的月球居民。《第一个登上月球的人》发表第二年，即1902年，法国电影先驱梅里爱（George Melies）拍摄了第一部壮丽的科幻电影《月球之旅》（*Le Voyage dans la Lune*），影片把凡尔纳和威尔斯小说中的某些方面结合到了一起。这部影片长21分钟，是当时普通电影的四倍，用全新特技效果把故事生动地展现出来。影片中有一个令人难忘的喜剧场景：一门大炮把火箭射入月亮的眼睛，月亮痛得脸都歪了。希普曼写道："这是一部很有创意又有很好幽默感的电影，连梅里爱自己都没有想到会获得那么大的成功。"（Shipman 1985：14）

　　太空飞行之梦有可能在1960年代成为现实，对这一前景最感兴奋的，当然莫过于科幻小说家和科幻小说迷了。事情的进展快得惊人。1961年3月，肯尼迪总统决定加快"土星号"火箭项目的研究进度。4月12日，苏联宇航员加加林乘坐"Vostok一号"太空舱完成了环绕土星的航行，成为完成这一壮举的第一人。5月25日，肯尼迪在国会发表了一场电视直播的演讲，正式提出在60年代完成"让人登上月球并安全返回地球"的目标。随后几年，美苏两国竞相取得太空飞行中许多惊人的"第一"，苏联方面遥遥领先。苏联率先向月球发射了无人探测器，并于1965年3月由宇航员列昂诺夫（Aleksei Leonov）率先完成了"舱外活动"（或称太空行走）。美国方面则于1967年1月27日发生了一起不幸事件，在检测"阿波罗"太空船时，第34号综合发射台失火燃烧，三名宇航员遇难。最后，1969年7月20日，亿万民众屏息凝神收听广播或收看电视，"阿波罗11号"航天器的月球登陆舱"鹰"在月球表面着陆了。宇航员阿姆斯特朗（Neil Armstrong）（他说："这对一个人来说是一小步，但对人类来说却是跃进了一大步。"）和奥尔德林（Buzz Aldrin）开始探测月球表面，另一位宇航员科林斯（Michael Collins）驾驶着"哥伦比亚号"指挥舱绕月飞行。从1969年到1972年，

"阿波罗"航天器进行了六次载人飞行，一共运送十二位宇航员登上月球。宇航员在月球表面活动的时间总共超过 300 小时，其中约 80% 的时间用于在登陆舱外采集岩石标本、拍照及进行监测月球环境的实验等活动。如果说登月活动本身并未带来多少实际的科学红利，但它却深刻地提振了"美国的自信心"和美国人"在世界上的优越感"。

收看过"阿波罗 11 号"登月过程的人，多数都觉得"科幻小说变成真实的了"，虽然也有一些人认为这不过是"赢得太空竞赛"的一个象征而已，并没有什么实质意义。探索太空的梦想常用自由民主的语言包裹着，但却并非大家都能平等参与。比如，施皮格尔就是众多批评者之一，他认为"太空竞赛以种族主义和男性至上主义为基础，它有效地把美国人和美国女人打上'种族'的印记"（Spigel, 1997：47—8；又参 Carter 1988；Watson 1990；McCurdy 1997）。她认为，太空竞赛本质上是殖民主义者的一场美梦 [她用了"白种人的翱翔"一词]，通过太空竞赛，美国的冷战战略在国内外连成一体：在国外"遏制"共产主义，在国内继续维持种族隔离和压迫妇女的做法。在"人类跃进了一大步"的幌子下，美国国内仍然存在不同形式的种族主义、男性至上主义和排外的民族主义。施皮格尔指出了被排斥在太空旅行之外的各种团体挑战这些主义的各种方式，她认为，太空竞赛之梦，也就是梦想将"住在郊区的白种人及其中产阶级、消费导向的家庭生活扩展到外层空间"（Spigel 1997：49）。

批评的声音大都被边缘化了，但仍有少量出现在大众媒体上。施皮格尔援引了其中一些例子，其中 1970 年 9 月号《乌檀》（*Ebony*）杂志上的一段话特别能说明问题：

> 尤其是这个国家的黑人贫民，他们在贫民窟的破旧棚屋里，通过尚未付费的电视观看了登月过程：倒数计时、点火升空、进入轨道、着陆月球。但这一切对他们来说似乎是发生在科幻电影

里另外一个世界的事情——虽然这并不是在演戏。从（纽约黑人住宅区）哈莱姆到（种族暴力不断的洛杉矶市）瓦茨区，黑人贫民都在嘲讽去年7月的第一次登月行动，认为那是"白种人"的一小步，却可能是人类朝着错误方向迈出的一大步。

(转引自 Spegel 1997：64—5)

在大众娱乐范围内，对太空计划的批评可以说是凤毛麟角，把太空计划所耗费的巨大财力与紧迫的城市贫民问题联系在一起进行批评的更是少之又少。但是，一些电视剧如《勇闯太空》(Men Into Space, 1959—1960) 则发出了无声的批判。该剧有 集名为"第一个登上月球的女人"，在这一集中，女宇航员黑尔被禁止离开火箭，不许她去探测月球地表，男宇航员们要求她留在火箭上照看反地球引力的烹调情形。因为太无聊，黑尔决定冒险出去看看，结果众人惊惶失措四处去寻找她，其中她丈夫乔尔大喊道："你应该待在地球上我们的家里，在那儿我确信你是安全的。"施皮格尔认为，《勇闯太空》和其他类似节目如《杰森一家》(The Jetsons, 1962—1963)、《火星叔叔马丁》(My Favorite Martian, 1963—1966)、《太空仙女恋》(I Dream of Jeannie, 1965—1970)、It's About Time (1966—1967) 等，把1950年代美国郊区家庭喜爱的情境喜剧与科幻故事结合起来，但增加了新的意识形态对抗方式，因此有些新意。她认为，在不同程度上，"情境喜剧与科幻故事这两种看似不相干的形式之间的碰撞，让观众有机会去思考郊区社会生活中的紧张状态"(Spigel 1997：58；也见 Wolmark 1999)，这种思考常常可能是颠覆式的。

1960年代，人类的太空探索为好几部电视科幻系列剧提供了现实背景。英国出现了电视科幻剧《神秘博士》(Doctor Who)，该剧于1963年11月23日播出第一集，后来成为全世界最长寿的科幻电视剧。英国广播公司电视台（BBC）在以全天候24小时不间断的方式报道完发生在得克萨斯州达拉斯市的肯尼迪总统遇刺事件后，恢复了正常的节目播放安排，《神秘博士》就是在这一时间点推出的。BBC管理层明显是受到太空旅行这一当时新闻热点的启发，产生了制作新电视系列剧的念头。一位研究《神秘博士》节目发展史的学者说："科幻故事当时已经成为差不多可以预见的东西，里面总是会有火箭宇宙飞船、航天员、火星上来的小绿人等。"（Haining 1983：16）剧中那位神奇的"博士"，后来被发现是一位时间主宰（Time Lord），自称能够"自由出入第四空间"，乘坐着他的时间船 TARDIS（Time and Relative Dimensions in Space，时间和空间相对维度的缩写）纵横时空，穿梭宇宙。

TARDIS看上去就像英国的公共报警电话亭，它（以有点不可预知的方式）带着"博士"和他的星系旅行同伴们经历了与低俗杂志中的科幻小说类似的冒险经历。尽管剧作者原本希望不要出现"瞪着暴眼的怪物"，但《神秘博士》中还是照样出现了怪异的外星生命，最有名的是前几集出现的Daleks。库克写道，Daleks成了"博士"的主要敌人：

> Daleks是一群极其怪异恐怖的生物，他们躲在圆顶状的金属构造中，以防被外面的辐射所伤害，因此变成冷酷的、机械般的恶魔的绝对化身：他们彻底漠视别的生命，以至于喊出了那著名的令人毛骨悚然的、金属般僵硬无情的战争叫喊："消—灭—他—们！"
>
> （Cook 1999：117）

Daleks在观众中大受欢迎，说明这个电视节目的科教目的——它承诺"决不超越科学现实"——很快就被娱乐给取代了。然而，那位智慧超群、行为古怪的发明家"博士"，却常常成为科学追求的象征。库克写道：

> 当他奋起对抗机械般的Daleks时，他就代表了"好科学家"这个古老而浪漫的形象：他们喜欢刨根问底，以不受拘束的自由精神投身科学事业，把它当作获得个体解放与进步的方式。相比之下，Daleks则象征着新近的误入歧途的科学形象：理性、冷酷、

漠视生命。总之，是古老而神奇的"好"科学对抗新出现的恐怖的"坏"科学。

(Cook 1999: 119)

先不考虑库克在这里所用的"神奇"一词是否恰当，《神秘博士》确实通过对 Daleks 这样的怪物的描绘，成功地把人们对科技的不同印象集中展示出来。库克写道："'博士'代表了让科学推动人类进步这一美梦"，相比之下，Daleks 则"代表了科学是通往彻底非人性化的道路这个噩梦"(Cook, 1999: 122)。

在与詹金斯合著的《科幻片观众：收看〈神秘博士〉与〈星际迷航〉》(Tulloch and Jenkins 1995) 一书中，塔洛克也认真地研究了《神秘博士》中展示的科技形象这个重要问题。他指出，《神秘博士》取得的巨大成功，部分是因为它能同时吸引好多种不同类型的观众，每一类观众都有各自的阅读角度和亚文化归属。为了研究这些动因，塔洛克对该剧的剧迷和普通观众做了一系列实证调查，包括对澳大利亚举行的一次"超科幻小说"大会所做的焦点小组讨论。这个小组讨论的内容很快就转向了现场播放的《神秘博士》片段中的特技设计和精巧机件——考虑到小组成员的技术和专业背景，这一转向并不令人意外。这里摘录一段：

菲尔："首先，这是选自一部较出色电视剧中的较好片段……还有更多动作，更好的效果，而你看不出那是明显造假的。画面上的一切——如果你有那个技术的话——看起来都在正常运转。

（转引自 Tulloch and Jenkins 1995: 60）

小组讨论中出现的这个例子以及其他相关反应，让塔洛克感到，虽然这个小组的成员都属于"硬科幻故事"阵营，但是他们的兴趣并不仅限于科学"机件"和"效果"的层次。

谈到这个小组的成员在理解该片段时发挥的各种能力,塔洛克说:

>剧迷与普通观众,叙事话语与产业话语交织在一起,形成复杂的解释,这就是他们讨论动作画面和效果的情形。他们重视对"科幻故事"这个核心概念的理解(比如,在扩张与均衡之间如何维持平衡,何谓外来生命,等等)——使得他们实际上认为《神秘博士》的价值远远高于"更偏重视觉效果取向"的《星球大战》。如果说《神秘博士》已经符合科幻片所提供的各种可能性的话,那么它的"深刻程度远非《星球大战》所能比拟"。

(Tulloch and Jenkins 1995: 60)

塔洛克还提到,对这组剧迷来说,有些评论家所说的《神秘博士》对"技术理性主义这种强势意识形态"的拥抱,至少能提供一种收视愉悦。比如,这组观众对"博士"的感受是,认为他是一个"慈父般"的角色,"是一个给后中世纪世界带来'新的物理学和力学原理'的当代骑士"。很能说明问题的是,这个小组对"博士"所用的技术作出的评论(用一位小组成员的话来说:"博士""用零碎的金属作出了绝对惊人的事情"),在塔洛克看来恰好说明了对待"科学的家长式意识形态"。他认为,这表明小组成员对"建立在科学关照和技术求新基础上的自由进步社会秩序"抱有信心。由此他得出另一结论:这些观众"真正继承了1920年代之后科幻小说读者的特点"(Tulloch and Jenkins 1995: 61)。

延续26年之后,《神秘博士》系列剧的发展脚步放慢了,但这时它已成为英国人民生活中不可或缺的一部分,在国际上也颇为流行。"博士"所具有的"变身"本领使得一代又一代不同的演员(全是男性白人演员)都可以出演这个角色,每个演员都塑造了这个角色的不同侧面。该剧把科学与社会批评混在一起,经常用尖锐的政治讽刺来表达立场,因此常常引起争论,有人批评该剧过于暴力,不适合年轻观众收看。该剧的一位编剧说,很明显,"对这部'纯粹'的科幻剧,BBC管理层中根本没人会花工夫去细察其剧本，这就使得剧作者有机会去触碰在更受尊敬的主流电视剧中不能触及的禁忌"（O'Brien 2000：77）。

如果说还有一些评论家认为《神秘博士》代表了英国科幻故事中比较黑暗、悲观的那一面的话，那么几乎所有人都会同意，《星际迷航》（1966—1969）给观众提供了一个更为光明、更让人安心的未来图景。在《星际迷航》中，好人最终战胜了坏人，这个结局与该剧对科学的展现方式直接相关。《星际迷航》在科幻片这个电视剧类型的成型阶段产生了很大影响，因此下面我们就来直接针对该剧展开讨论，以找出几个相关的议题。

终极边界

《星际迷航》系列剧中贯穿着一种精心设立的"另类科学"的基础系统，以便增强剧中大批科技发明的可信度。这些科技发明中最关键的要数"进取号"联邦星舰的能力，它能以"曲速""勇敢地航向人类前所未至的宇宙洪荒"，换言之，以这样的速度进行星际迷航如同家常便饭。但该剧播了三季后就因收视率太低而结束了原初系列的播出，这表明在1960年代，观众对"曲速"的理解能力还是比该剧制作者们期望的要低。节目策划罗登贝瑞（Gene Roddenberry）说：《星际迷航》可能来得太早了，

> 如果该剧播出后一两年内人类就登上月球，广大观众就不会觉得太空飞行是个多么可笑的想法。《星际迷航》也就可能继续播出。直到第三年，世人才开始认真看待太空旅行的可能性，但对我们来说那已为时太晚。
>
> （转引自 Gross and Altman 1995：79）

无论如何，联邦星舰船员之间说的"技术行话"是被当作"23世纪的

科学"展示出来的，因此必须牢牢地遵循一些异乎寻常的规则。格雷戈里说，《星际迷航》的剧迷们具有如此强烈的"异教徒"特性，因此，任何不合常理的现象都能让观众着迷。对一部分观众来说更是如此，这批观众自称是"星旅迷"，因为他们是如此热衷于收看《星际迷航》。[相应地，外界则轻蔑地称这批观众为"星旅呆"。]《星际迷航》的制作人当然很清楚地意识到，该剧每一集都要受到各界的严格审视，因此事实上等于要被迫"创造出一种能够自圆其说的、可信的科学环境，而且还要确保各集之间高度连贯"(Gregory 2000：128)。

物理学家霍金说："像《星际迷航》这样的科幻片不只是好玩，它还能服务于一个严肃的目的，即扩大人类的想象力。"(Hawkin 1995：xi)他认为，《星际迷航》中出现的物理现象值得高度关注，比如，该剧探讨了"人类精神将会如何对未来的科学发展作出回应"，并推测了"未来的科学发展会是什么样子"，这些都很重要(Hawking 1995：xii)。霍金最感兴趣的是该剧对时间旅行的描绘(事实上，霍金还在《星际迷航：下一代》中客串了一个角色，在剧中与 Data、爱因斯坦和牛顿一起在联邦星舰的甲板上玩一个"虚拟现实"的扑克游戏)。其他一些科学家，比如《〈星际迷航〉中的物理学》一书的作者、物理学教授克劳斯(Krauss 1995)，则特别注意剧中各种仪器设备的可行性问题，如移相器、万能设备、输光器、隐形装置、偏导护盾、物质－反物质引擎，等等。当然，并非每个人都会像克劳斯那样热心地研究《星际迷航》中所想象的科学技术在多大程度上会影响到现实的科学实践。比如，天文学家萨根(Sagan, 1997)承认《星际迷航》有其吸引力，但他同时也批评该剧罔顾"最基本的科学事实"。谈到"进取号"上的科技主管斯波克先生时，萨根说："斯波克先生可以从人变成一种在 Vulcan 星球上独立进化的生命形态，这种可能性简直比成功地把人变成朝鲜蓟还要低得多。"(Sagan 1997：351)他还认为，即使我们接受真有外星人存在，这些外星人的外表也应该"远不如克林贡人(Klingons)和罗慕伦人（Romulans）那样看起来像人类（而且他们的技术也应处在极为不同的层次上）"。由此，萨根得出结论，"《星际迷航》并没有好好处理人类进化的问题"（Sagan 1997：352；又参 Mellor 2001b）。尽管有萨根提出的这些批评，该剧仍然成功地给其不断增加的剧迷带来科学惊喜。

作为"终极边界"的宇宙空间是贯穿《星际迷航》的主题，每一集都在阐释罗登贝瑞对人类命运的乌托邦想象。站在23世纪的角度来看人类，20世纪地球人生活中的种种冲突、贫穷、偏见、不公将一一消除。科学的地位必将得到提升，随之而来的必然是科技的人性化，作为人类行为中"不合理的"失常现象的男性至上主义和种族主义等各种形式的歧视都将消失殆尽。当然，该剧在实际制作过程中并未贯彻这样的思想也并不奇怪。关于该剧对男性至上主义的处理，麦柯迪写道：

> 罗登贝瑞塑造了领航员的形象［……］他让女引航员做星舰的二号舵手，从服饰上也看不出两性分别，以此来推销两性平等的主张。但全国广播公司（NBC）的头头们认为这太过激进，因此当《星际迷航》的每周联播开始后，那位女领航员就变成了护士，另一位女性角色也穿起了超短裙。
>
> （McCurdy 1997：223）

即便如此，罗登贝瑞仍然成功地在剧中保留了一个与男性有点平等的女性角色，她就是星舰上的通讯官 Urhura（尼切尔·尼古拉斯饰演）。尼古拉斯是最早在电视系列剧中出现的黑人女演员之一，她的出场给观众留下了深刻印象。当尼古拉斯演完第一季准备退出时，黑人民权运动领袖马丁·路德·金特地与她联系，希望她能继续演下去，因为她的角色为黑人观众塑造了一个具有象征意义的榜样。尼古拉斯后来回忆起金对她说的话："尼切尔，想想吧。你已经完全改变了电视的面孔。他们已经用了你，就必须让你演下去。因此，机会之门是为你打开的！"（转引自 Pounds 1999：214）该剧播到第三季时，她发现自己成了令人不安的主要原因，她饰演的角色被柯克舰长（威廉·沙特纳饰演）吻了一下，于是这两个人便被看成是"柏拉图式精神恋爱的继承人"。这是美国电视系列剧中第一次出现黑人女性与白人男性亲吻的画面。据格雷戈里考证，电视网的主管们担心"这个镜头可能会引起南部各州抵制《星际迷航》，虽然剧本里清楚地说明柯克舰长是在一个外星生物的强迫下才亲吻 Urhura 的"。格雷戈里认为，"类似的'争议'导致该系列剧中断播出，这是没什么疑义的"（Gregory 2000：18）。

与《星际迷航》的原初系列相比，《星际迷航：下一代》（1987—1994）更多强调的是人类道德伦理困境问题，需要解决的科学困境类型也发生了相应变化。这种对社会问题的进一步重视，标志着1960年代以来科幻创作已经出现了"新的潮流"，即从"硬"科学转向"软"科学，这就使得科幻作品有更多机会去展示人类生存条件的背景变迁。在这一意义上，"软"科学与"硬"科学的区别在于，它不像后者那样执着于维护"真实科学"的那些正式原子。换言之，在敏锐地探讨科技给人类造成的道德困境时，"软"科幻鼓励大家首先要更细致乃至辩证地理解"人"意味着什么。人的主体身份/主观认同具有易变性，会随境遇不同而变，嵌入阶级、性别、民族、性取向等各种经验关系中，这就意味着在确定"人"的含义时，经验本身的特点是首要的考虑因素。以《下一代》中的机器人 Data 为例，他极力想成为完全的人，这就有效地模糊了机器与有情感的人之间的僵硬区别。Data 渴望体会人的情绪，从而常常带来轻松的喜剧效果。但是他的愿望很快就在邪恶的敌人博格（它们极力把接触到的每一种生物都"同化"成与它们一样的科技群体）的冷酷无情中化为乌有。博格标志着个性的消失，因为每一位被征服的受害者（一度包括皮卡德舰长）体内都会被植入一种东西，以确保他们能够"合群"地融入新的集体。最后，就像我们可以预期的那样，皮卡德和其他星舰成员正是利用了博格对个人主体的否定，才拯救了人类的未来。

技术理性专制所带来的令人毛骨悚然的后果在博格这个角色身上得到很好的体现，这一主题后来在《星际迷航：深空九号》(*Star Trek: Deep Space Nine*, 1993—1999) 和《星际迷航：重返地球》(*Star Trek: Voyager*, 1995—2001) 中也一再得到体现。有些评论者认为那些以发匿名电子邮件为乐事的"电脑朋客"对"主流"的科幻小说手法是有所影响的，他们认为公众已经不再轻信——如果不是完全嘲讽——科幻小说中对科技的展示，这就使得任何科幻小说中对未来科技的任何正面描述，都显得陈腐，甚至与时代发展相脱节。另一些评论家指出，由于女性作家的加入，过去大多数科幻故事中出现的大男子主义倾向已经得到很大程度的改变，因此后面两个《星际迷航》系列已经更好地注意到性别和性取向问题。比如，与动作取向的原初系列相比，《重返地球》系列的剧情发展更多是由人物角色来推动的。《深空九号》更是如此。可以说，从这后面两个系列中看得出女性主义对男性技术宰制、科学至上主义及种族歧视的批判。不过在写作本书的此刻，我们还无法确定，名为"进取号"的最新《星际迷航》系列将会如何处理这些问题。这个最新系列把故事发生的时间放在比原初系列早100年的年代。那个年代不仅科技发展水平要低得多——比如，曲速航行技术刚刚发明出来——而且，与把时间设定为更遥远的未来的那些《星际迷航》系列相比，"进取号"中所描绘的社会态度也没有那么前卫。

不管具体表现形式如何变化，《星际迷航》系列一直在倡导一种对未来的社会想象：在未来的有序世界里，科学理性主导着整个社会。这种想象的依据是以自由人道主义话语表达出来的乐观主义态度，它与当代科幻小说中经常看到的反乌托邦倾向形成极为鲜明的对比。按照我的理解，它还给观众提供了一种心理安慰，让他们相信科学进步不仅是必然的，而且是人类渴望的。因此，《星际迷航》对科学的描绘，部分来自它对科幻故事"后现代转向"的抵制，后者是以公开的玩世不恭态度践踏科学的概念和原则。后现代主义者拒绝承认理性原则，质疑任何"价值中立"的诉求，从而严重削弱了任何以"真理"方式表述出来的道德确定性。至少在布希亚（Jean Baudrillard）这样的作者看来，后现代主义以这样的消解方式，抹去了"真实"与"想象"本身的矛盾。这里他做了一个颇具争议的断言。他说：正如"真实并不存在"一样，"旧科幻故事中的那些美好想象也已一去不返"（Baudrillard 1994：121）。他声称，科幻故事"已经不复存在，但又无处不在"，这就从根本上质疑了科幻故事作为一种小说或影视剧类型的意义，因为我们每天的日常生活就是科幻故事。

即使你和我一样不太同意布希亚的宏大断言，我们还是应该看到一个日益清楚的事实，那就是，越来越难给"科幻小说"下一个精确的定义。《星际迷航》能否算作科幻片的典范，这当然可以争论。有人认为把该节目归入"低俗科幻故事"可能更为恰当，因为真正的科学本身在该片中只是偶然作为一点"谈话佐料"点缀其中。包括物理学家克劳斯在内的另一些人则认为，该节目强调了"科学在人类发展中的潜在角色"，这使它能把"科学与文化之间的强大联系"展示出来（Krauss 1995：174）。不管怎样，要对有着复杂文化意涵的《星际迷航》中所展示的科学进行哪怕是最初步的探讨，我们除了关注"文本"（如电视系列剧、卡通系列剧、不同版本的电影、平装本小说）外，还需要了解这些文本的生产条件（参看 Whitfield and Rodenberry 1968；Solow and Justman 1996）及消费条件（参看 Tulloch and Jenkins 1995；Harrison et al. 1996；Penley 1997）。

研究相关文本的生产条件和消费条件，关键是要了解媒体和产业界对《星际迷航》的反应[1966年9月8日《星际迷航》首播时，美国《综艺》（*Variety*）杂志痛批该剧"沉闷、混乱到不可思议的地步"；见 Stark 1997：259]，及其获利丰厚的促销行为。当然，在总结受众对该剧的接受程度时，也要考虑到受众的不同年龄、阶级、性别、种族和地域（比如，原初系列曾被译成约50种不同语言在全球各地播放）。

至于《星际迷航》剧迷的情况，同样需要了解各种正式和非正式的剧迷俱乐部、会议、剧迷杂志、网页和聊天室，乃至"K/S"色情作品（女性剧迷创作的作品，把柯克和斯波克想象成航天情侣）。正如彭利指出的，这个庞大的剧迷群体，"是辩论人类及其与科技之间日常关系问题最重要的平民场域之一"（Penley，1997：99）。

结 论

本章力图表明，科幻故事的最大成就之一在于提供了一系列概念框架，让公众能以快乐而有价值的方式去接触科学议题。科幻故事直接诉诸民众的忧喜惊惧等种种情绪和欲望，鼓励他们深入了解各种不同情境所隐含的意义，同时又能让他们在观赏过程中感受到欢娱。对部分民众来说，比起一般的新闻报道和纪录片，科幻故事更适合表现诸如核电站、飞向地球的小行星或克隆人之类的重大科学议题。科幻故事可以用普通民众感同身受的熟悉情境来表现令人望而却步、需要花费很多精力去长期关注的复杂议题。好的科幻故事能够以通俗而又启人智慧的方式改变我们对科学事实的成见。

科幻故事的读者都知道，开创未来的第一步是想象未来。但与此同时，正如前文所述，采用娱乐方式来描述科学，往往无法具备应有的科学精确性。我们无需接受关于"媒介效果"的一般性结论中所包含的各种有代表性的假设就能认识到，科幻故事既可以给人们带来有益的启示，有时也可能会让人更难了解问题的真正关键所在。在我看来，我们有必要提出科幻故事内容可能产生的影响这一新问题，让公众一起来讨论和思考科学的发展及其社会后果。为了研究科学的"形象"是如何在媒介中传播的，我们就必须区分媒介中所展示的真实的科学和虚构的科学，唯有如此，才可能充分地研究普通公众对科学的真实看法。而这也正是下一章的主要内容，即媒介如何影响"公众了解科学"。

深入阅读书目

Disch, T. M. (1998) *The Dreams Our Stuff is Made of*. New York: Touchstone.
Krauss, L. (1995) *The Physics of Star Trek*. London: Flamingo.
James, E. (1994) *Science Fiction in the 20th Century*. Oxford: Oxford University Press.
Lambourne, R., Shallis, M. and Shortland, M. (1990). *Close Encounters? Science and Science Fiction*. Bristol: Adam Hilger.
McCurdy, H. E. (1997) *Space and the American Imagination*. Washington, DC: Smithsonian Institution Press.
Mitchell, W. J. T. (1998) *The Last Dinosaur Book*. Chicago: University of Chicago Press.
Penley, C. (1997) *NASA/TREK: Popular Science and Sex in America*. London: Verso.
Tulloch, J. and Jenkins, H. (1995) *Science Fiction Audiences*. London: Routeledge.
Wolmark, J.(ed.) (1999) *Cybersexualities*. Edinburgh University Press.

第三章 大众文化中的科学

> 我们的社会处处都离不开科技,普通百姓对科技却几乎一无所知。这就清楚地预示着灾难的来临——尤其是在民主社会。在痴迷于伪科学的基础上来进行事关国家及地球所面临的环境、卫生、国防及其他一系列紧迫问题的决策,是很危险的。
>
> ——天文学家卡尔·萨根(Carl Sagan)

我们中有谁会承认自己相信外星人到访过地球?更有谁会声称自己亲眼看见过外星来的飞行器?我们中有多少人认识那些确信自己曾被外星人绑架过的人?我得赶紧补充一句我不是这样的人,但我承认,地球上据说有数百万人会以肯定的方式回答诸如此类的问题。

近年来在不同国家所做的大量民意调查结果显示,相信外星人到访过地球的人数惊人。例如,美国的一项盖洛普调查发现,有这种看法的美国人的比例高达27%(Dean 1998:3;另见Knight 2000)。许多所谓的"飞碟专家"坚称美国政府早在50多年前就已知道存在不明飞行物,并坚持认为新墨西哥州罗斯维尔镇附近有个地点是1947年7月一架外星飞行器紧急迫降的位置。有关"罗斯维尔事件"及其后续"解剖外星人"的传言甚嚣尘上,这与某些飞碟专家们的鼓吹有很大关系,但像《X档案》这样的电视节目和《独立日》(*Independence Day*)这样的电影也起了推波助澜的作用(参看Campbell, 2001)。媒体里面只要涉及飞碟,任何想要作出科学解释的努力,都会被种种有关政府密谋和掩饰的指控所淹没。正如萨根所说:"人们更希望听到外星生命的确切存在,而不希望听到说,噢,我们刚开始研究,我们还不了解。"(Sagan, 1993:4)

　　了解本章的研究是一个关键问题,即在今天的大众文化中什么算作"科学"?当然,关于"什么能被准确地算作科学"的辩论并不新鲜,这里我们也不打算去细究它们的特点。相反,对我们想要达到的目的来说,更要紧的是去关注在一些科学家中日益增多的关切,即科学事实与伪科学猜测之间的界限正在瓦解;有人认为,这主要是因为媒体以一种不负责任的方式去呈现两者之间的不同所致。因此,本章就从下面这一论题开始,即大众文化中的科学和科学家形象值得认真研究。事实上,可以认为这些形象是任何批判反思"公众了解科学"辩论的核心原则时需要认真考虑的关键因素。因而,本章有意帮助改变的正是如何理解这样的形象这一问题。

事实就在那里

　　现代生活充满了偏执和妄想。我们周遭有着各种各样不祥和神秘的力量。科学与伪科学的界限模糊得令人绝望,自然与超自然的界限同样难以说清。种种的困惑和混乱笼罩着我们、威胁着我们,但事实就在那里,它有待那些勇于超越现实限制的人去挖掘。

　　电视系列剧《X档案》的剧迷们立马就会辨认出这些话语和"事实就在那里"这句话出自何处。《X档案》于1993年9月由美国福克斯电视网首播,剧中主角是联邦调查局(FBI)两名特工穆尔德(大卫·杜楚尼饰演)和斯库利(吉莉恩·安德森饰演),这两人每周都去调查该局"非主流"案件,即与种种超自然现象有关的案件。两名主角之间的张力,与多数黄金时段热播电视剧的套路类似,有个性冲突和爱情吸引的纠结,但呈现这些纠结的方式,是他们处理各种超自然现象截然相反的方式。穆尔德坚信存在超自然现象,之所以如此确信,是因为他在 12 岁时亲眼看到自己的妹妹被外星人绑架。他在联邦调查局工作就是想要救出自己的妹妹。他认为政府有意掩盖了外星人到访地球的证据,他的目的就是要曝光政府的阴谋。斯库利是一名医生,"受过严格的科学训练",她的任务是监督穆尔德的活动,"拆穿"他的古怪理论或使之"失效",在剧中这是一个相当艰巨的任务。观众期待每一集都有明确而完整的结局,这几乎无法做到,因为总是会有很多种可能的理由用来解释剧中那些看似超自然的事件。这种不确定的叙事结局令人不安,有时甚至令人烦恼,但恰恰又常被认为是这部电视系列剧收视率高企的原因之一。

很难确定《X 档案》到底属于何种电视节目类型。甚至连它算不算科幻故事都很难说,因为节目里铺陈的内容在有些人看来根本就是"伪科学"。至少它常会以令人不可思议的方式去挑战现代科学的基本信条。比如,该剧一开始就谈到飞碟绑架地球人的可能性,此后这个话题在剧中不断重现(片头就浮现着飞碟的影子)。莱弗里等人指出,《X 档案》中飞碟的角色异常突出并不奇怪,"在当今美国,再没有比外星人绑架地球人的故事更吸引人了,因为它能把各种文化元素与超自然经验中最骇人的方面结合起来"。这些文化元素中包括"科幻故事;当代人对时光隧道、转世再生、濒死体验、灵修的迷恋;在毫不知情的民众身上进行秘密医学实验之类错综复杂的政府阴谋;对性虐待及基因工程的关切",等等 (Lavery et al. 1996a: 7)。有趣的是,剧中围绕外星人绑架地球人之类主题而展开的情节所描绘的,通常只是一种可能,并未排除其他有科学依据的解释。莱弗里等人认为,在《X 档案》中,监制克里斯·卡特 (Chris Carter) "对片中那些看似外星来客的角色,总是暗示着他们也许只是某种特殊的地球人,因此他并没有排除任何可能,这样也就不会让任何观众在本体论意义上受到很大冲击"(Lavery et al., 1996a: 12)。剧中那些没有提供清晰解释的事件，通常都与政府从事的秘密行动有关，尤其是各种意在达成阴谋目标的秘密科学活动。因此，该剧呈现的超自然现象，与偏执者的恐惧直接相关（《X档案》中的另一个口头禅是"不要相信任何人"）。卡特自己在接受采访时说得相当直白："如果有适当的科学依据，你就可以尽情地铺陈剧情。《X档案》既惊悚又可信。剧情都是在最极端的可能性之下展开的。"（转引自 Lowry 1995: 33；另见 Lavery et al. 1996b; Bellon 1999; Knight 2000; Campbell 2001; Howley 2001）

有的观众非常不赞成《X档案》中对科学的描述，科学界的部分成员尤其如此。本书第一章提到过的英国科学家道金斯就是其中的代表之一。在他看来，《X档案》是一部非常有害的虚构故事。他写道：

> 想象一下，有这样一部电视系列剧：剧情是两名侦探每周要侦破一个犯罪案件。每周都有一名黑人嫌犯和一名白人嫌犯。两名侦探中，有一位总是对黑人嫌犯有偏见，另一位总是对白人嫌犯有偏见。几周过后，黑人嫌犯被证明是真犯了罪。那么，这有什么问题吗？不管怎样，这只是虚构的故事啊！这么来对比听起来有点夸张，但我相信《X档案》的剧情确实与此类似。我不是说超自然论者的宣传与种族主义者的宣传一样危险或令人不快。但《X档案》反复地、系统地提供非理性的世界观，这确实会让观众在不知不觉间深受其害。

(Dawkins 1998: 28)

杜兰特（Durant 1998a）也提出了类似的批评，他认为《X档案》是科学家所不齿的"迷信系列剧"。杜兰特与道金斯一样都是"公众了解科学"教授，他认为，《X档案》不是"真正的科学"，因为它没有尽到帮助公众去认知这个世界的责任。例如，在他看来，斯库利和穆尔德这两个侦探的对话台词里夹带的"伪科学的胡言乱语，会让任何有自尊的科幻故事作者感到羞愧"。《X 档案》的流行"表明社会大众仍然喜欢稀奇古怪、含糊不清的神秘事物",杜兰特认为这正是科学家们讨厌该剧的原因之一。用杜兰特的话来讲,科学家是"真正知识的监护者",他们非常反感《X 档案》中带给观众的那些"廉价的仿冒科学"。换言之,杜兰特相信科学家们为之气愤是"因为剧中拙劣地模仿科学的样子,它借用了很多科学术语(斯库利和穆尔德不停地谈论'力'、'场'、DNA 等),实际上不过是为自己的偏见和迷信披上科学的外衣"(Durant 1998a: 5)。

还有一些评论者指出,《X 档案》第一集给斯库利的角色定位就是要坚守"适当的科学分析方法",但随着剧情发展,斯库利不再那么坚持她的角色,她渐渐改变了立场,趋向于穆尔德的主张,即拒绝科学的方法和科学的原则。令科学家们深感困扰的是《X 档案》所暗含的立场:科学的方法和步骤并不能解释所有现象,有些现象完全无法用理性来说明。在这方面,萨根在《魔鬼出没的世界——科学,照亮黑暗的蜡烛》(1997)一书中,提供了一个中肯的估计。他在书中批评道,《X 档案》"口头上说要严格检验超自然现象",实际上却"大谈特谈什么外星人绑架地球人、奇异力量及政府罪行(即试图掩盖民众关心的任何事务)"。让萨根特别难以接受的是,在《X 档案》中,除极少数例外,"超自然现象都是真实的,而非出于心理异常或对自然世界的误解"。他认为,如果《X 档案》对每个案件都进行"深入系统的调查",并且发现每个案件都可以用"通俗易懂的词汇"来解释,那么该剧"对社会大众的意义就会大得多"(Sagan 1997: 351)。

针对这些批评,彭利的回应是萨根误读了这个节目。她辩解道:《X 档案》既不是要"用唯灵论取代科学",也不反对大家对超自然现象持怀疑立场,"恰恰相反,该剧运用被划在科学界限以外的东西,来挑战现有的科学范畴和科学方法"(Penley 1997: 7—8)。她进一步指出,至于该剧所倡导的怀疑精神,怀疑的是"科学界与政府之间的合谋""科学界和政府相互勾结,把科学完全交给科学家来负责,而拒绝了反对的声音"。此外,彭利认为萨根的批评无视《X档案》幽默的一面,特别是该剧"嘲笑了'科学-政府机构'的虚伪和神秘感",而且萨根似乎也没能领会该剧所使用的反讽手法。在彭利看来,《X档案》的很多剧迷非常欣赏该剧"对科学所开的微妙而充满智慧的玩笑",这从互联网聊天组(网上的剧迷常常自称是"X爱好者")、剧迷杂志等中的内容可以看出。有的观众认为《X档案》颠覆了关于性别的刻板印象,他们为此感到快乐:"女主角斯库利理性,富有批判精神,一心想要传统的科学方法;相反,男主角则显得情绪化,痴迷于超自然现象,完全缺乏科学的超我精神"(Penley 1997:8)。在彭利看来,问题的关键在于,应当给观众留出更多空间,让他们自己去咀嚼该剧所呈现的科学的复杂性,而萨根则似乎不愿这样做。她坚持认为,萨根"激烈而固执地谴责了大众文化",因而他是"毫无幽默感的、反大众的把关人",他的批评应该受到抵制。

西蒙既是《X档案》的忠实剧迷,也是该剧的科学顾问,她著有《鬼怪、异类及其过渡形态:〈X档案〉背后的真正科学》(1999)一书。该剧拍摄前,西蒙为剧本改正科学方面的错误,她在书中描述了自己是如何参与到这项工作中来的。此外她还有一项任务,就是要确保斯库利在剧中是以一种很真实的形象被前后一贯地展示出来。在西蒙看来,斯库利是"科学家的典型",因为她"搜集信息,并在所掌握材料的基础上提出自己的假设。她在坚持'最简单的解释往往是正确的'这一科学工作基本经验的同时,还要让自己的伙伴穆尔德不要匆忙作出没有根据的结论"(Simon 1999:9)。尽管如此,前面已经提到过,斯库利的演绎推理的结果往往被证明是错的,而且有时她还会对科学理性本身提出质疑。于是争议就出现了,正像西蒙承认的,"科学不能解释所有'非自然'现象"这一观念和"该剧作为科幻片所应具备的可信性"这两者合到一起,"自然会让批评者站出来攻击《X档案》是'反科学'的"(Simon 1999：10)。

西蒙认为,这样的批评并不公道,因为如果斯库利正确的次数更多,则该剧作为科幻片的吸引力就会大打折扣。她指出,说《X 档案》是在推销伪科学的那些人,没有看到该剧是如何以赞赏的态度来描绘科学家的。尽管剧中先后出现了"很多稀奇古怪的完全虚构的生命",但西蒙坚持认为对他们的科学调查是有真实依据的。她写道:"作过步骤严格的实验,使用了恰当的显微镜,搜集了资料并在所掌握资料的基础上作出结论。"(Simon 1999：10) 因此她认为,比起在黄金时段播出的其他电视剧,《X 档案》更具备"真正科学"的依据,也更能增加年轻人对科学世界的兴趣。她说:"说《X 档案》损害了公众科学意识的人,如果到我给大一学生上的生物学课上来看看,他们可能会感到惊讶,有那么多学生都说他们选择理工科的原因之一是《X 档案》中所展现的科学和科学家的正面形象。"(Simon 1999：250—1)

英国《自然》(*Nature*)杂志 1998 年 8 月 27 日"编者的话"中提出了类似的观点:虽然现代社会相信伪科学的人不在少数,但是有些贬低《X 档案》的人却没有认识到科学本身"只能在黑暗中前进,就像在漆黑的胡同和错误的轨道上上下摸索,从一个假设到另一个假设"。此外,该剧希望观众参与进来,一起来理解所描述的现象,"而不是向观众灌输一个容易令人起疑的唯一真理",这也是值得肯定的。若是追问《X 档案》为何深受大众喜爱,答案可能在于它"回应(或者用一个可能会让你厌恶的词'迎合')了观众对各种无法解释的神秘事物的强烈好奇"。不管怎样,用"编者的话"中的话来说,我们可以合理地认为该剧的广泛流行说明了"公众的科学研究精神超过了那些批评者的想象"。因此,"拒绝把科学家当作真理的监护人并不等于偏爱伪科学,而只是不喜欢被人庇护"。

下面我们就来集中讨论媒介文化中是如何展现科学家的形象的,尤其是如何把他们当作真理的最后监护人的。

科学家们的公众形象

看起来,科学家们的形象似乎很不美妙。关于科学家在社会大众心目中的形象的研究报告,读来往往让人难过,涉及年轻人的看法时尤其如此。有项研究以英国莱切斯特和澳大利亚珀斯的儿童为调查对象,结果发现8—9岁的儿童多数认为科学家是"中年白人男子,从不知道快乐为何物"(*BBC News On-Line*,2000年12月16日)。当要求孩子们画出其心目中科学家的形象时,一些明显的模式就出现了。研究人员发现,"男孩子都没有画出女性科学家,偶尔有个别女孩画出女性科学家",与此同时,"黑人或亚洲学生很少画出黑人或亚洲肤色的科学家"。英国巴斯大学的研究人员在更早以前的一项研究中,访谈了250多名15—17岁的年轻人,同样发现科学家的形象是负面的(*BBC News On-Line*,1999年12月21日)。具体来看,科学家们一再被认为是"乏味的"、"一味沉迷工作"的人,他们行为怪异、想法疯狂,把绝大多数时间都花在实验室里。毫不奇怪,像这样的研究结果,引发了关于学校科学教育的难堪问题,同时也促使人们去思考大众文化中所传播的科学家形象究竟会带来怎样的后果。

这里我们稍停片刻来回顾一下"科学家"一词的起源。历史学家通常认为是剑桥大学矿物学教授(后为道德神学教授)休厄尔(William Whewell)最先把这个词引入英语。1830年代,休厄尔积极参与"英国科学促进协会"的早期会议,据说在该协会的一次会议上他创造了"科学家"一词。休厄尔在他1840年出版的两卷本《归纳科学的哲学》(*The Philosophy of the Inductive Sciences*)中,多次提到"科学家"一词,认为它比"自然哲学家"(natural philosopher)等其他相关词汇更精确。他在书中所作的关键评论是:"我们非常需要一个名称来描述科学工作者。我倾向于把他们称为科学家。"(引自 Williams 1983:279)历史学家承认休厄尔在正式使用"科学家"这一词汇上的贡献,他们同时也找到了很多与之相关的早期词汇[其中之一是出现于 16 世纪的"科学人"（sciencer）一词]。从 17 世纪中期开始，"科学家"一词在大众词汇中渐渐变成专指在某个特定知识领域工作的人。后来的事实证明，这一发展对于科学的职业化具有深远影响。富勒指出，"认为可以有组织地探求知识并将其从其他社会实践中分离出来进行独立的分析，这是一回事；而把探求知识看作一种需要经过特别培训的专门职业，则是很不一样的另外一回事"（Fuller 1997：35；另见 Yeo 1993）。

回到今天，新闻和娱乐媒介中呈现的科学家形象，从根本上影响了社会大众对作为人的科学家的印象，这是没什么疑问的。西蒙谈道："在科学圈外，没几个人有自己真正熟识的科学家，因而只能虚构出对科学家不准确的印象（通常负面居多），在此基础上产生各自对科学家的感觉。"（Simon 1999：10）西蒙的观察忽略了新闻媒介的作用，但确实可以说，虚构的科学家形象与真正的科学和科学家往往相去甚远。牛顿、居里夫人或爱因斯坦这样的名人当然会影响人们对科学家的印象，但是正如海恩斯所说，这些著名科学家只是特例，并不能代表人们对科学家的一般印象。海恩斯把科学家作为一个文化原型来进行研究，结果发现在影响大众对科学家的印象方面，那些虚构出来的科学家——包括浮士德博士、弗兰肯斯坦博士、莫洛博士、杰基尔博士、卡里加里博士、奇爱博士等等——比真实存在的科学家所起的作用要大得多。她认为，这些虚构出来的科学家，不仅分别代表了特定社会背景下不同创作者对科技的看法，而且他们还"有更进一步的历史重要性，因为从他们身上，我们可以从意识形态高度去观察过去七个多世纪以来人们科学观的变化，同时，他们作为强有力的形象又带来了新的刻板印象"（Haynes 1994：2）。

海恩斯按时间顺序检视了从中世纪晚期到当代西方文学作品中所呈现的科学家形象，她想弄清楚这些文学作品中的科学家主人公是如何影响了她所说的当代社会"对科学的爱恨交织态度"。有趣的是，在深入分析大量不同类型材料（从中世纪文学中描绘的炼金术士直到今天的赛博朋克；资料来源主要是文学作品，有时也包括电影作品）的基础上，她总结出了一再重现的六种刻板印象。她对这六种刻板印象作了如下概括：

炼金术士（alchemist）。这是鬼迷心窍的或癫狂型的科学家，在关键时刻一再出现。他们为一种怪异的知识目标所驱使，该目标在意识形态上是邪恶的。近年来炼金术士的角色再次重生，表现为通过准魔幻的基因工程来制造新的（且被认为非法）物种的邪恶生物学家。

愚蠢的学者（stupid virtuoso）。这是不接触社会的自我封闭的科学家。此类角色起初更多具有滑稽色彩，并不很邪恶，只是带有一点邪恶意味。他一心关注自己科学世界里的琐碎事务，而不顾自己的社会责任。其在近代的典型是20世纪初电影里心不在焉的教授，办事不力，在道义上是失败的。

铁石心肠的科学家（unfeeling scientist）。这是不食人间烟火的科学家。他拒绝遵从人际关系的基本规则，为了科学压制了所有个人情感。这个刻板印象最为长久，至今仍是大众心目中最典型的科学家形象，在20世纪的戏剧、小说和电影中一再重现……

英雄式的冒险家（heroic adventurer）。这是勇于在物理或其他知识领域进行冒险的科学家。他就像超人一样，比同时代人高大勇猛得多，他们探索新领域，提出新概念。此类科学家常常出现于人们对科学前景持乐观态度时期。然而，进一步分析此类英雄角色就会发现，他们的超凡魅力所带来的权力是危险的，因为他们会以新帝国主义的太空旅行者之名，把自己特定的殖民方式强加给整个宇宙。

无助的科学家（helpless scientist）。此类科学家要么无法控制自己的发明创造（这些发明创造就像魔鬼一样，已经成长为科学家所无法想象的东西），要么没有权力控制自己发明成果的使用方向（这种情况在战时常常出现）。近数十年来，这种情形涉及一系列环境问题，科学家们常被认为是环境恶化的始作俑者。

充满理想的科学家（scientist as idealist）。此类科学家形象是大众都能接受的。有时候，他们给人类提供了一个有着科学依据的乌托邦世界，那里物产丰富，人人都有成就感。但更多的时候，他们都会与依赖技术的现有制度发生冲突，因为后者没能为个人提供人道价值。

（Haynes 1994：3—4，黑体为本书作者所加）

以上分类清楚地呈现了人们对科学家的刻板印象，人们一再使用负面词汇来描述科学家。科学家几乎总是男人（在过去很长的历史阶段中人们几乎没有听说过有什么女性科学家），这些男性科学家不是"疯子"就是"坏人"。有个别科学家试图运用科学来造福大众，更多的则是在从事会给社会带来极坏后果的不道德勾当。海恩斯说，值得注意的是，"这些描述不仅反映了作者对他们各自生活年代的科学和科学家的看法，它们反过来也给当代人提供了评价科学家及科学本身的一种模式"（Haynes 1994：4）。

海恩斯认为，既然媒介对科学家的描述不仅仅是给观众提供娱乐，而且还影响到大众对科学和科学家的看法，那么，我们就要"直接面对西方社会中广泛存在但往往又不被公开承认的对科学和科学家的畏惧"（Haynes 1994：4）。其他很多有关大众对科学家印象的研究，考察的媒体形态不一样，但都有着与海恩斯类似的看法。比如，在科幻小说领域，赫希（Hirsch 1962）根据《1926—1950 年科幻小说杂志索引》(*Index to the Science Fiction Magazines, 1926—1950*) 提供的名单，分析了这 24 年间美国所有科幻小说故事中科学家的形象。通过对 300 篇科幻小说故事的内容分析，他发现在这 24 年中，把科学家作为主角的科幻小说越来越少。把科学家描写成"英雄"的小说数量同样在下降，而把科学家描绘成"坏人"的比例却在增加（排在第一位的"坏人"是"商人"）。在科幻小说所虚构的社会中，比起非科学家，科学家被描绘成"具有合法性的"社会精英，虽然到了后期，"科学家再也不是早期科幻小说中呈现的那种全知全能形象"（Hirsch 1962：265）。早期科幻小说中科学家的典型形象是"有独立性的"或"绅士型"的人；相比之下，后期科幻小说则倾向于把科学家放在"官僚机构"的背景下来描述，他们面临着来自人际关系和组织机构的各种压力。总的来看，科幻小说最常见的冲突情节是（与"爱情"相关的）人际冲突，其次是技术后果（经常重现的主题是"弗兰肯斯坦神话"）所带来的冲突，再次是国际冲突，最后是星际冲突。就像大家预期的那样，多数小说都有一个"圆满的"结局。根据赫希的研究，到 1940 年代末，科学家的形象"再也不是什么超人或被定型化的坏人，而是面临着道德困境的有血有肉的人，他们认识到科学并不能为他们所面临的选择提供足够的指导"（Hirsch 1962：267；另参看 Parrinder 1990）。

拉福莱特（LaFollette 1990）研究了 1910—1955 年美国通俗杂志中所呈现的科学形象，结果发现这些杂志对女性科学家存在很多性别歧视。她说，这个时期出版的《星期六晚邮报》(*The Saturday Evening Post*)、《美国杂志》(*American Magazine*)、《斯克里布纳》(*Scribner's*) 等杂志对女性科学家的性别歧视尤其明显，所谓的"普通科学家"被神话为专指"男性、白种、才华横溢、精力充沛、冷静理性之人"（LaFollette 1990：6）。根据多数通俗杂志的描述，想要在科学领域取得成功，必须具备某种"男子汉"特质。这些特质包括客观中立的思考能力、强壮的身体和情感上的超脱，这实际上就是认为女性的社会角色不适宜从事科学研究——如果说还没有完全排除女性在科学领域取得成就的可能的话。于是，一个想成为科学家的女人，就必然是违背自然规律的"不正常"的人。

在将女性描述成"科学舞台"上"少数配角"的时候,这些杂志往往把女性与科学的关系极端化。也就是说,女性要么以男科学家的小助手角色出现,要么就是"超级科学家"。当她们以"超级科学家"角色出现时,少数卓越的女科学家,例如居里夫人和玛格丽特·米德,就成为这些杂志中耀眼的明星。拉福莱特写道:

> 女性科学家不仅要在体力、智力乃至性能力上异于普通男女,她们还必须独立自主地、坚强地作出明星般的行为。男性科学家很容易获得自己的支持力量——妻子、孩子、助手、同事、邻里;而女性科学家要么必须像圣女贞德一样孤身奋战,要么就得扮演家庭主妇和科学家的双重角色,一手抓着拖把(或抱着小孩),一手扶着观测太空的望远镜。
>
> (LaFollette 1990: 93—4)

这些受到关注的"超级女性"科学家,不管她们是勇敢的探索者、献身科学的圣女还是别的什么,反过来正好说明了女性很少是"普通"、"平常"或"司空见惯的"科学家。拉福莱特写道,由于"通俗杂志上的内容暗示了女强人不可能有一个正常的家和正常的家庭生活,甚至不可能成为一个正常的母亲",其结果,"女性科学家的这种公众形象就使得很多学生不愿选择从事科学工作"(LaFollette 1990: 94;另见 Broks 1996)。

好几位研究者把主流电影中的科学家形象作为研究对象。除了前面提到的海恩斯的研究外,埃琳娜研究了电影《居里夫人》(*Madame Curie*,米高梅公司 1943 年摄制),她认为自那以后直到今天,各种电影对女性科学家的形象处理大都受到这部电影的影响。她说:"《居里夫人》对女性科学家现象所表达的观点,从头到尾都是惊讶。"(Elena 1997: 275)《居里夫人》是好莱坞最早拍摄的科学家传记电影之一,它把镭元素的发现者玛丽·居里描绘成"一个研究助理且一贯依赖于男性科学家",这个男性科学家就是皮埃尔·居里(Pierre Curie)。琼斯研究了"二战"后1945—1970年间英国拍摄的好几部电影,试图找出这些电影中关于科学家的最突出刻板印象。结果找到了三类主要刻板印象:一是艺术家形象,指不谙世故、不食人间烟火的科学家;二是毁灭者形象,指在研究中有意无意地造出害人害己东西的科学家;三是技术专家形象,指受雇于政府且通常参与从事武器生产的科学家(Jones 1997:34)。这三种形象里琼斯最感兴趣的是技术专家形象,他认为,作为技术专家出现的科学家在电影中通常都有正面形象,因为他们试图运用科学手段来帮助"我方"打赢战争。这方面最有代表性的电影是《轰炸鲁尔水坝记》(*The Dam Busters*,1954,又名《敌后大爆破》),演员迈克尔·雷德格瑞夫(Michael Redgrave)塑造的那位发明弹跳炸弹的工程师巴恩斯·沃利斯(Barnes Wallis)的形象,成为技术专家型科学家的典型。琼斯认为美国电影中最有名的技术专家型科学家出现在影片《奇爱博士》(*Dr Strangelove*,1964)中,男主角"奇爱博士"由彼得·塞勒斯(Peter Sellers)饰演,他以美国政府"武器研发部主任"的身份,在立场上对美国战争委员会的政客和军官们保持一定的独立性。据说,"奇爱博士"的真实原型是"氢弹之父"爱德华·特勒(Edward Teller)。

在报纸方面,尼尔肯分析了美国的新闻报道,发现科学家"似乎都是高傲而与世隔绝的奇才,他们在文化上游离于主流社会之外"(Nelkin 1995:14)。她认为,此类英雄式形象最常见于有关大科学家特别是诺贝尔奖获得者的报道中。她考察了报纸对年度诺贝尔奖获得者的报道内容,结果发现过去数十年来这些报道有着某些"惊人一致"的特征。例如,这些新闻大都是以报道体育赛事或奥斯卡金像奖的套路来报道诺贝尔奖的,新闻焦点在于诺贝尔奖获得者的民族属性和"明星特质"。它们把来自不同国度的科学家描绘成互相争夺荣誉和光环的对手。科学家们从事科研工作时经常开展的国际合作,以及诺贝尔奖获得者的具体研究内容及其对科学的贡献,在报纸新闻中往往都被忽略了。尼尔肯写道:"或者说,当报纸确实在报道相关的研究内容时,它所呈现的似乎是非常深奥的、非普通人所能理解的神秘东西。"(Nelkin 1995:6)同样明显的是新闻报道中所体现的性别政治:成功的男性科学家是"超脱俗务一心投入工作"的人;与此形成鲜明对比的是,女性诺贝尔奖获得者"之所以获得赞赏,是因为她们能够挤出时间,使得家庭事业两不误"(Nelkin 1995:19)。尼尔肯指出,报刊中所传递的压倒性信息是,"成功的女性科学家必须是万能的——既有女性特质,又有母性色彩,还要取得成就"(另参看 Shachar 2000)。

至于那些专门针对年轻人的媒体,有多项研究探讨了儿童科教节目中的科学家形象。例如,施泰因克和朗分析了四部电视科教系列片中的女性科学家形象。这四部在美国播出的电视系列片分别是《天才先生的世界》(*Mr Wizard's World*)、《比克曼的科学世界》(*Beakman's World*)、《科学佬奈伊》(*Bill Nye the Science Guy*)和《牛顿的苹果》(*Newton's Apple*)。作者在每个系列剧中都抽出五集来研究,以便确定"这些节目是否平等地呈现了女性科学家的职业地位和出场频率"(Steinke and Long 1996:98)。研究结果并未出人意料:虽然有些电视剧比较平等地呈现了女性科学家的形象,但总体上看,男性科学家出现的次数是女性科学家出现次数的两倍,尽管男孩和女孩大体上是被平等地呈现出来的。此外,施泰因克和朗认为,"在这些节目中,多数女性都是被当作科学界的次等角色来呈现的",她们不是学生就是实验室助手。因此,作者认为,虽然节目为儿童提供了以非正式方式学习科学的良好机会,但是我们还需要做更多的工作来确保女性科学家的形象不被扭曲。施泰因克和朗认为,"儿童科教片中的科学家形象,应该让年轻观众看到,重要的是能力而不是性别——事实上,女性科学家主持一个自己的实验室是很平常的事"(Steinke and Long 1996:110)。令人鼓舞的是,随后的一项研究调查了这四部科教片中的三部,外加一部《神奇的校巴》(*Magic School Bus*),结果发现近年来这些科教片中的女性科学家形象已有所改善。但是这项研究也发现,如果留意这些科教片中不同角色的种族背景就会发现:"少数民族人士被称为科学家的可能性较少,少数民族科学家在屏幕上出现的时间少于白人科学家,而且科教片中的少数民族人士比白人要少得多。"(Long et al. 2001:255) 这项后续研究得出的结论是,这些科教片鼓励年轻观众相信"科学看起来是属于白人的事业"(Long et al. 2001:265;另见 McArthur 1998)。

那么,科学家自己又是如何塑造其媒介形象的呢?有点荒谬的是,研究发现,有的科学家在对"外行人"讲话或写作时,实际上是在努力迎合那些过时的刻板印象。肖特兰和格雷戈里写过一本小册子,目的是帮助科学家更有效地与社会大众进行沟通。他们在书中指出,有的科学家感到自己必须表现出一种"严肃的态度,以无懈可击的科学方法不带任何感情地去研究自然现象"(Shortland and Gregory 1991:10)。虽然这些科学家明知此类刻板印象很可笑,但他们还是努力去模仿。结果,这些科学家变得

> 失去了个性,也失去了科学研究的热情,他们像百科全书般滔滔不绝地谈论事实。有的把刻板印象作为挡箭牌,用以证明自己原本就该与众不同。有的认为流露自己的情感是"做作"或"虚伪"的做法,而科学来不得半点虚假,科学的繁荣靠的是科学家的诚实和正直。
>
> (Shortland and Gregory 1991:10)

肖特兰和格雷戈里认为,对科学家产生的这些刻板印象之所以会带来重大伤害,原因正在于此。在他们看来,诸如科学家是不带情绪、不发脾气、没有感情之类的刻板印象,加大了科学界与普通大众之间的鸿沟。他们直接向科学家提出建议:"你们越是努力抛开刻板印象,向

人们展现科学工作的趣味、挑战和人性化特点，普通大众越会对你们所说的感兴趣。"（Shortland and Gregory 1991：22；另见 Myers 1990）

显然，前述观点中包含着一系列有关"科学界"与"普通大众"之间能够而且应该以怎样的方式发生关系的假设。由此，新的问题马上也就出现了：谁来决定"什么才算"科学？如何才能使科学变得更加"有趣"或更受社会大众"喜爱"？为什么这些互动会对社会整体产生重要影响？本章下一部分将会表明，围绕这些话题出现的很多争论，都可以泛泛地归入一个名为"公众了解科学"的研究领域。

公众了解科学

"公众了解科学"这个短语初看起来很中性，因此人们也许会觉得奇怪，前段提到的那些争议怎么会在这个领域发生。人们不禁要问：是谁在反对公众了解科学？社会大众应该对科学感兴趣，这一点当然大家都赞同，虽然在如何让公众对科学感兴趣上，大家可能会有不同看法。然而，当"公众了解科学"这个短语的不同使用者，稍事休整，具体来谈谈他们所指的"公众"、"了解"和"科学"分别是什么时，事情就变得有趣多了。一涉及这些词的具体含义，马上就会众说纷纭，人人都希望自己所作的界定能占上风。这些争论，在概念和研究方法上究竟意味着什么，大家已经吵了很长时间了，至今还未出现平息或得到最终解决的迹象。

杜兰特认为，"公众了解科学"是个口头禅，它"所关注的是科技与公众之间的关系"（Durant 1992a：7）。在英国，伦敦皇家学会在1980年代初设立了一个工作小组专门负责这方面的事情，并在1985年出版了一份很有影响的名为《公众了解科学》（Bodmer 1985）的研究报告。该工作小组的负责人是遗传学家沃尔特·博德默爵士（Sir Walter Bodmer），这份报告因而通常也就被简称为"博德默报告"，报告中提出了一系列关于促进公众对科学的了解的建议。用杜兰特的话来说，这份报告"痛感公众在了解科学方面的水平之低，强调科学界、工业界和教育界有必要积极行动起来，消除公众对科学的无知"(Durant 1992b: 3；另见 Pearson et al. 1997)。该报告作出了一个很重要的努力，就是劝说"经济和社会研究理事会"出资设立了一个专门的研究项目。此外又在 1986 年由"皇家协会"、"皇家研究所"(创办于 1799 年，宗旨是"把科学应用于日常生活")和"英国科学促进协会"共同出资设立了"公众了解科学委员会"(Committee on the Public Understanding of Science, COPUS)。

"公众了解科学委员会"的主要目标是鼓励更多民众去接触科学。为此，它发起了一系列活动，以进一步加强公众对科学的认识和了解，短期的主要目标是提高研究界、学校、媒体、博物馆、出版和行政部门中的科学传播水平。具体来看，该委员会迅速发起了好几项密切相关的活动，包括为相关研究提供小额资助、为科学家举办媒体训练班、资助以社区为基础的项目，以及（与科学博物馆一起）为最佳科普书籍颁发大奖，等等。它成立后不久还成功地"让电视肥皂剧中出现了一个科学家"，虽然它也承认"没有哪家电视公司看起来愿意制作一部科学肥皂剧"(Bodmer and Wilkins 1992: 8)。

在政府层面，该委员会试图影响有关科学议题的政策制定。比如，它参与了供讨论用的政策绿皮书（例如 1993 年关于 BBC 的绿皮书）和相关的白皮书（例如 1993 年的《发掘潜能》）的讨论，并试图影响国会中与科技相关的委员会的运作。根据该委员会新闻办公室提供的资料，近年来，它在提高公众的科学认识方面所作的努力有：与广播电视科教节目的筹款机构"教育广播服务信托"(Educational Broadcasting Services Trust)合作设立了一项广播基金；与"博物馆和美术馆委员会"合作，鼓励非科学类博物馆举办科技活动。与此同时，它还设立了很多新项目，其中有一项是让"皇家协会"研究员与国会中的"科学中立"成员结成对子——这样做的目的显然是想让双方都更加了解彼此的角色及最关心的事情。诸如此类的各种项目，使得"公众了解科学委员会"的组织架构可以在全国范围内承担起科学传播信息中心的角色。

英国目前以"公众了解科学"名义开展的各种活动，正在汇聚成一场国际性运动。很多国家纷纷设立相关的组织机构，例如法国的"文化科学"，美国的"科学素养"等。美国还有两个重要组织，即"全国科学教师协会"的"范域、数列和协调项目"（Scope, Sequence and Coordination Project）和"美国科学促进协会"发起的长期计划"2061项目"。"2061"是科学家估算的下一次彗星到来的时间，该项目旨在改革全国教育体系，保证所有高中毕业生在处理各种社会问题时都具备足够的"科学素养"。世界各地都有类似的强调"科学素养"的组织和活动，南非的"艺术、文化与科技部"就与"2061项目"合作成立了一个联合项目。成员来自欧洲38个国家的"欧洲科学"，为科学家、工业家和对科技感兴趣的市民提供了一个公开论坛，并试图影响各成员国的科技政策。在中国，中国科技协会提出了推进科学教育的倡议，该协会发布的民意调查结果显示，只有不到2%的中国人具备"基本科学素养"。在马来西亚，马来西亚科技信息中心负责协调提升公众科学素养的活动。最后一个例子是澳大利亚，"澳大利亚科学技术学会联合会"代表全国六万名科学家和技术专家的利益，以压力集团的方式开展工作，介入科技政策（特别是与科学教育相关的政策）的制定过程。

纵观各国情况，亨里克森和弗洛伊兰总结出四个常见的提高民众科学素养的主要理由：

　　实用理由：当今时代的日常生活处处离不开科技，民众必须了解科学，更必须了解技术。

　　民主（公民）理由：现代民主社会的公民面临着很多与科学相关的复杂问题，为了应对这些问题，民众必须了解科学。

文化理由：科学是我们文化传统的一部分，它深深地影响了我们对世界和人类处境的看法；因此，要了解文化就必须先了解科学。此外，对自己周遭世界的事物和现象有所了解，会给人们带来快乐和满足感。

经济（职业）理由：在大多数国家，具备科学素养的劳动人口是保持经济快速健康发展的必要条件。

(Henriksen and Frøyland 2000：393)

看看这些理由，我们就可以很清楚地看到，提高"科学素养"是完全必要的——谁会去为"科学文盲"辩护？尽管如此，究竟什么是"科学素养"、它在多大程度上确实是值得追求的理想，仍很含糊。下定义的人不同、涉及的利益不同，则诸如公众"必须了解科学"之类的规范性说法也就必须用不同的标准来判断了[Durant 1993；Irwin 1995；国会科技办公室（POST）1995；Mellor 2001b；Nowotony et al. 2001]。

提升"科学素养"项目的力度有大有小，但相关说辞的背后是宰曼（Ziman，1992，2000）生动地描述的科学不足（又译"科学欠缺"）模型（deficiency model of science）及其社会角色。他说：

科学家大都认为，普通民众很少具备科学知识。整个情况的主要特点可用公众的"无知"来形容。关键问题是，"民众不了解的是哪一部分科学？为何不了解？"这个问题被认为是一种"科学不足"，需要动员一切力量来加以克服。要衡量"公众了解科学"是否进步了，最基本的方法就是看可以为公众所了解的科学增加了多少。

(Ziman 1992：13—14)

宰曼是位训练有素的理论物理学家，他当然非常了解科学世界与普通世界之间存在的这种显著的"知识缺口"。他也承认，过去两百年来，各国的众多科学团体都在努力消除这个缺口。但他认为所有这些努力都没有取得多少成效，这就证明了"科学不足"模型存在很多问题。他指出，最大的问题是，"'科学'不是一个界限分明的完整实体，可以被多了解或少了解"（Ziman 1992：15）。他还补充说，对于"科学"应该包括哪些内容，科学家自己也没有清晰连贯的看法。因此，他的结论是，科学"并不是只在科学界之外才被一群无知的人所误解的特殊知识"（Ziman 1992：16）。

因此，诸如公众缺乏科学素养、科学需要"大众化"以改变社会大众的"无知"状况等等耳熟能详的说法，还会引起很大争议。有些批评者认为，"公众了解科学"这一提法本身就不恰当。巴尔和伯克从女性主义视角指出，"科学不足""很可能带有性别歧视（谁最可能被认为缺乏知识？）而且忽视了关于知识的更大背景"（Barr and Birke 1998：15；另见 McNeil 1987；McNeil and Franklin 1991）。格雷戈里和米勒同样认为，"科学不足"忽视了认知方式的多样性。他们写道："按照'科学不足'模式的观点，科学家是所有知识的提供者并决定着哪些知识应该被提供，公众头脑中则空空如也。"（Gregory and Miller 2001：61）这一模式对科学家来说在好些方面都很有吸引力："在认知系列中，科学家处于高端位置；行动方案简单明了——'给民众空白的头脑灌输知识！'行动方案的效果可以用实际调查的方法来检测，看看公众对科学的了解是否增加了。"（Gregory and Miller 2001：61—2）然而，格雷戈里和米勒认为，当科学界本身对所讨论的那个具体科学发生争议，或者那个科学还处在发展中的时候，这个方法就完全"一筹莫展"了。于是，他们认为问题就来了，因为"民众需要了解的科学，不是存在很大争议，就是还不够成熟"（Gregory and Miller 2001：62；另见 Labinger and Collins 2001）。

在我看来，如果认真考察公众究竟如何"使用"科学，就必然会发现，以自上而下、"理解"对"无知"的零和方式来看待公众与科学的关系，完全站不住脚。布希（Bucchi 1998）对这一点有过中肯的分析，他剖析了诸如"科学与媒体"或"向公众传播科学"之类公共话语背后的理念，指出这些话语建立在一些错误的成见之上。换言之，这些话语的核心是他所说的有关科学与社会的"经典说法"（另见 Best and Kellner 2001）。布希说，该说法是"经典的"，因为科学家和媒体记者都支持这样的看法，于是在向公众传播的过程中，该说法就变成了主流。这里有必要详细引述他所列举的错误成见：

1. 科学研究已经变得越来越专业和复杂，很难为一般民众所了解。例如，1919 年 12 月，两次日蚀的发生证明了爱因斯坦广义相对论的正确性，《纽约时报》特别强调了据说是爱因斯坦自己所作的一个评论："全世界只有十二个人能理解我的理论。"

2. 因此，要让科学成就能够更适用于公众、更易为公众所接近，就需要某种形式的中介。这一中介就意味着要产生新的专业人士："第三人"（一般指科技记者），他们能架起科学家与普通公众之间的桥梁，既了解科学家的工作，又能把科学家的理念传递给公众。对（科学）研究人员来说，"第三人"的引入很关键，因为这样他们自己就可以置身于整个过程之外了。记者把科研人员的理论和行话进行重新编排后再传递给公众，而在科学家看来，记者们"重新编排"的过程往往也是"曲解"的过程。比如，有科学家认为，记者的介入使得"自然知识……就像是被掺了水后再滴落下来供公众消费的东西，其理论内涵丧失殆尽"（Cooter and Pumfrey 1994：248）。

3. 这种中介的过程，经常被比拟为语言翻译过程。"第三人"（比如科技记者）的角色类似于翻译人员，他们的本职工作只是把科学话语转化为更简单的词汇。从这个意义上讲，向公众传播科学，变成了单纯的语言能力问题。

(Bucchi 1998：3)

根据此类"经典说法",科学话语与公众的科学话语之间显然存在巨大的鸿沟。科学家的任务是生产"纯粹的"知识,以便用一种简单的方式提供给感兴趣的公众。

很自然地,布希迅速地挑战了这些显而易见的偏见。他指出,那些经典说法是理想化的"科学的公众传播"观,其中科学家、记者和公众在传播过程中分别扮演着截然不同的角色。他认为,这些传统说法建立在对科学家与记者职业的意识形态偏见之上,它之所以仍有很大影响力,是因为它符合各方的利益。对科学家来说,这些传统说法让他们可以否认自己在所谓的科学大众化过程中有任何直接参与,从而"自由地抨击大众化过程中的各种错误和夸大现象"。同样地,对记者来说,他们也"需要这样的说法","以便突出自己的地位,证明自己所扮演角色的重要性"(Bucchi 1998:4)。这两组人之间的动态平衡,在很多层面都存在紧张关系。为了公众平衡地报道新的科学发现或进展,如何在各种张力之间进行折冲的问题就浮上了台面。新闻报道的各种传统制约(比如新闻机构的制度性约束)使得记者的报道内容和报道方式都受到很多限制,更不用说记者还要把科学家的利益考虑在内。

在上述种种张力之下,就出现了布希所描述的"责备传递讯息者"现象。也就是说,只要把"原初的"科学观念和媒体对它们的描述进行比较,媒体总是受责备的一方,媒体报道的内容总是有所欠缺。其思路是,媒体对科学理念的"错误呈现"或"歪曲"必然导致广泛的紧张与混乱,这就使得"社会大众本身的科学成就没有受到足够重视"(Bucchi 1998:4)。按照这样的逻辑,科学的大众化过程,应该是一个"单向的、线性的传播过程,信息从发送者(科学界)传向完全被动的接受者(广大无知的公众)",在此过程中,"信息的特性和内容不能受到任何影响"。因此,布希认为,传统"经典说法"的基本假设是,"受众是外行,他们毫无创造性地部分吸收从科学活动中产生的观念"。事实上,就像布希随后补充的,只要"有适当的信息渠道,人们就会沿着'康庄大道'阔步走向科学意识的殿堂"(Bucchi 1998：5)。因此，媒体的责任是，用科学家满意的精确度和接受水平来"传播"科学议题的信息。

像布希这样的研究者，质疑科学大众化过程的"经典说法"，认为后者为了保持概念的同一性而把问题简单化了，因此他们认为有必要重新考虑科学大众化过程的复杂性。"经典说法"不仅就科学知识在社会大众中的传播方式提出了一种规范观点，而且它还假定社会大众在日常生活中使用科学知识的方式是划一而单向的，只是程度有所不同。戈德史密斯（Goldsmith 1986）等批评者还指出，科学本身的分工越来越细，发展速度越来越快，因此，科学的大众化不只是如何通过大众化过程来使科学的观点变得清晰。他指出，科普作家笔下呈现的科学往往是"事实的汇集"，然后他们又用普通人所不易理解的方式来解释这些事实。戈德史密斯写道：

> 在民主社会和迅速发展中的社会，科学的大众化不是只有少数特权人士才能承担的社会工作。现在早已不是维多利亚王朝时代，再也不能用一种恩赐的、要人领情的高傲态度来看待科学的大众化。旧有的观念必须抛弃。科学在当今世界至关重要，我们无需去推动它的"大众化"……现代科学的应用所带来的某些灾难性后果，使我们每个人都得面对复杂的道德问题。科学的大众化过程似乎使民众反而疏远了科学。我们所需要的是增进公众对科学本身以及科学所带来的影响的了解。

(Goldsmith 1986：14)

类似这样的批评声音，使得"科学的大众化"这个概念所隐含的一些假设受到了挑战。不少学者开始重新设计"经典说法"中的基本信条，首先是消解"科学话语"与"科学的大众传播"这种僵硬的二分法。他们认识到只有在抽象的概念模型中才能勉强维持这种二分法，因此他们转向研究这些互动在特定情境中的复杂联系。

强化对科学知识如何被植入不同情境之中的探讨，使得"科学不足"模式的批评者们能够把研究推向令人欣喜的新境界。在我看来，这些研究者的重要贡献在于，他们挑战了那些被认为是主流的"公众了解科学"的议程，让人们关注更大的关于科学的政治文化问题。这类研究多数都对"公众了解科学"运动持批判立场。温对英国的研究发现，"1980年代中期，'公众了解科学'运动在英国的复兴，可以看作是科学界权势集团对合法性空缺作出的急切回应，因为这种空缺危及科学界的社会地位和福祉"。所谓公众对科学的"无知"，实际上是对这种合法性空缺的忧虑。温认为，这种情形具有讽刺性：之所以会出现合法性空缺，正是因为过去科学有效地保持了与公众之间的距离，以便有更好的理由去申请公共经费；"而现在，科学发现自己被自己高悬于危险的境地——它所面临的文化疏离正是科学界权势集团所积极（或许也是天真地）提倡的结果。"（Wynne 1992：38）

温认为，要改变这种窘境，就必须抛弃一种错误的假设：认为公众之所以不认同科学是因为他们不了解科学。按照这种假设，问题的关键在于，让科学家找出新的方式来使科学变得更好玩或更让人喜爱，以吸引"外行"公众。温指出，更严重的是，在这个错误假设之下，诸如"不同的科学及其呈现方式究竟对谁有利？掌控科学的不同制度形态的信任基础和社会责任究竟是什么？等等问题完全不见了"（Wynne，1992：38）。批评者们恰恰把这些问题作为研究重点，因此，他们能够挖掘出一些为主流观点所忽视的、影响公众对科学的"了解"的因素。这些研究者从社会关系层面提出了新的研究路径，用以分析民众体验科学的政治化方式，因而能够更好地回答温等人提出的科学的公众信任和权威日益出现危机的问题（另见 Irwin 1995；Irwin and Wynne 1996；Lash et al. 1996；Adam et al. 2000；Nieman 2000；Irwin 2001）。

展示中的科学

为了完成本章的讨论，下面我们把焦点转到民众身上，看看在社会层面民众是如何在各种机构场所（如科学博物馆和科学中心）里体验科学的。莫顿认为，"建设一座博物馆，就意味着政府或其他主体想要影响公众对科技的态度，增进公众对科技尤其是对科技工作者的了解"（Morton 1988：130）。可以这么说，如何展示科学，远比经费投入、场馆管理和市场营销这些直接问题更复杂。尽管科学往往被认为是"超越"政治的，科学展览还是经常面临着激烈的意识形态冲突，冲突的焦点就在于究竟什么才算"科学"，以及如何把科学传递给"公众"。用一位博物馆馆长的话来说，"在决定要展示什么或不展示什么的时候，我们确实有意无意地为我们的参观者提供了一个有关科学和科学主题的道义观点"（Sullivan 1992：128）。

毫不令人意外的是，这些在如何展示"自然世界的事实"方面的意识形态冲突，在科学展览一出现时就有了。世界上最早的科学展览源于何时还没有定论，这主要是由于相关的判断标准没法统一。尽管如此，在论及近代初期欧洲博物馆的出现时，多数人都认为它最早出现于17世纪，当时是作为很多商人和探险家所珍藏的他们在航海或旅行过程中从自然界搜集的"奇珍异品"的贮藏柜。英国第一座公共博物馆是牛津的阿什莫尔博物馆（Ashmolean Museum），其基础是约翰·特拉德斯坎特（John Tradescant）的特拉德斯坎特博物馆。特拉德斯坎特的父亲是一位博物学家和外交官，特拉德斯坎特博物馆的展品主要是他的收藏。阿什莫尔博物馆于1683年开张，它希望通过"研究具体细节"来获取"关于自然界的知识"，以此来"体现文艺复兴以来崭新的科学风貌"（Hackman 1992：65；Quin 1993）。哈克曼（Hackman 1992）认为，从那时起，收集古玩的方法便被用于了自然世界。

到18世纪末，公共博物馆开始获得了现代形式，这很大程度上要归功于其他机构形式（诸如国际展览会和百货公司）的出现（Bennett 1995：19）。1851年，英帝国在伦敦南肯辛顿举行的占地21英亩的"博览会"，吸引了大量展品到场，其中很多都在1857年被集中到一座博物馆。根据两位研究者（Pyenson and Sheets-Pyenson 1999：134）的说法，"到1900年，德国有150座自然历史博物馆，英国有250座，法国有300座；美国也有250座，数量颇为可观"。伦敦科学博物馆成立于1928年，其宗旨是"以技术成品的形式来记录和展示科学成就，促进科学研究进一步深入；它应以'有助于增加工业教育的方式，扩大科学和艺术对工业生产的影响，"（Gregory and Miller 1998：198）。在美国，各种"世界博览会"在塑造公众对科学的印象方面同样发挥了决定性作用，因为它们试图记录世界各地在技术进步和教育启蒙方面取得的进展。

今天，科学博物馆仍然面临着复杂的"文化政治"问题，即该如何"展示"科学。卡瓦纳认为："没有一座博物馆能置身于文化政治之外：博物馆把我们虚构的东西清晰地展示在我们眼前；它们记录了我们所叙述的关于我们自身的故事；它们处在一个充满了意识形态偏见的世界里，也就不可能是中立的。"（Kavanagh 1992：82）因此，研究科学博物馆"背后所暗含的议程，以及它们无意中提供的证据，它们所包含的（通常是男性的）偏见的世界观，有助于我们了解博物馆是如何建构的"（Kavanagh 1992：82）。这种带有批判色彩的探索思路引发了一系列相关研究，它们试图说明博物馆是如何把某种特定形式的科学提供给公众的。例如，在对伦敦科学博物馆所作的田野调查基础上，麦克唐纳指出：

> 科学传播包含了选择和界定。"选择"就是决定要把哪些"事实"展示给公众，"界定"就是要明确什么才是科学，以及科学将会成为何种实体或事业。也就是说，科学传播者应该成为公众

的科学作家。当然，它们也可能会凭借自己的机构地位首肯或否定某种科学观。换言之，它们可能成为对科学具有某种权威的作家——提高科学权威性的人。

(Macdonald 1996: 152)

认识到博物馆作为科学的"认可者"角色，就使得我们有必要讨论一系列与参观者有关的问题，看看他们到底想了解什么或是需要了解什么。关于科学知识的"常识性"假设，以及关于如何才能把这些假设以展览的形式和技巧展示出来的看法，细看之下就会发现它们都有很深的政治意涵。麦克唐纳写道："科学传播者不仅为公众提供'科学'的概念界定，在它们的传播中实际上也建构了'公众'的形象，以及预期或希望公众所能达到的'了解'。"(Macdonald 1996: 153)有关科学博物馆的很多争论，都是围绕着它们是否能以一种让"外行"人觉得更迷人、更有价值、更容易接近的方式来展示科学，进而提高公众对"科学的认识"。通常认为这样做有助于强化公众对科学和科学家的支持，但事实有时却正好相反。

总之，参观博物馆的公众往往发现自己是被作为两种截然不同的方式来看待的。一种是政治方式，即作为需要认识科学以便更有效地参与民主社会进程的公民；另一种是经济方式，即作为需要购买博物馆经验（很可能是作为一种消费活动）的消费者。麦克唐纳研究了科学博物馆对"公众"的种种不同定义如何决定了它对参观者及科学展品的看法，进而提出了一系列重要问题：

- 谁来决定要展示哪些内容？
- 有关"科学"和"客观"的看法如何被用来为特定的展示内容辩护？
- 谁能以"科学"、"公众"或"国家"的名义说话？
- 举办一场展览要经历哪些过程，涉及哪些利益团体，它们之间如何讨价还价？
- 有哪些东西被拿掉了？又有哪些声音被压制了？
- 展览的形式和内容会如何影响公众对科学的认识？
- 不同的展览形式如何赋予或剥夺了某些人的权力？

(Macdonald 1998: 1, 4)

麦克唐纳研究了一场科学展览是如何想象其观众的，进而提出了关于谁被包括在内、谁被排除在外的问题。同样，她也认识到观众在很大程度上会从自己的观点来重新界定一场科学展览的意义，因而她也提出了关于科学展览策略如何增强或妨碍了观众的某些解读。

有趣的是，在访谈某科学博物馆一场有关食品展览活动的参观者的过程中，麦克唐纳发现了这些参观者眼中的"科学"。她发现好几位参观者主动区分了"不同层次的科学"：有的参观者把"真正的科学"或"纯科学"与"大众科学"区分开。她认为，这种对科学的"区分"，似乎表明该展览成功地挑战了参观者对科学的预想，但令人担心的是，"科学"本身"有时也被展览引向了别处，让公众觉得不可捉摸"（Macdonald 1996: 165）。因此，她从这项研究中感到，科学"可能是困难而遥远的，可能充满性别和种族偏见，可能面临着来自既得利益等等的各种限制"，而这些认知，也就是"公众对科学的了解"。但与此同时，"个案研究表明，在国家博物馆赖以运行的环境中，很难争取到对这类认知的支持"（Macdonald 1996: 168；另见 Silverstone 1992）。

通常认为，科学中心与科学博物馆的不同之处在于，它们提供的"实际体验"是不一样的。历史学家通常都会指出培根的《新亚特兰蒂斯》（*New Atlantis*，1627 年在伦敦出版）所产生的决定性影响，书中想象了一个"所罗门研究院"（House of Salomon）的情境：

[我们也有透视楼] 我们在那里演示各种光线及其辐射，其颜色应有尽有；……我们能有办法看到很远很远地方的物体，如空

中及遥远地方的东西；……我们也有音响馆；我们在那里练习和显示各种音响，这方面设备之精良、效果之和谐是你们所不能及的。……我们还有各种设备让声音通过音箱或管道传到远处。……我们也能模仿鸟类飞行……我们有各种船只，可在水底行驶，在水面游弋，有帮助游泳的环形物和支撑物。我们有多种异样的时钟，以及别的能永久摆动的物体。……我们还有专门用来提供多种假相的陈列馆，展示各种魔术奇迹、幽灵、骗术和幻觉假相。当然你们不难想象，我们既然能造出这么多值得钦慕的真正实在的好东西，肯定也能在各种明细事物方面制造假相、鱼目混珠或巧夺天工、蒙骗别人的感觉。[1]

（引自 Gregory and Miller 1998：200—1）

这里所提到的用于认识自然界的新机构的确很值得注意。尤其是上面所引段落中，实际上涉及如何把不同类型的技术设备（显微镜、望远镜和类似飞机、潜艇、电话之类的设备）展示给参观者，并让他们去体验的问题。培根在《新亚特兰蒂斯》一书中凭着想象描绘出来的"所罗门研究院"，时至今日仍被认为是互动式科学中心的某种原型（Gregory and Miller 1998）。

科学中心往往把唤起公众对科学的兴趣作为自己的主要目标。多数情况下，达成这个目标的方式就是邀请公众参与各种互动性的展览和演示，来让他们接触科学。事实上，科学中心的成功，一定程度上可以看作是对常见的一种批评的回应。这种批评认为，科学博物馆所展示的"是技术而不是科学，这主要是因为展示技术产品比展示抽象的科学理念要容易得多"（Farmelo 1998：353）。以印度加尔各答市的"科学城"为例，"那里的互动式展览及亲身体验活动，是别的一些科学

---

[1] 毛华奋译，http://www.uus8.org/a/71/178/014.htm。

大众化项目所无法取代的"。用"科学城"主管的话来说,这个科学中心"提供了一种环境,那里没有泛泛的一般展示;它让参观者能够前所未有地体验一种新的世界,找出很多事物背后的科学原理"。加拿大的安大略科学中心还设法让参观者能"体验到科学家们在完成新的发明创造后的兴奋感"。英国威尔士首府卡迪夫市一座名为"技术探寻"的科学馆则保证"能够调动参观者的所有感官来亲自体验科学世界的迷人之处"。此外,在英国布里斯托的探险世界博物馆,"各种展览和活动能够提供一个令人兴奋的起点,引发参观者去思考,提升他们的创造力,增进他们的公民意识"。类似前述这样的科学中心,毫不含糊地摒弃了博物馆的常规做法,努力发展"参与式"战略,以激发公众对科技的创新思维。同时,它们还为社会包容和终身学习理念提供了新的可能性(另见 POST 2000b)。

布拉德伯纳承认有些科学中心确实达成了让观众参与和体验的目标,但他认为大多数科学中心对自己的做法还缺乏足够的反省。比如,很多新的科学中心仍然是按照很传统的展览模式来设计的,虽然它们在传播科学方面也有一定的成效。在他看来,传统模式有三大缺点:"它们几乎都只关注原则和现象,而把过程忽视了;它们对未来科学活动的呈现是错误的;它们没有把科学放在其背景中来展示——它们所呈现的科学是由科学家们'自上而下'地定义的,而不是出自参观者的感受。"(Bradburne 1998:238)布拉德伯纳认为,即使在它们真的把科技放在一定的社会背景中来展示的时候,它们的焦点也还是科技而不是更大的社会背景。他认为,问题的根源在于"科学中心的主流模式是把知识'通俗化',让知识成为公众能够接触的东西;或者以免费体验的方式给科学加上一层糖衣,以激发参观者的好奇心。这种主流模式几乎没有受到过质疑"(Bradburne 1998:239)。因此,他认为,科学中心需要经历一场深刻的变革,以使得那些更关心社会议题(诸如环保、基因操纵、安乐死、城市发展及犯罪等)而不只是科技本身的受众也有机会参与进来。如果是这样,那么科学中心就不可能游离于"文化整体"之外而独立存在。布拉德伯纳坚持认为,科学中心必须具备一定的灵活性,以便能够满足各种不同类型受众的需求,并能符合"以非正式形态自我开始、自我主导、自我维持的学习方式"(Bradburne 1998:245)。

对于布拉德伯纳的批评,佩尔森(Persson 2000)等人作出了回应。他们的典型看法是,科学中心将来一定会比目前的形式更好,而且目前的形式还在演变中。多数支持者都相信,科学中心会越来越兴旺,因为在世界各地社会大众的参与都在稳步增长。很多科学展览馆都已成为当地城市旅游的主要景点,对社会大众具有很强的吸引力,从而成为提升社会大众尤其是年轻人科学素养的有效途径。受到此类进步观的鼓舞,很多支持者同样乐观地认为,通过新的媒体技术尤其是互联网技术,可以更好地把科学展示展现出来,并可增加与参观者的互动(另见 Mellor 2001a)。例如,亨里克森和弗洛伊兰把这些场域视为"公共辩论的场所",他们感兴趣的是如何让具有互动性的科学展示"促进参观者之间有意义的交流对话",从而使科学博物馆真正地"在文明和实践两个方面提高参观者的科学素养"(Henriksen and Frøyland 2000:394)。然而,在结束本章讨论之际,笔者想回顾一下薛默士(Shamos 1995)对"科学素养"本身的批判分析。

在《科学素养的迷思》一书中,薛默士以物理学家和科学教育家的双重身份,对"目标日益含糊"的全球性科学素养潮流发起了猛烈挑战。他写道:"'提高公众的科学素养'这一说法,不过是一种浪漫的想法,一种与现实不太相干的梦想。"(Shamos 1995:215)就科学博物馆和科学中心而言,他完全承认有些展览提供的"亲身体验科技"的机会确实对儿童和成年人都有吸引力。事实上,它们可能会让年轻人觉得,从事科学工作看起来更有吸引力了。但与此同时他也指出,科学博物馆和科学中心还是太少(甚至是在美国,尽管政府一直都在推动提高科学素养，这些场馆的数量仍很不够），而且场馆建设和维护所需花费太大。此外，我们能否指望有足够数量的成年人口会对科学感兴趣并花工夫去参观这些展览活动？薛默士对此表示怀疑，而这种怀疑正是引起争议之处。

薛默士认为，呈现在公众面前的科学总是一种"事后的既成事实，是包含了事实、理论和规则的严密包裹，有待未来的学习者去打开、检验和推崇（或嘲笑）"(Shamos 1995：218)。他指出，基于这样的原因，很少有公众会对科学产生兴趣。即使就最宽松的定义来说，也只有极少数民众可被认为是具备"科学素养"的。因此，薛默士认为，"科学素养"这个概念和目标毫无意义，应该用"科学意识"一词取代它。从"科学意识"的角度看，我们就需要承认科学是一种文化需要，是一种与常规的"实践出真知"方法不同的认知世界的方法。按照这一方式，就可以对不同类型的公众所具备的"科学意识"进行全新的衡量，看看他们是如何意识到"正在形成的科学：是谁在为公众提供这些科学'包裹'？科学的作用是什么？科学是如何用于实践的？又是为何用于实践的？"(Shamos 1995：218)

这种从更加民主的角度来重新设计科学素养目标的努力，显然要求我们全面反思传统假设，重新思考对科学所作的事实展示如何受到公共领域中更多因素的影响。从下一章开始，我们将把焦点转向科学新闻，以回答如下问题：谁在什么条件下以什么理由决定什么是"有新闻价值"的科学？类似问题还有，公众如何看待当前科技争议中所讨论的风险对未来的意义？这些看法如何受到新闻媒体中的科学形象的影响？普里斯特认为："科学的未来是不确定的，我们应该如实地呈现这种不确定性。但与此同时，我们必须对未知及难以知道的现象加以思考，以便在它们来临时我们能够有所准备。"(Priest 1999：111)

深入阅读书目

Best, S. and Kellner, D. (2001) *The Postmodern Adventure*. London: Routledge.

Broks, P. (1996) *Media Science before the Great War*. London: Macmillan.

Dawkins, R. (1998) *Unweaving the Rainbow*. Harmondsworth: Penguin.

Dunbar, R. (1995) *The Trouble with Science*. London: Faber and Faber.

Gould, S. J. (1996) *Dinosaur in a Haystack*. London: Jonathan Cape.

Haynes, R. D. (1994) *From Faust to Strangelove: Representations of the Scientist in Western Literature*. Baltimore, MD: Johns Hopkins University Press.

Irwin, A. and Wynne, B. (eds) (1996) *Misunderstanding Science? The Public Reconstruction of Science and Technology*. Cambridge: Cambridge University Press.

Labinger, J. A. and Collins, H. (eds) (2001) *The One Culture?* Chicago: University of Chicago Press.

Nowotny, H., Scott, P. and Gibbons, M. (2001) *Re-Thinking Science*. Cambridge: Polity.

Ross, A. (ed.) (1996) *Science Wars*. Durham, NC: Duke University Press.

Sagan, C. (1997) *The Demon-Haunted World: Science as a Candle in the Dark*. London: Headline.

Shamos, M. H. (1995) *The Myth of Scienctific Literacy*. New Brunswick, NJ.: Rutgers University Press.

Ziman, J. (2000) *Real Science*. Cambridge: Cambridge University Press.

第四章 科学新闻

> 我听说科学家在怀念过去的好时光：那时候，科学家说什么老百姓就信什么。我相信盲从是危险的。今天大家之所以对科学不再盲从，部分原因来自被出卖的感觉："你们说科学会使世界更完美，我们相信了。但你们看看今天的世界成了什么样子。"通过全方位地报道科学，我们把它的真实面貌展现出来。这样一来，民众参与到过程中来了，科学界的神圣感也就没有了。但我们需要把科学带回真实世界，它本就属于真实世界。
>
> ——科技记者黛博拉·布鲁姆（Deborah Blum）

人们常说，新闻媒体没有很好地报道科学。至少在有些记者看来，之所以会出现这种情况，原因在于大多数科学类型都不具备新闻价值。他们倾向于认为，常规科学实在是太过乏味。它缺乏戏剧色彩，没法成为引人注目的报纸头条新闻。与此同时，也有科学家认为，如果某一项科学进步被突出报道，其原因往往不是该项科学进步本身的重要性，而是其他方面的原因。毫不奇怪，科学家会迅速地对煽情报道（新闻价值让位于娱乐价值的报道）提出谴责，说它们没有恰当地呈现出科学研究的本来面目，而事实也正是如此。

邓巴写道："媒体认为新闻一定要有影响、有人情味，这样才能吸引读者。但要让科学与好坏不等的社会怪象去竞争读者，科学胜出的可能性很小。"(Dunbar 1995:147—8)因此,要想真正理解科学新闻中最紧迫的议题,就必须从一开始就承认科学话语与新闻话语之间的紧张关系。"科学新闻"(science journalism)这个词会误导人,因为它似乎要概括一种特殊的报道类型,暗示着它与别的新闻类型之间有着泾渭分明的界限,并且得到大家的遵守。然而,打眼一扫报纸电视上的新闻报道就会发现,事实完全不是这样。科学研究是典型的高度复杂的事务,新闻记者如果出于叙述一个"好故事"的需要而强加给它一个叙事秩序,一定会损害科研工作的真实性。究竟该如何把科学报道中的具体材料组织成一篇完整的新闻篇章,这既涉及种种自认"客观"的报道方法,也涉及对"什么对社会构成风险"的主观解释。

这里所说的科学报道的完整篇章,对于本章的叙述是非常有用的。本章我会系统梳理相关资料,希望由此揭示出眼下科学新闻辩论中所隐含的前提,进而让我们在后续各章中更好地去理解或挑战这些前提。

科学与社会

2000年3月,英国参议院科学技术特别委员会(House of Lords Select Committee on Science and Technology, HLSCST)发表的一份报告指出,"社会与科学的关系正处在关键阶段"。这份报告的题目直截了当,就叫《科学与社会》。因为大家普遍认为社会大众对生物学和自然科学及其技术应用出现了信任危机(背景是疯牛病等事件),该委员会对此展开长达一年的调查研究,调查结果就是这份报告。在总结调查结果的过程中,该报告确认了很多与各国公共辩论中的话题在不同程度上有所共鸣的议题。因此,这里就从该报告开始来展开讨论。

社会公众明显出现前述信任危机的背后是一种悖论。该报告指出,一方面,"与科学相关的议题从来没有如此令人激动过,公众从来没有如此对科学感兴趣过,与科学相关的机会也从来没有如此明显过"

(HLSCST 2000)。这些结论不仅有最新调查数据的支持，还可以从大众媒体对科学报道的热度等方面看出。然而，另一方面，"对于科学界给政府提出的各种建议，公众却并没有足够的信心，这方面最典型的例子就是疯牛病灾难；很多人对生物工程及信息技术之类的科学领域可能给人类生活带来的巨大变化深感不安，他们似乎还没有做好充分思想准备去接受这些东西"（HLSCST 2000）。该报告指出，"对科学家发出的各种与科学相关的政策议题的声明，越来越多的人表示怀疑"，公众的这种怀疑态度与他们对新科技的不安之间究竟存在什么关系，现在有很多争议。

该委员会成员包括出任主席的詹金勋爵（Lord Jenkin of Roding）在内的好几位知名科学家。他们认为，"公众的不安、疑虑和偶尔的敌意，正在使科学家们自己产生深深的焦虑"（HLSCST 2000）。有趣的是，该报告一开始就表示要重新找出导致这些紧张的根源。不出所料，寻找的结果发现，科学新闻学是一个较为重要的根源。报告指出，公众对待科学的态度，受到社会上各种机构的影响，尤其是学校中有关科学课程的影响。而一旦离开教育系统，新闻媒体就成为他们了解科学的主要信息来源。在科学家看来，问题就出在这里。根据该委员会的报告，很多科学家似乎都认为新闻记者"总是与科学家过不去"，换言之，"英国可贵的新闻自由传统对科学家是不利的"。

为了把科学新闻的复杂谜团揭示出来，该委员会将其分成三种不同类型。第一类是专业的科学媒体，新闻报道是由科学家写给科学家看的。第二类是科技记者（即主流新闻机构雇用的专业记者）写的新闻，这些记者通常会亲自对科学故事进行深入调查，以确保事实的准确性。第三类是不具备专业科技知识的普通记者所写的新闻，这类记者通常都是把科技进步当作一般的新闻事件来报道；报告认为，与专业科技记者相比，普通记者的做法会使科技新闻被"置于非常不同的价值标准之下"。

报告比较了后两类记者的活动，认为要把多个因素结合起来看，才能解释清楚为何新闻媒体中所呈现的科学不如人们预期的那般有效。第一个因素来自一个简单的观察，即科技记者首先关心的是他们自身的记者角色，而不是作为教育者的角色："任何一位记者的最大目标都是希望在与其他记者的竞争中胜出，让自己的报道能够刊出或播出。"这种从新闻报道视角来看科学世界的做法，导致他们在选取报道内容时过分偏重那些符合媒体编辑方针的事件。

报告认为，科学与新闻之间的关系"不太合拍"，因为"新闻编辑部喜欢的是匆忙拼凑出的简单化的故事，而且最好是有两极化的立场或观点"。有位证人在该委员会作证时，回忆起英国广播公司广播一台的新闻制片人在一次现场采访前的说法："教授，只有20秒，而且别说长句子。"此外，当媒体想要优先反映对立观点特别是煽情性的对立观点时，往往会极大地损害我们熟悉的那些"客观、公正"之类的要求。比如，该委员会发现，"不管是出于平衡报道的需要，还是由于只有冲突才能成为好的报道体裁，新闻媒体有时对科学界有共识的观点和少数派的观点给予一视同仁的报道"，这一做法受到"强烈质疑"。报告还指出，当涉及"风险"的科学定义时，问题最为严重。

报告里生动地写道："科学与社会之间刀光剑影之际，往往都是涉及风险问题之时。"它接着指出了风险两个特别重要的层面："某种状况发生的可能性，以及一旦真的发生其后果的严重性。"科学家选择何种方式来传递他们对风险的估计，不只是精确与否的问题，还事关政治。例如，只要科学家着手对风险进行正式量化评估，尤其是当他们承认存在一定的不确定性（"在以下假设的基础上，这看起来是安全的，但这些假设的可靠性还需进一步研究"）时，问题就会变得特别尖锐。面对模棱两可的说法，记者非常可能会要求一个绝对明确的答案（"是百分百安全吗？"）。既然无法从科学家那里得到一个确定的答复，记者就会进而对科学家所作的风险评估本身的可靠性提出质疑。报告认为，

"就是这些原因,使得种种混乱、嘲讽、甚至恐慌都出现了"。

毫不奇怪,众多希望自己关心的议题能进入国家政策议程的个人和团体,都表达了对这份报告的强烈支持。其中有不少公开认为,该报告对有关科学与媒体关系的辩论中所隐含的一些基本假设进行了认真的重新评估,这是值得赞赏的。该委员会认为,"英国的科学文化需要来一场根本变革,科学应该以更开放更积极的姿态与媒体进行交流",这一结论尤其受到那些认为必须改变现状的人的欢迎。迄今为止,政府对该报告的反应一直是正面的,尽管仅限于正式重申该报告对现有相关辩论的重要性。值得一提的是,2001年7月发表的《科学与创新白皮书》中提出的政策方案,就是受到该报告的影响。令人失望(但或许一点也不令人意外)的是,该报告所要挑战的新闻机构,对这份报告几乎都是视而不见。比如,英国各大报大都是发一条短消息,表示知道该报告发表,然后极其简略地提一下报告的大体内容。该报告就这样很快便被新闻界扫入历史的垃圾堆。

以上之所以花这么多笔墨叙述该报告对科学新闻的看法,是因为我觉得它成功(不管是出自偶然还是自觉)且有效地提出了几个值得持续关注的迫切问题。如果以"逆向思维"方式来阅读这份报告,我们就会发现一系列心照不宣看似"常识性"的假设,其实这些假设细看之下都有独特的意识形态重要性。在本节余下部分,我想指出四个方面的问题,其中每个方面的问题都分别对应于该报告在某方面的具体主张。每个方面的问题都是为了突出相应的概念,本章余下各部分将进一步讨论这些概念。

有关"公众"的话语

报告提出警告说,公众越来越怀疑以科学为基础的专业知识。如果不把"公众"理解为单一的、有着高度内聚力的整体,而是将其理解为一个多元复合体,那么报告中提出的这个警告还有道理吗?承认有关"公众"的不同叙述带来的紧张,也就同时意味着承认存在不同类型的公众,而报告中一再把公众看作单一的整体。如果就像威廉斯(Williams [1958] 1989:11)所说,"世上本没有所谓的群众,有的只是把人民看作群众的不同方式",那么"公众"的构成同样需要仔细检视,因为不同的"公众"之间有时相互支持,有时相互重叠,有时相互矛盾。要辨识出能把相互竞争的"公众"动员起来的社会力量之间的等级关系,以下问题非常关键。具体来说就是,谁声称自己在代表"公众"说话?谁被认为代表了"民意"?谁被排除在"公众"和"民意"之外,而被认为可能对"公共利益"构成威胁?

对科学的信任

该报告的指导原则是,努力提升"对科学的信任"符合现代社会的基本要求。作为公民,记者是否有责任以有利于重建公众对科学的信任的方式来报道科学(同样,报告认为科学家应把自己视为"公民科学家")?报告对这个问题的回答是肯定的,因此,它的论点实际上建立在前一章提到的"公众对科学了解不足"这个模型的基础之上。该报告的作者们进一步明确指出,记者的职责就是准确地报道科技进步,确保科学界的理性论述能被完整地传递给公众。这里所说的"准确",是指科学界在有争议的科学议题上的"主流观点"。科学界如果发现有新闻报道不符合他们提出的"准确"标准,他们可以通过正式途径投诉相关记者或新闻机构。《自然》杂志新闻主编声称:"有谁知道,我们甚至可能会因事实不够准确而受罚!"(Dickson 2000:921;另见 Hargreaves and Ferguson 2000)

调解科学

在讨论科学新闻的重要性时，报告认为新闻报道中呈现的科学世界不够准确。报告用带有反思色彩的语言，指出记者在报道过程中歪曲科学的事实。我认为，报告采用的方法，无法说明记者在调解科学争议时所内含的意识形态动力。换言之，虽然记者大多把新闻报道看作是现实情况的"反映"，但更恰当的办法是把它当作是为不同版本的现实"真相"所提供的意识形态"建构"。因此，要从意识形态方面解构一项新闻报道，就必须要问：为何有的所谓"真相"被新闻记者认为是合理可信因而是值得报道的，而与此同时，另一些"真相"则被忽略、被轻视、被边缘化？对这个问题的回答有助于我们厘清科学报道中高度复杂的"真相政治"。

批评的限度

与当前很多关于"公众了解科学"的争论相一致，报告对很多问题都采取了"对话"模式。其背后假设是，公众支持的科学研究的各个方面，都应该更加开放，更充分地让公众了解，这样做有助于重建公众对科学的信心。然而，接下来的问题是，这一开放度必须遵循一些规范性的限制。报告指出，公众对科学的批评，"不管是有根据的还是误导的"，"都可能妨碍技术进步"。依照这一逻辑，负责任的批评，不应该以报道"极少数人"的意见的方式，来质疑技术进步的合法性。这里的潜台词就是那句格言：技术进步最终必然转化为社会进步（Miller 2001）。对这种所谓必然性提出质疑，就得冒着被视为"反科学"（往好里说是非理性，往坏里说就是危险）的人的风险（另见 Dickson 2000）。

带着这些问题，我们接下来就来探讨新闻机构是如何确定一个科学议题是否具有足够的"新闻价值"，从而值得公众去关注。

让科学具有新闻价值

弗里德曼指出，"科学写作这个职业，从一开始就受惠于科学与新闻学这两个方面，在这两者相关规则的制约下工作"（Friedman 1986：17—18）。她还进一步指出，"这两个方面所起的作用是不一样的"，新闻方面的人士在按自身需要去影响科学写作方式上所起的作用更关键。当然，事情至今仍在持续发展中，因为科学写作作为新闻学的独特部分，正在日益受到各类媒体的重视。

针对美国的情况，科技记者布鲁姆和克努森指出，"在过去三十年左右的时间里，科学写作已经发生了很大转变，它不再只是新闻学中一个奇怪的小分支"，其本身已经成为一种成熟的职业（Blum and Knudson 1997：ix-x；另见 Friedman et al. 1986；Dornan 1988）。他们认为，科学写作之所以能成为一项职业，其首要驱动力是科学本身：

> 二战之后科研工作的繁荣，1960 年代东西方阵营之间的空间竞赛，乃至于当今时代亚原子和分子技术的神速进步，都促成个人通信技术上的革命性变化，也极大地丰富了我们对基因和生物技术的了解。这些科学发现已经改变了我们所生存的世界，而对新技术及其正负面影响作出解释的重任，就逐渐落到了媒体的头上。
>
> （Blum and Knudson 1997：x）

过去，科技记者扮演的是"侦察兵"角色，他们"从不同侧面带回消息，以便拼出完整的线索"；今天，他们不太可能满足于充当这样的角色。布鲁姆和克努森认为，虽然科技记者仍要用通俗的语言把复杂而抽象的科学研究介绍给受众，但他们还必须具有更强烈的公共责任意识。他们写道：

> 你可以画出太空探险中令人生畏的冒险图片——包括那眩目的星球光环，但你也应承认探索太空是项具有很大风险的事业，并指出那些事故背后的原因。你可以指出新的生物技术或人类及其他基因图谱给医疗和农业带来的好处；但你也应质问这些新技术和能力将给人类带来哪些伤害，讨论一下如何去防范这些伤害，谈谈科学进步背后的巨大代价，以及谁在为它付出代价。
>
> （Blum and Knudson 1997：x）

这里的关键是，要转变仅只把科学"转介"给公众的旧做法，就必须抛弃旧做法背后的清规戒律。如果说科学写作被众多从业者认为是最值得学习的新闻报道方式，那它也是最不容易做好的工作之一。

尼尔肯指出，媒体所报道的科学，通常都是一些"晦涩难懂的东西"，带有某种"神秘色彩"，好像应当把它当作一种"高高在上的优越文化"。她说，科学的这种形象，非但无法促进公众对科学的了解，反而会"扩大科学家与公众之间的鸿沟，使人看不清科学的重要性和科学对我们日常生活的实质影响"（Nelkin 1995：15；另见 Dutt and Garg 2000；Shachar 2000）。实际上，报社记者所主跑的各口新闻中，科学口的新闻是最难跑的。正如《华盛顿邮报》记者伦斯伯格所说："在其他各新闻口，记者们很快就会熟悉相关知识（诸如市政厅的运转方式、棒球的比赛规则等），而且每天所依赖的消息来源就是少数很熟识的人。"（Rensberger 1997：8）但是，科技记者就没这么走运了，他们必须时时跟踪掌握一大堆事件或议题的最新进展。突发的科学新闻很难预先知道："今天的故事可能是有人声称在治疗癌症方面有了新进展，明天就可能变成大气化学方面的新成就，到了周末又可能是聚变能量研究方面的最新实验。"（Rensberger 1997：8）议题转换得很快，同样，在报道相关新闻时究竟采用哪个潜在的消息来源最合适,记者的看法转变得也很快。

按照伦斯伯格的说法,从报社的邮件室可以生动地看出日报记者写科学报道的情形。他说,在邮件室,人们往往会发现"科技记者和医疗卫生记者的信箱塞得最满"。科技记者总是要花大量时间和精力去对付来自各方的吵吵嚷嚷的要求。根据伦斯伯格的经验,来自各行各业的个人和团体都可能对他们提出要求,但最主要的还是来自"大学、公司、智囊机构、政府部门、民间活跃团体、独立研究机构、博物馆、公关机构、医院和科技期刊"的人士(Rensberger 1997:7)。这些个人和团体提出大量各种各样的要求,以期引起科技记者的兴趣,这自然意味着科技记者必须在新闻编辑部担负起"把关人"的职责。换言之,科技记者每天都得决定"现实世界中哪些进展可以成为新闻,被公众所了解"。这种把关角色会面临很多困难,尤其是在涉及记者们所声称的客观性时。伦斯伯格说:"不管怎样,每天都有很多故事可以报道,但其中大多数乃至全部都被我们拒绝了。这个选择新闻的过程,体现了我们所认定的好新闻标准。"(Rensberger 1997:11;另见 Saari et al. 1998;Kiernan 2000;Malone et al. 2000)

那么,在伦斯伯格眼里,什么才是好的科技新闻(故事)呢?他说,从根本上讲,报社的科技新闻记者特别看重以下五个标准——它们是结合在一起的,而且在不同的科技新闻中这些标准的结合形式也不相同:

- 新奇性价值(fascination value):伦斯伯格写道:"科技新闻比任何其他新闻都更需要具备新奇性。人们喜欢被吸引,喜欢学习并思考新东西,他们会说:'这太不可思议了,我还不知道这个。'"(Rensberger 1997:11)按照这一标准,恐龙"可能是科普作家所喜爱的典型的新奇话题"。

- 自然受众的规模（size of the natural audience）：伦斯伯格所说的"自然受众"，是指那些有意识地追踪某个新闻主题的读者的数量。他说："如果该主题与人人都患过或害怕的疾病有关，其自然受众就会比有关罕见疾病主题的更多。"（Rensberger 1997: 11）
- 重要程度（importance）：伦斯伯格完全同意，评估"重要程度"是一项带有主观性的工作，虽然他认为"要判断一则新闻报道的重要程度，你就需要确定该新闻事件或研究成果或其背景知识是否会给现实世界（尤其是普通读者的现实生活）带来很大不同"（Rensberger 1997: 11—12）。按照这一逻辑，"艾滋病是重要的新闻主题，拇指囊肿就不是"。
- 结果的可靠性：为了明确这一标准，伦斯伯格提出的问题是："这是好的科学吗？"他认为，判断科技新闻可靠性的唯一也是最有用的依据就是科学界内部的同行评审制度。"这一制度经受过时间考验，能够最大限度地降低把错误信息传递给公众的可能性。科技记者如果忽视了同行评审制度，就有可能误导读者并使自己难堪。"（Rensberger 1997: 12；另见 Young 1997）
- 时效性：伦斯伯格说："新闻越新就越值得报道。"（Rensberger 1997: 13）

最后一点即时效性问题很有意思。看看伦斯伯格用以说明这些标准的其他例子，就可以发现前面四点同样存在时效性问题。比如，他认为，报纸读者将来赋予黑洞的"新奇性"价值比赋予流星的"新奇性"价值要高得多，但今天很可能正好相反。由于人们非常担心巨大的陨石可能会毁灭地球上的生命，新闻媒体中充斥着相关报道，《彗星撞地球》（*Deep Impact*, 1998）、《绝世天劫》（*Armageddon*）等好莱坞电影的主题也是这个（另见 Mellor 2001c）。与此类似，他认为在"自然受众规模"方面，克雅氏病排在最末位，但在今天，由于公众对疯牛病的焦虑，情况已完全不同。

当然，各新闻机构选择新闻的程序并不一样，但它们每天选择新闻时大致都会遵循类似前述五点的"新闻价值"标准。媒体的科技新闻报道，往往偏好某些领域的科研进展，而忽视另一些领域，看看各种报纸和广播的报道内容就可以知道它们偏好什么。为何有些科学进展被认为有"新闻价值"，另一些则被认为不值得关注？这个选择过程的背后是一系列复杂的制度压力。与新闻机构中参与处理新闻的其他个人（其中编辑的角色很重要）一样，记者也是带着一系列"新闻价值观"来认知社会世界的。正如霍尔所说，每个新闻工作者都会在他们现有关于"新闻"的"知识储备"的基础上，把这些新闻价值观操作化。他认为，也许所有"真正的记者"都本能地知道什么是新闻价值，但要让他们给"新闻价值"下个定义，就没几个能做到了：

> 记者谈论的"新闻"，好像不需要经过人为的选择。此外，在他们的口中，好像判断什么才算"最重要"的新闻、哪个"新闻角度"是最好的都来自神启，无需经过自己思考。世界上每天发生的事情数以百万计，其中只有极小一部分有可能变成看得见的"新闻故事"：在这极小一部分中，又只有少数才会作为当天的新闻被新闻媒体真正报道出来。

(Hall 1981: 234)

因此，我们有必要从概念上来审视一下，看看新闻工作者在判断某类事件是否具有"新闻价值"时所依据的具体化了的"新闻价值观"是否存在一些问题。为了弄清新闻选择的整个过程，有的学者试图阐明记者所采用的新闻选择程序中是如何包含新闻价值的，在这个选择过程中，记者给社会世界加上了一定的秩序或统一性。

通过对英国媒体科技新闻报道的研究，汉森指出，"判断一个事件是否值得报道的最主要标准是看，是否能让读者觉得科学是有人情味的，或是与他们的日常生活密切相关"(Hansen 1994：114—15)。因此，那些能够体现出科学对日常生活有重要影响的事件，就会受到特别重视，因为记者可以从"人性的角度"来报道它。影响新闻选择过程的其他因素还有：新闻来源或利益相关者对记者施加的影响，以及新闻事件本身的复杂程度。汉森写道："一条科技新闻越是复杂难懂，记者就越是需要花费更多的'转介'功夫，以便让读者能够读懂这条新闻并对它感兴趣。"记者的新闻报道工作必须符合每天的新闻生产流程（尤其是截稿时间），时间对他们来说是一个非常关键的因素。话虽如此，科学发明上的重大"突破"可能被认为足以成为"硬"新闻，值得立即加以报道，但被真正报道出来的科学更可能是"新闻用语中常说的'一个渐进的缓慢过程'"(Hansen 1994：115)。汉森认为，在科技新闻报道的时间循环中，科学的"事件频率"很少与"新闻频率"完全合拍：

> "科学"本身并没有被当作硬新闻，而是有些记者所说的新闻报道中残余的"软肋"；如果与其他更主流的新闻类型（尤其是政治新闻）直接竞争，被挤掉的往往是科技新闻。除了那些"稀奇古怪"或"对个人有用"之类的科学以外，科学通常只有在与政治或经济领域的重大进展发生关联时，才会成为"新闻"（即从报纸的科技栏转到要闻版上）。
>
> (Hansen 1994：116)

因此，科学通常只有在与更大的议题或问题（尤其是前24小时内出现的议题或问题）发生直接关联时，才会成为新闻焦点。更常见的情况是，科学作为报道主题起的是一种补助作用，是一种不同于"硬"新闻的、时效性不强的"软"新闻或带有"人情味"的新闻。

新闻价值与文化背景息息相关而非一成不变。它们总是在发展变化，而且每家新闻机构也会有所不同。但是，那些看似"常识性"的、用于界定科学新闻新闻价值的标准，多年来却一直保持着惊人的一贯性。扬指出,"尽管当代科学的概念和技术非常复杂,但新闻学传统的五个'W'和一个'H'——谁(who)、什么内容(what)、什么时间(when)、在何处(where)、为何(why)、怎么样(how)——仍是科技(新闻)报道的核心"(Young 1997:114)。托纳同意这一说法,但作了一个很重要的提醒:

> 编辑坚持认为(很多人也相信)读者太忙了,没有时间去读新闻的"全部细节"。记者所崇尚的五个"W"往往只保留四个。是的,我们可以在报纸头版有限的版面里写出谁(who)、什么内容(what)、在何处(where)、什么时间(when)。但得略去"为何"(why)。说到底,第五个"W"所引起的新问题比它所回答的问题还要多。
>
> (Toner 1997:130)

托纳认为,问题的关键就在这里。那些不问"为何"的科技(新闻)记者所提供的信息,往往只为满足人们的好奇心,而不是激发人们的好奇心。他写道:"好奇心就像野草,往往滋长在错误的地方。它可能是任性而难以控制的。它茁壮而又坚韧。只要冒出一个问题,很多别的问题就会跟着出现。"(Toner 1997:128)在他看来,好奇心的这种传染性,使得它成为"新闻的强大工具"。此外,"读者、听众、观众也许会欣赏我们的机智和深刻把握复杂议题的能力,以及我们清晰的表述能力,但我们也种下了好奇心的种子,让受众也成为求知路上的同伴"(Toner 1997:129)。

正像珀蒂所言,科技新闻"与突发新闻极不一样,这正是其魅力所在"。谈到自己作为对地球科学感兴趣的记者的经验时,他把自己平常所写的新闻报道与同一份报纸上刊登的其他新闻作了比较。他写道:"像天文学或史前人类化石的新闻,有关地球的历史和演化的研究成果,能够让人在兴奋和愉悦中松弛身心,忘记每天发生的灾难事故、政治阴谋和犯罪新闻。"(Petit 1997：187)从事科技和环境新闻报道的电视记者罗佩克写道：

> 十八年的记者生涯所得到的反馈，让我相信新闻受众是充满好奇心的。他们"想"知道。他们"想"得到关于复杂事情的说明。他们有一种容易被触发的惊奇。在我组织材料和写作报道的过程中，甚至在我作报道时的声音语调中，我都在寻找如何去触发这种惊奇。
>
> (Ropeik 1997：38)

因此，他在报道中特别强调"简洁明了"，"因为电视新闻的特点就是短小精悍，观众没有时间去充分思考"(Ropeik 1997：38)。电视新闻要有效，就必须发挥电视的最大优势："用画面来说话"。把复杂的科学议题转化成视觉形象，如果做得足够用心，可以激发和维持观众的兴趣，并把关键点都突出表现出来。他认为，"电视新闻人最有力的工具，就是用图像来讲故事"(Ropeik 1997：38)。

另一位电视记者弗莱托的体会与罗佩克很相似。关于较长篇幅的电视科技新闻的制作问题，他是这样写的：

> 在电视新闻中，像物理、化学之类的科技新闻最不好制作，因为观众"觉得"自己对它们不感兴趣。电视上一出现这些字眼，观众就可能会换台。因而，技巧就是在新闻中把科学包装起来，让它突然出现在观众面前。具体办法是不把这个主题当作"科学"新闻来处理，而是把它弄成像侦探小说作家阿加莎·克里斯蒂作品中的各种悬念。你不能把科学家塑造成在实验室工作的白领技术人员，而应该把他们弄成追踪嫌犯的科学侦探。没有人能够拒绝一部好的侦探片。
>
> (Flatow 1997：40—1)

弗莱托承认，要找到这样的戏剧化因素是有难度的。"这意味着你要能够找到这样的科学家：他们善于讲述故事，在镜头前举止优雅，而且愿意接受电视的严格考验。"（Flatow 1997：41）对于那些没有做好思想准备的科学家而言，这最后一点是个很大的问题，弗莱托接着写道：

> 那些同意成为电视"人物"的科学家，可能完全没有意识到这会对他们的实验室带来多大的干扰。许许多多电话会打进来打断他们的工作。电视脚本要一遍遍地修改。工作日程要安排好。然后还有更直接的侵入。实验室被一大堆摄像机、灯光和录音人员所包围。"电视人"一来，所有工作都得停下。没有思想准备的科学家们会对种种喧闹混乱望而生畏，觉得这不是他们想要争取的东西。
>
> （Flatow 1997：41）

要找到愿意并能成为新闻来源的科学家，需要做大量艰难的幕后准备。如果让科技记者想想他们在日常报道中是如何找到那些在报道中提及的"有新闻价值"的消息来源的，他们往往会说自己只是"凭本能"或"直觉"。很多记者坚持说他们有"新闻嗅觉"，凭直觉就能知道哪些消息来源是重要的，哪些则无关紧要。下一节我们就集中来讨论这个问题，即科技（新闻）记者是如何与科学家互动的。

作为消息来源的科学家

菲什曼指出，记者在寻找"新闻线索"时，他的基本认识是：社会是按官僚机构的形式组成的。这就让记者在为新闻主题寻找"相关的知情者"时，心中会有一个大致的图谱。比如，如果要报道核电站对当地社区儿童健康所可能带来的影响，那这名科技记者一定知道他的采访对象应该包括该核电站的新闻主管、政治家、科学家、核能游说分子、卫生官员、社工、环保团体，等等。菲什曼写道："不管发生了什么事情，总是会有主管官员知道。"（Fishman 1980：51）这种"官僚机构意识"，使记者们能够准确地知道自己应该从哪个角度切入，来看看事件在不同的阶段是如何交错向前发展的。按照这一原理，从新闻报道的角度来讲，消息来源在官僚体系中所处的层级越高，他们的话就越具有权威性。菲什曼认为，记者的先天倾向是把这些消息来源的话当作事实，"这一方面是因为记者参与了社会中权威消息来源的规范性秩序的构建，另一方面也是记者的便宜行事"（Fishman 1980：96）。按照这一逻辑，消息来源的"权限"应该转化为一则"可信的"新闻报道（另见 Friedman et al. 1986；Dornan 1990；Gascoigne and Metcalfe 1997；Kiernan 1997；Scanlon et al. 1999）。

报纸编辑格林伯格在讨论科技报道时，特别强调了新闻学的核心原则，即"从不同侧面来报道新闻"。他写道："不论是在长期调查的基础上写成的科技报道，还是突发科技新闻报道，都要全面和平衡。与其他类型的新闻报道相比，这可能更需要依靠写作者的悟性和专业。"（Greenberg 1997：97）他接着指出了报道科技新闻时常见的几类消息来源：

- 学术期刊：格林伯格认为，学术期刊是最可靠的新闻来源。它有助于使记者们形成某种"组合式报道"的形式。他认为，这其中的理由很简单："如果有研究人员将要发布惊人的消息，那么在《自然》《科学》《美国医学会杂志》《新英格兰医学杂志》《柳叶刀》，以及其他很多小型但有声望的学术期刊的文章中很可能会找到蛛丝马迹。"（Greenberg 1997：97）新闻机构经常提及这类刊物，因为错过一个重要的研究故事是"一种公认的罪过"（另见 Young 1997）。
- 学术会议：在学术期刊之外，科学会议是科学家宣布研究发现的又一个最可能场所。格林伯格认为,"过去常常是这样,现在情况已有所不同,主要原因是很多科学家认为,有同行评审制度的学术期刊是可以用来宣布研究进展的纯粹论坛"(Greenberg 1997: 97)。这样一来,学术会议上就不太可能出现"爆炸性新闻",但仍值得科技记者去参加,因为他们可以在这里获得"背景知识",并建立联系,作为日后采访时的"消息来源"。

- 突发新闻:格林伯格指出,跟其他记者一样,科技记者也是"随着突发事件"而开展工作的。他以其工作所在地洛杉矶为例说道:"我们每天都在随时准备报道地震,其次是火灾和水灾。对科普作家来说,此类地方性现象随时可能发生,在它们发生之前确立权威消息来源非常重要。"(Greenberg 1997: 97)

- 记者招待会或新闻稿:从此类来源获取的信息要小心对待。格林伯格认为,对于任何一个机构或科学家在学术期刊上发表他们的文章之前所宣布的研究成果,都应留有一分戒心,因为有"很多现实世界的因素会悄悄地影响科学研究工作,诸如科研经费、同行竞争、个人野心和名利"。尽管如此,他还是承认记者会上公布的东西,或从公关部门得到的信息,有时也可以写成有价值的乃至独家新闻报道。他回忆道:"最近有个例子,通过与一家地方医院公关人员之间的长期密切联系,《洛杉矶时报》获得了首例对新生儿进行基因治疗的独家消息。"(Greenberg 1997: 97)

- 主动来电:针对此类消息来源,格林伯格的建议很明确:"如果有你不认识的'科学家'想在你的报纸或杂志上而不是在学术期刊上发表他们的原创'研究成果',千万别理他。"(Greenberg 1997: 97—8)

- 自己建立的消息来源:对任何一名科技记者来说,最关键的任务(格林伯格自己认为是科技新闻报道的最重要部分)是"建立一支可靠的消息灵通人士群体，一旦有新闻发生，你就可以打电话询问他们的反应和评论"。他说，这需要时间和经验，还需要"通过长期准确而精致的报道来获得这些人士的信任"（Greenberg 1997：98）。

总的来说，在格林伯格看来，一则科技新闻的价值，归根结底取决于记者所依赖的消息来源的质量。他认为，几乎所有的科技新闻报道中都是新闻本身的特性决定了记者对消息来源的选择。但情况也并非全都如此。格林伯格写道："大多数科技新闻报道在选择消息来源方面都有明确的规律，但有些科技新闻则会让这些规律土崩瓦解。"（Greenberg 1997：99—100）为了说明这一观点，他举了1989年"臭名昭著的'冷聚变'实验"作为例子。在这个例子中，虽然很多记者都对那个声明深表怀疑，但他们还是将其作为重大新闻事件予以大幅报道（另见 Toumey 1996；Bucchi 1998）。

对科技（新闻）记者来说，在一则新闻中要尽可能地平衡报道各种权威消息来源，这是一个关键的挑战。消息来源之间的争论，并非都能用"是非对错"来看待，相反，有时可以更准确地把这种争论归结为单纯的解读分歧。扬认为，"很多科学研究都太复杂、太难进行，以至于它们的研究成果确实可以让人从两个或更多角度去解读"（Young 1997：116）。他还认为，不能把研究团队的意见当作唯一的真理，因为同一领域的其他研究者可能会从不同的角度来解读这一研究成果，而且他们的解读往往是很正确的。环境记者哈里斯同样也指出了这一点。他说，当潜在的消息来源之间出现完全不同的观点时，记者就更要谨慎地维持平衡立场。在他看来，科技新闻报道中，那些与科技界共识有所不同的声音，不是被完全忽略，就是被平衡报道。他认为，更好的做法应该是小心地把每一种声音都放进更大的意见光谱中，让新闻受众能够了解各种争论的具体背景。哈里斯指出，重要的是我们应该记住,"少数派的观点未必就是错的——伽利略对此深有体会"(Harris 1997:170)。

是什么原因促使科学家认真地对待新闻记者的?伦斯伯格的体会是,科学家和新闻记者都"希望公众能了解并理解科学,在这个充满了无知、恐惧和迷信的世界上,希望公众能够站在科学这边"(Rensberger 1997:9)。在讨论科技记者如何与消息来源互动时,索尔兹伯里指出,与其他新闻领域相比,科技记者与其消息来源之间的分歧并没有那么大。根据他的经验,科学界和科技记者这两个群体之间在许多方面都有一种"自然的同盟关系",双方都致力于"批判吸收信息并发现真理"(Salisbury 1997:222)。双方的关系可以是相互促进,相互支持。新闻机构往往希望通过报道激动人心的科学发现来扩大受众规模,同样,媒体的正面报道则可以让科学家的研究获得更大的政治和经济支持。尽管如此,双方的共生关系也可能在多个层面上遇到不少困难。事实上,正如索尔兹伯里所说:

> 科学家生活在与记者不一样的"时区"里。他们的研究项目需要长年累月地进行,因此一篇已经发表了半年的文章,在他们看来仍然可能是很新颖的。反过来,在有的研究领域,在学术期刊上发表一篇论文往往要等半年到一年时间,论文刊登出来时已经成了旧闻,科学家已经转向新的研究课题。既然科学家的时间框架是如此特别,他们也就不太可能在新闻记者认为恰当的时间与后者联系了。
>
> (Salisbury 1997:220)

索尔兹伯里还试着指出了科学家与科技记者之间的一些明显差别:

- 对科学家来说,魔鬼完全是藏在细节里,而记者关注的却主要是宏观的东西。

- 对科学家来说，争论是接近真理的必由之路；对记者来说，冲突是增加新闻的戏剧性和趣味性的方式。
- 科学家总是在努力寻求共识，记者关注的则是争论本身的戏剧性。
- 对科学家来说，同行评审是减少错误不可或缺的一道程序。对大多数记者来说，让消息来源来审查报道内容会伤害编辑自主性，是不可接受的。
- 对科学家来说，技术专有名词（科技术语）能让相关表述更加精确和清晰。对记者来说，技术专有名词是令人困惑的行话，会使科学变得更难懂，让普通读者没法理解科学。

(Salisbury 1997: 222)

很多科学家觉得自己就像是被媒体"烤"着，因此，索尔兹伯里认为很难让科学家们相信"整个科学界从记者那里得到的好处值得让他们去和记者打交道，虽然这需要花费时间、精力，甚至要冒一些风险"（Salisbury 1997: 223）。

因而，科技记者要想有效地开展工作，就要与他们的消息来源建立互信。显然，在有些情况下，尤其是存在观点分歧时，"科学家—记者"之间的共生关系很容易瓦解。扬根据自己作为科技记者的亲身经验提出警示，即科学家在接受记者采访时可能包含的"暗含议程"：

> 为了从其研究项目中获得好处，或是担心失去研究资助，科学家可能会作出不够公正的评论，在判断其研究给人类带来的潜在好处时也可能夸大其词。或者他们对某项事业（比如拯救环境或预防虐待儿童，甚至是某些科学理论）过于投入，以至于失去了客观性。

(Young 1997: 115)

特拉福德在讨论医疗卫生记者如何处理其消息来源时，也提出了类似的警示。她指出,"以'平衡报道'为名同时引用所有采访对象的话"是一种危险的做法,因为"你真正要追求的是公正和准确"。她说,每个消息来源并非同等重要,对不同的观点也不一定要给予同样的报道:"读者期待的是你能给他们提供一个视角,让他们可以据此来判断一则科技新闻的关键点所在。"(Trafford 1997:137)因此,记者在处理潜在的新闻来源时,需要细心判断它们的价值。根据她在美国一家日报担任医疗卫生新闻编辑的经验,她认为此类新闻通常都是首先引用政府官员的说法:

> 政府官员在很多方面都有点像房地产代理商:他们一般都很友好,知识丰富,而且老于世故。他们带你去看很多地产。他们希望能让你感到愉快,回答你提出的各种问题。但别忘了,他们总是在为出售方工作。这一出售方就是政府,有时则是总统或州长,或是别的能给他们提供工作的人。

(Trafford 1997:136)

特拉福德指出,以政府公共卫生官员为中心,消息来源可以分为内外好几个圈子。第一个圈子由主要的机构组成,包括公共卫生学校、医院系统、医学院、研究中心与政策中心等。第二个圈子由民间活跃团体组成,包括各种疾病组织、基层市民团体、游说团体(如各种促进健康的基金会、与医院及医药公司相关的贸易组织)等。第三个圈子是特拉福德所说的"旁观者",即"较多地受到某项公共卫生问题影响、因而也就更加关心政府所提出的解决方案的那些人"(Trafford 1997:136)。第四个圈子,也是最外围的圈子,是普通民众。

科技记者要想确保他们的报道能够完成公共责任,就必须面对一系列紧急问题。很重要的一点是,人家会指责他们让消息来源的"主观"意见模糊了"客观"的事实陈述。问题是,当不同的消息来源出现意见分歧时,科技记者如何断定哪些事实是"客观的"?珀尔曼指出:

学术期刊上往往充满了该死的专业术语。从随机抽样的双盲临床试验中得出的统计数据的重要性，很难加以质疑。解释夸克和亚原子粒子的神秘特性，以及自旋、由颜色决定的夸克在强烈反应中作用的量的属性及分子量夸克粒子的量子属性等，这不是编辑们乐意做的工作，也不容易获得所需要的版面，虽然科技记者都知道为这些解释提供版面非常必要。此外，任何一个科学领域都可能存在争议，这就使得科技记者很难对自己的判断力充满信心。

(Perlman 1997: 4—5)

作为美国一家日报的科技版编辑，珀尔曼坚定地主张，科技记者在新闻报道中"不得有偏见或利益冲突"。科技记者在判断何谓"事实"时不能夸大其词，在处理消息来源时必须坚守公正原则。话虽如此，珀尔曼要求科技记者"一定要认识到，在一项科学争议中，单单计算肯定和否定意见的多寡，并不能达到服务公众的目的，也不能确保公正性"(Perlman 1997: 5)。在他看来，一则好的科技新闻，不能只是采用平衡报道的方式来报道科学发现或进展。"在报道了这些科学发现或进展所引起的争议中的积极面的同时"，还必须解释"它们可能带来的影响、效益和代价"(Perlman 1997: 6)。

　　布鲁姆和克努森(两人都是科技记者)指出了"科学家与记者之间长期存在的文化冲突"，他们认为"随着有关科学的通俗报道数量的增加和影响力的扩大，这种冲突也在加剧"(Blum and Knudson 1997: 76)。然而，这两个团体之间的关系也在缓慢地发生变化，双方的观念差距可以说正在缩小，但依然存在。按照布鲁姆和克努森的说法：

　　很多科学家还是对媒体抱有戒心：他们不希望让人觉得自己是在卖弄什么；他们不敢确定受众一定会理解；当记者走过来问他们二氧化碳是浮在水面还是滑过水面时，他们也不敢确定记者一定能理解。与媒体打交道的经历只会让科研人员感到紧张，结果他们有时变得过于关注每一个细节的完美。

(Blum and Knudson 1997：76)

这样说并不是要否定已经取得的进展。布鲁姆和克努森觉得很多科学家都已对记者职业有了更好的理解，进而"对媒体报道内容的期待也变得更为现实"。他们认为，科学家与记者之间至少有一个共同目标："让科学变得生动活泼、真实可靠、引人注目而且至关重要。"(Blum and Knudson 1997：76)

当然，在实践中要做到这些并不容易。科技记者贾穆尔指出，记者所受的训练是"要保持客观，不要让个人立场影响新闻报道"，而与此同时，科学又要求他们"用一种被动的、不带个人色彩的笔触来写作"。因此，他呼吁科技记者抛弃这些陈规，至少也要重新检验它们，以便让自己能够变成"不仅能够沟通读者思想，而且能够沟通读者心灵"的"真正的人"(Jarmul 1997：124)。当涉及风险传播时，这种心灵沟通就会变得更为重要，下一节我们就来讨论这个问题。

风险传播

每年各国政府机构都会公布各种风险的数据图表。例如，英国贸易工业部(Department of Trade and Industry, DTI)每年都要公布各种国内事故的监督报告。根据来自医院的数据统计，该报告一再发现家庭是高风险场所。1999年的统计结果（发表于2001年）表明，平均每周死于室内事故的人数为76人，比死于交通事故的人数还多（《卫报》2001年6月7日）。引发室内事故的十大原因如下：

1. 屋里的楼梯或台阶
2. 地毯或衬垫物

3. 儿童不当触碰引起的阻塞或碰撞

4. 地板表面

5. 成人不当操作引起的阻塞或碰撞

6. 光脚在屋内走动

7. 水泥地面

8. 狗

9. 屋外台阶

10. 门

报告发现，领养老金的人和儿童最容易出事。贸易工业部一位发言人评论说："有时一些看起来不太会造成伤害的东西却伤害了人，而且在室内受到伤害的人多于在其他任何地方受到伤害的人。"(《卫报》2001年6月7日) 一个明显的事实是，每年约有60万人在与别的人或物相撞后到医院紧急治疗。此外，根据该报告，表面光滑的杂志引起的事故比链锯引起的事故多出四倍，装豆布袋比切肉刀带来的伤害更多。每年饮酒引起的事故都在十万起以上，饮酒使得像睡前脱衣之类的简单动作都变得具有危险性。

类似这样的统计资料，成为政府制定消费安全政策的依据，报纸则据以发表轻松的评论。比如，针对贸易工业部的报告，英国《独立报》一位评论部主管写道，活着"真是一件很危险的差事"(2001年6月7日)。该报接着又调侃道："由海绵和丝瓜络引起的事故从996起下降到787起，取得如此骄人的成绩，政府的倡议无疑居功厥伟，可叹人们至今还恍然不觉。扶手椅也变得不那么爱伤人了——只小小地造成1.6万起事故。"接着，它又建议成立一个"皇家委员会"来调查袜子和紧身服引起的事故。虽然文笔很幽默，但如何传播现实中的风险，仍是一个有待解决的难题。

2001年夏天，美国媒体大幅报道了一种性质完全不同的风险。美国各地报纸都在头版位置刊登报道：好几种不同的鲨鱼攻击了在佛罗里达、弗吉尼亚和北卡罗莱纳州海边游泳的人。虽然各地的鲨鱼攻击事件都是孤立的，但是很多新闻报道都提醒公众注意，在海里游泳的风险"正在急剧增加"，并且往往使用"大量的鲨鱼攻击事件"或"鲨鱼攻击浪潮"之类的生动字眼。于是，孤立的个案就变成了"鲨鱼攻击季节"(《时代》周刊封面故事的标题)的证据，此类报道造成的印象就是有一种大的模式或趋势正在形成。如果有记者觉得这么多孤立的事故之间一定有某种联系而非只是巧合，那么，正如《纽约时报》(2001年9月9日)社论所说，"科学就应该负起责任"，指出这些事故"只是碰巧发生在同一时期，而且碰巧事故发生时每个受害者都在水里"。社论接着指出，在评估相关风险时，一定要考虑具体背景。社论紧接着写道，根据数据评估署(Statistical Assessment Service)的资料，1990—1997年间，共有28位儿童被倒下的电视机砸死，这比整个20世纪被大白鲨咬死的人数多出四倍。社论由此指出，"如果随意地讲"，这份研究表明"观看电视剧《大白鲨》比在太平洋游泳要危险得多"。

虽然媒体上有关鲨鱼攻击风险的狂热报道是没有根据的，但如何给"风险"下一个准确定义，并将其与"威胁"(threat)或"危害"(hazard)区分开，仍是一个棘手的问题。科学界内部和外部人士对"风险"的定义有不少争议，每个人使用这个概念时赋予它的含义也不一样。但从技术上讲，风险通常是指由某个特定的行为或过程所引起的负面结果(如危险、伤害或丧失)的概率。亚当斯(Adams 1999：285)指出了风险的三大类型：

- 可以直接感觉到的风险：如往返垃圾掩埋场
- 使用科学手段才能观察到的风险：如垃圾掩埋场的霍乱和毒素
- 虚拟风险——科学家不知道/不能同意的风险：如疯牛病或克雅氏病，及可疑的致癌物质在这三类风险中，那些自命为"风险管理者"的人往往只注意前两类。亚当斯认为，其原因在于"风险评估量化方法，要求与特定事件相关的概率是可知的，或是可以进行合理推算的"。很多科学家都承认他们倾向于从概率的角度来看待风险问题，而概率不过是对不确定性的一种自信描述。亚当斯写道："当科学家在概率问题上没有达成共识，或者没有明确地找到某种疾病、伤害或环保问题背后的因果关系时，人们就会从个人信念的角度展开无休止的争论。"（Adams 1999：285；另见 Friedman et al. 1999；Scanlon et al. 1999）

许多研究表明，科学家对风险的看法与公众对风险的看法可能大相径庭。比如，英国国会科技办公室（Parliamentary Office of Science and Technology, POST）关于公众对风险的认知的一项研究成果，就得出了许多重要结论。这项研究发现，影响公众认知风险的因素中，除了风险的实际规模外，还有很多其他因素：

- 控制：人们更愿接受他们自己加给自己的风险，或者他们所认为的"自然"风险，而不愿接受别人加到他们头上的风险。
- 恐惧及影响程度：如果风险带来的后果可能是灾难性的，而不是渐进的，人们的恐惧就会达到最高点。
- 熟悉程度：人们似乎更愿接受他们所熟悉的风险，而不太愿意接受新的风险。
- 时机：如果风险带来的结果是立即的或短期的，而不是延后的——特别是会影响到子孙后代的，那么人们似乎更能接受这种风险。
- 社会放大效果和缩小效果：媒体报道或以图表来描述事件，可能会增加公众对风险的关切，经济困难则可能会减少这种关切。
- 信任：公众在多大程度上信任制定规则者、决策者或产业界，这是一个很关键的因素。如果这些机构是公开而且负责任的

（即诚实、愿意承认错误和局限、愿意认真考虑不同的观点而不是把它们当作非理性的情绪化的东西丢弃一边），公众就更可能信任它们。

(POST 1996)

综合以上因素考虑，我们就容易理解为何有的风险被认为很严重，另一些则不然。每一个因素又在不同程度上显示了媒体在塑造公众对风险的认知中所起的重要作用。换言之，当面临科学也无法确定的风险时，"普通"或"外行"公众很可能会求助于新闻媒体，特别是想更好地了解究竟哪些东西处于危险之中。记者的责任是给不确定性提供意义，也就是说，人们期望记者能够解释清楚，这些不确定性对受众每天的现代生活具有什么样的潜在意义。常见的情况是，新闻报道让大家确信：一种潜在的风险仍将是不确定的，只有通过进一步的科学研究和调查，才能提供人们所期望的清晰性和确定性（另见 Adam 2000）。

就这样，正如霍尼格所指出的，风险成了一个高度政治化的议题。她写道："在后工业民主社会，人们每天都有一种危机，即：这个社会在多大程度上可以接受新技术带来的风险？"（Hornig 1993：95）社会公众在辩论风险政策议题时，媒体起了怎样的关键性作用？在尝试回答这个问题时，霍尼格着重分析了各种政治行为者如何利用科学的观点来为他们自己争取利益。具体来说，她找到了两种不同的风险评估方法："理性主义"方法和"主观主义"方法。这两种方法都或明或暗地包含着一系列假设，即该如何对不同程度的风险作出最好的科学评估。

霍尼格认为，理性主义者的立场是："如果能搜集到足够的数据资料，而且分析数据的各种技术问题都得以解决，那么从理论上来说，精确评估技术创新带来的风险是可以做到的。"赞同这一立场的人士认为，可以把相关风险的理论评估结果看作一种评价标准，用以衡量民意和媒体报道内容的偏差程度。在他们看来,问题是必须看清楚体系性的"偏差",并通过公共教育来纠正这种偏差,以改善与风险相关的决策。霍尼格认为,按照这样的立场和思路,"评价媒体风险报道的好坏,主要是看它们在多大程度上反映了科学的观点、在多大程度上促进了旨在消除错误观念的公共教育"(Hornig 1993:96)。

与"理性主义者"立场形成鲜明对比的是"主观主义者"立场。在这方面,霍尼格认为,过去几年来心理测量学的风险认知研究起了推动作用。"主观主义者"提出了一个很重要的观点:"人们是在一定的社会背景下来评估风险信息的,这种评估包含了价值判断和优先顺序,也就是说,风险评估本身是一个主观的过程。"(Horng 1993:96)按照这一看法,风险不是一种外在于人们的观察或解释的客观存在。正好相反,主观主义视角的研究所关注的主要是建构风险概念的社会过程。换言之,主观主义者要仔细研究的正是种种关于风险的不同定义,因为人们是运用这些定义来帮助自己理解具体的风险议题的。霍尼格指出:"在这方面,媒体起了非常大的作用。因为它们突出地报道了某些(通常是来自现有机构的)观点,从而使其具有合法性,而另一些观点则被忽视了。"在这个微妙的过程中,关于风险的某些定义被合法化了,而另一些定义则被边缘化,这正好可以显示不同机构之间的利益冲突。"虽然新闻报道要遵循客观性的伦理(有趣的是这与理性主义的风险观是相一致的),但它不可避免地要对相关情境作出界定,这种界定只能是符合某些机构的利益,而不利于另一些机构。"(Hornig 1993:96)

当然,毫不奇怪,理性主义者和主观主义者都对媒体关于风险的报道感到不满。霍尼格认为,理性主义者常常指责新闻媒体没有准确地报道本应是"技术性"的风险议题,而把它政治化了;主观主义者则常常指责新闻媒体过多地从实证角度来报道科学观点。她说,风险报道"似乎注定无法让任何一方感到满意——比起诸如科技或环境记者是否弄清了技术事实,或者媒体的报道对新技术是倾向于支持还是反对之类的问题，这个问题要深刻得多，也困难得多"(Hornig 1993：97）。因此，很重要的一点是，媒体在多大程度设定了公众所关心的议程，特别是媒体如何为它们的受众提供了相关风险议题的定义或"框架"。

霍尼格自己也研究了公众对媒体报道的技术风险的反应，她同意主观主义者的基本假设，即风险的大小要视特定的解释背景而定。她并没有试图去"计算"人们"在多大程度上偏离了对现有风险的'正确'解读"，而是试图确定"外行人"或"普通人"是根据什么来推断风险的。通过焦点小组研究，她得出的结论是，外行的公众有着"丰富的关于风险的词汇"，他们"在评估风险时把很多复杂因素都考虑进去了，某种程度上比理性主义者考虑的因素还要多"(Hornig 1993：98）。例如，这些因素中包括了"处在社会体系之中或被社会体系所控制的种种有关技术的考虑：该技术是否符合道德原则；管理该技术的程序；谁将有意或无意地承担这些潜在的风险；等等"(Hornig 1993：106）。因此，学者们要想考察公众如何认定现代社会中存在的各种风险的严重程度，就必须扩大其调查范围，要远远地超越理性主义者的评估框架以及与之相应的"成本—收益"分析（另见 Tulloch and Lupton 2001）。

根据以上思路，要开展批判性研究，关键是必须认识到，要把媒体对风险的建构看成是日常生活政治的一个部分。在这方面，贝克（Beck 1992a，1995，2000）的著作很有影响。例如，他指出了一个很重要的观念：媒体话语的背后包含着一种"定义关系"，这种"定义关系"决定了在有关风险、威胁或伤害的问题上，"专家""非专家"和普通民众能够以及应该说什么。他说，进行风险分析时要考虑到，媒体在塑造关于风险的舆论中起到的重要结构性作用。说得更具体些，贝克认为，面对风险所带来的不确定性，媒体在组织并传播相关的经济决策和政治控制的知识方面，发挥了重要作用：

> 被机构所提升了的各种系统性预期构成了一种社会基础。它们受到大众媒体和密切关注相关风险的公众的传言的严密监视。在这个社会基础的前面,工业社会的各种机构在跳着假面舞蹈,潜在的危害被面纱掩盖。这些危害不只是被投射到世界舞台上,而且会带来真正的危险,大众媒体就把它们放置在聚光灯的照射之下。
>
> (Beck 1995:101)

重要问题是,在媒体里面,究竟是谁、在什么条件下、为了什么、把聚光灯照射到哪个方向?因此,媒体如何提出并报道证据、责任、补偿等问题,也就变得至关重要。贝克写道:"在现有的知识范围内",风险"可以被改变、放大、夸大,也可以被低估。从这个意义上讲,它的'界定和建构都特别容易受到社会的影响'。"(Beck 1992a:23)科技记者总是以与其他社会机构协力或对抗的方式来介入风险界定,我们有必要把这些方式拿出来进行仔细分析。

科技记者介入风险界定的过程,包含了一系列用于认识世界或者误读世界的程序。这个过程充满了矛盾性、含糊性和不确定性。例如,前文指出,科学家所喜爱的"模式"就不容易"转换"成记者的报道策略,因为记者总是急着要把这些"模式"的含义传递给目标受众。贝克写道:"当前,风险社会是被词汇给困住了,这词汇要有助于通过定义关系来质问简单、经典、最初的现代性所带来的风险和危害"。现有词汇"不仅很难用来描述现代灾难,也很难用来描述人为的不确定性所带来的挑战"(Beck 1998:19)。因此,各种科学视角都必须转换为记者的叙述,才有可能让民众懂得他们所面临的种种未知的、难以衡量的风险。"冷静客观的事实"必须变成"平衡"的新闻报道,最好有清楚的开头、中间和结尾,以及让人一目了然的"善""恶"冲突。贝克(Beck 1992b)指出,这种把科学世界叙事化的努力,使得科技记者被明显对立的双方夹在了中间：一方是为风险提供定义的人，另一方是消费这些定义的人。读报变成了"一种技术批评的差事"。

因而，这就意味着，在确认媒体报道中的种种失衡、裂隙、静默和缺口时，需要同时提出改进方案。要找到新的、与我们为未来准备的现有道德伦理规范相适应的方式，以强化科技新闻的形式和实践。本章探讨的很多重要议题都与贝克所说的媒体的"监督"与"看守"功能有关，即，在如何界定那些难以衡量的风险的规模、程度和紧迫性上，媒体成为重要的定义争夺场所。媒体把一部分声音看成是"专业的"或"权威的"，同时把另一些声音说成是"不可信"的，当人们对这种看似很"自然"的方式提出质疑时，这种看似理所当然的东西也就成为话语争夺的场域。贝克宣称："就风险冲突而言，官僚机构被猛然间卸下了面具，民众也警觉到风险的真相：形形色色有组织的不负责任行为。"（Beck 1998：15）媒体机构深深地介入了这些"形形色色有组织的不负责任行为中"；媒体很少"客观"或"公正"地呈现出关于如何界定风险后果的意识形态之争。虽然很多记者坚持要用事实说话，实际上事实并不会"自己说话"，而那些质疑科学理性的声音，则理所当然地被认为是"非理性的""误导的"或"反科学的"（另见 Cottle 1998；Macnaghten and Urry 1998；Adam et al. 2000）。

下一章我们将会讨论媒体呈现的"环境"问题，我们首先会重温贝克有关"风险社会"的论述，然后就记者对环境风险、环境威胁和环境危害的各种报道框架作出大致评估。一个重要的出发点是：认识到媒体所偏爱的"定义关系"背后那些看似理所当然的、常识性的假设，对于我们社会大众理解、认定和挑战当今风险社会的种种不确定性起着关键作用。事实上，正如贝克所说，风险社会"总是同时作为知识社会、媒介社会和信息社会——或者，同样常见地，作为无知社会和伪信息社会——而存在的，只有从这个前提出发，我们才可能从理论上、经验上和政治上去把握它"（Beck 2000：xiv）。

深入阅读书目

Adam, B., Beck, U. and van Loon, J. (eds) (2000) *The Risk Society and Beyond: Critical Issues for Social Theory*. London: Sage.

Allan, S. (1999) *News Culture*. Buckingham and Philadelphia, PA: Open University Press.

Beck, U. (1992) *Risk Society: Towards a New Modernity*. London: Sage.

Blum, D. and Knudson, M. (eds) (1997) *A Field Guide for Science Writers*. New York: Oxford University Press.

Bucchi, M. (1998) *Science and the Media: Alternative Routes in Scientific Communication*. London: Routledge.

Friedman, S. M., Dunwoody, S. and Rogers, C. L. (eds) (1986) *Scientists and Journalists*. Washington, DC: AAAS.

Friedman, S. M., Dunwoody, S. and Rogers, C. L. (eds) (1999) *Communicating Uncertainty*. Mahwah, NJ: Lawrence Erlbaum.

Gregory, J. and Miller, S. (1998) *Science in Public*. Cambridge: Perseus.

Hargreaves, I. and Ferguson, G. (2000) *Who's Misunderstanding Whom? Bridging the Gulf of Understanding Between the Public, the Media and Science*. London: ESRC/British Academy.

Nelkin, D. (1995) *Selling Science: How the Press Covers Science and Technology*, 2nd edn. New York: W. H. Freeman.

Scanlon, E., and Yate, S. (eds) (1999) *Communicating Science, Reader 2*. London: Routledge.

第五章　媒介、风险与环境[1]

> 环境恶化和环境公害给人类带来的威胁，不同于交通事故、偷窃、室内起火等所带来的威胁，它们不是理性行为所带来的意外后果或副作用，而是与工业时代生活方式相伴的科技创新和经济实践所特有的现象：对于工业时代的生活方式所带来的环境公害，过去的经验既不能为未来提供指引，也不能成为计算和测量风险的基础。
>
> ——社会理论家巴巴拉·亚当（Barbara Adam）

> ……承担风险的人与被别人承担的风险伤害到的人，是有很大不同的。
>
> ——社会理论家乌尔里希·贝克（Ulrich Beck）

有关如何维护环境的公共辩论，从来没有像今天这样激烈。把环境当作处于人类活动的动态现实之外的纯粹自然领域的观点，正在日益受到各类媒体的挑战。经常被质疑的是"传统"或"现代"的"自然"

---

[1] 本章部分内容曾出现在我为《环境风险与媒介》[Allan, S., Adam, B. and Carter, C. (eds) (2000) *Environmental Risks and the Media*. London and New York: Routledge.] 一书写的"序言"中，本章有所修订。我要感谢我的合作主编和 Routledge 出版社同意我在本书中使用这些材料。

概念，即把"自然"和"人为"完全对立起来，好像自然是可以观测到的这个世界的"原材料"。实际上，对于"实际的"是否有可能变成"虚拟的"这个问题，已有越来越多的公共评论者参与到争论中，有的评论者认为，环境保护论者的语言正在迅速地变得不合时宜，因为他们立论的依据是单一的"自然"。

索珀在《什么是大自然？》一书中，有力地指出了一系列有关"大自然"的特征。关于大自然在公众心目中的印象，她指出：

> 大自然既是机械的也是有机的，它既被动又主动。在人们眼中，它既野蛮又高尚；既受污染又生机勃勃；既邪恶又无辜；既世俗又纯粹；既混乱又有序。大自然被认为是阴柔的，它兼具爱人、母亲和泼妇的特性：它既能愉悦感官，又能滋养万物，还是一种叛逆复仇的力量，立志要惩罚侵犯它的人类。大自然既宏伟壮丽又如田园牧歌，它对人类的意图漠不关心，又乐意为之服务；它既威严又亲切，既令人感到畏惧又能镇定人心；它是最好的朋友，也是最坏的敌人。
>
> （Soper 1995：71）

不同的人讨论大自然的方式是不一样的，他们所强调的含义往往正好相反，尤其是在与风险有关的话题上。威尔逊写道："在电影、图片、文学作品中都有大自然出现，到处都有人在谈论它"，因此他认为媒体是在用很多种不同的话语方式去叙述大自然。当然，他同时也指出了很关键的一点，即目前"大自然"出现的危机，不只是"环境问题本身"。相反，他认为，这是一种"文化危机"，"我们的家庭生活、日常交流和经济生活中"都充斥着这种危机（Wilson 1992：12；另见 Macnaghten and Ury 1998；Franklin et al. 2000；Lindahl Elliot 2001）。

在这方面，亚当斯提供的"关于大自然的错误观念"的分类框架颇为有用。他说，这些错误观念显示了"关于大自然的种种偏见，很多风险决策都建立在这些偏见之上"（Adams 1999：295）。每一种错误观念，都对应着一种独特的风险管理风格：

- **大自然是仁慈的**：按照这种观念，大自然是可以预知的，它美丽、强壮而又稳健，它宽恕人类给她带来的任何伤害……大自然是人类活动的仁慈舞台，它不需要管理。与这种错误观念相对应的风险管理风格是松散而放任的、带有剥夺性的。
- **大自然是转瞬即逝的**：按照这种错误观念，大自然是脆弱的，它多变而无情。人类的贪婪和草率随时都可能使其陷入灾难性的崩溃中。风险管理的目标是保护自然免受人类的侵害。这种观念要求人们必须小心地呵护地球。其主要风险管理原则是"谨慎"。
- **乖戾／宽容的大自然**：这是前两种错误观念经过修正之后的综合。在一定限度内，大自然是会按照人们的预期来行事的。它会宽容对体系的适度冲击，但是一定不能过分……需要制定规则，以防过度伤害自然，同时把细微的事情留给大自然自己去处理。这是生态学家提出的与混合经济模型相类似的观点。与这种观念相对应的风险管理风格是"干预"。
- **变化无常的大自然**：大自然是不可预期的。最好的风险管理战略就是放任自由，因为没有办法管理。那些认为大自然是仁慈的人，相信它的善良宽厚；认为大自然是变化无常的人则认为它是不可知的：未来是好是坏，都是人类所无法掌握的。所以，认为大自然无法管理的人的格言就是"世事难料"。

（Adams 1999：295—6）

因此，究竟哪一种环境风险管理方法最"合适"，在一定程度上要看哪一种"关于大自然的错误观念"被认为是"自然"的。当然，错误观念还有很多，但就本章主题而言，最重要的是这些关于"自然"和"环境"的意识形态分歧如何影响了媒体对风险的认定。

为了进一步说明媒体是如何影响到公众对环境风险的认知,我们下一节就来讨论贝克对"风险社会"的界定。他指出,"在风险社会中,'媒体的公众之眼'发挥着特别重要的作用"。换言之,新闻媒体机构"以其对各种风险定义的描述,也就是对各种风险和不确定性的呈现和建构,发挥着决定性的作用"(Beck 2000:xiii)。后面我们将会证明,媒体在概念上的介入,使得与环境风险的文化政治相关的一系列后果议题受到了更大的关注,这些议题在其他相关研究中往往都被忽视了。

生活在风险社会

贝克写道:"今天,我们谈大自然实际上就是在谈文化,反之亦然。"(Beck 1998:10—11)任何把风险问题考虑在内的现代社会概念都必须认识到,这个世界比理论上的"自然/文化"区分更为开放且具有更多的可能性:

> 当我们想起地球暖化、臭氧层空洞、污染或食品恐慌时,我们就知道人类活动肯定是弄脏了大自然。这种人类面临的共同危险,使得一些精心建构起来的界限被削平了,这些界限包括阶级、民族、人种与大自然其他部分的界限;文化创造者与本能创造物之间的界限;或者更早以前所区分的有灵魂的生命与无灵魂的生命之间的界限……在风险社会,现代社会变得更具有自反特性,也就是说,它既是议题,也是自己提出的问题。
>
> (Beck 1998:11)

为了更清楚地说明问题,贝克把当代社会看作是风险社会,即大规模的环境风险、危险和伤害成为主要结构性特征的社会形态(正如创造和分配财富的逻辑是工业社会的主要特征一样;另见 Hannigan 1995;

Goldblatt 1996；Rutherford 1999）。他接着指出，到处都存在着巨大灾难的明显威胁。"自然与传统的明显界限消解成对决策的需求，于是，风险就成了一个至关重要的范畴。"（Beck 2000：xiii）按照这个思路，环境恶化的过程不再是完全可以计算或预测的；环境恶化的后果也无法用固定的时间、空间或场所来加以界定。

贝克认为，生活在风险社会，就是生活在"灾难四伏的危险时代"，在这个时代，社会辩论日益集中于"进步带来的黑暗面"（另见 Adam 1998；Adam et al. 2000；Irwin 2001）。随着不确定性增加，日常生活中的风险比以往任何时候都更为显著。人们更加依赖于"专家"来管理和控制风险，但他们对这些专家的信任却日益下降。荒谬的是，风险社会一边制造了这些其自身机构无法控制的风险，一边又使这些风险合法化。贝克解释道：

> 当一个社会眼下的决定所带来的危害，使得**本国现有风险评估中的既定安全体系受到了冲击甚至（或者）失效**时，这个社会就变成了风险社会。与早期的工业风险相比，核、化学、生态和基因工程带来的风险(1)在时间和空间方面都不可能是有限的；(2)根据现有归因法则和法律规定，它们的责任归属是不明确的；(3)它们是无法补偿或担保的。或者，可以用一个简单的例子来说明：切尔诺贝利核事故虽已过去很多年，但它的受害者可能还没有全部**出生**呢。
>
> （Beck 1996：31，黑体为原作者所加）

环境危害的特征是不确定性，这种不确定性绝不是临时的；相反，它们总是带有偶然性和不确定性（见 Lash et al. 1996；Robertson et al. 1996；Macnaghten and Urry 1998；Irwin 2001）。与此密切相关，贝克认为，由于人、动植物及其他维持生命所必需的元素所受到的威胁，西方世界中的现代社会正在重新经历它们与大自然的相互依存感和一体感（另见 Elliot 2001）。它们正在面对各种新的知识形态，这些知识形态削弱了早期那些与其知识传统相一致的"宏大叙事"的基本原则。

全球性的现代化动力，使我们很多生活在现代社会中的人意识到，我们的命运休戚与共。面对环境危害，贝克所说的"人类对大自然的认识"水平"既受到伤害又被唤醒"：

> 人们体会到自己像植物一样呼吸，正如鱼必须在水下生存一样，人必须在水的外面生存。有毒物质的威胁使他们感受到自己是以身体来参与各种事物——"这是一个有着思想意识和道德感的新陈代谢过程"——因此，就像酸雨会腐蚀石头和树木，人也是会被腐蚀的。土地、植物、动物和人类组成了一个可见的共同体，这是一个所有的人和物同等面临威胁的**生命共同体**。
>
> （Beck 1992a：74，黑体为原作者所加）

工业社会的各种活动给地球上的生命体和非生命体带来了意外的环境风险，其结果导致"文化／自然"二分法的瓦解。正如贝克所言，在诸如核污染和化学污染的例子中，"我们经受了'他者的终结'，所有我们精心设计的使自己能置身事外远离风险的机会都消失了"（Beck 1992b：109）。伴随"环境危害带来的爆炸性社会后果"而来的，是工业时代的风险观念彻底破灭。

在检视环境风险时，我们很快就会发现：在"大自然"之外，不存在时间、空间或场所，记者也找不到一个可以"客观地"观察事物的位置。每个人都是相互关联的，尽管他们的权位可能非常不同。贝克指出，大自然"既不是被创造出来的，也不是先验存在的东西"（Beck 1992a：80）。然而，所谓的"专家"们在媒体上争论不休的各种问题，往往都有一个"常识"性的假设：为了促进经济发展或资本积累，可以"利用"科学知识来"控制"或"管理"大自然。这个假设在不同程度上都被"正常化"了，成为"媒体辩论"中几乎不受质疑的特征，因而也就没有办法提出可能的选择和方案来回应贝克所认为的"生态领域冲突"的典型条件。当然，这里必须说明，我并不是说有一个"外在的现实"被记者或其他媒体从业人员（有意或无意地）歪曲了。我想说的是，环境知识总是通过各种争论中的话语表达出来的，这些话语都是意在传播自己所主张的"真相"，而否定或超越别的"真相"。这种定义潜在风险和伤害的能力，与媒体领域内"可信的"、"权威的"和"合法的""现实"定义者之间的权力分配大体上是相一致的。

因此，媒体话语绝对不是对环境风险的简单"反映"，它还有效地提供了一种关于什么才算是真实的环境风险的偶然编撰（但又有规律可循）的定义。这是一个持续不断的动态的媒介过程，它主要是以意识形态词汇来完成的，但又不局限于媒体文本本身。相反，这些文本的生产、消费或阅读所需要的带有流动性的复杂条件，还需要我们通过批判研究来加以说明。贝克写道：

> 所有这些都使大众媒体在向社会发出警告方面发挥引领作用——只要它们拥有自己选择话题这个有制度保障的权力。感官无法体会的东西，在媒体报道实践中变成了社会性的可"体验"的东西。干枯的树、爬满寄生虫的鱼、死去的海豹（它的活跃形象深入人心）等图片，把日常生活中难以接触到的东西浓缩并具体化了。
>
> （Beck 1995：100）

实际上，如果没有认识到媒体在其中起到的关键作用，现代社会的人几乎不可能开始去想贝克所指出的下面这些"定义关系"。

  1. 谁来决定产品的危害程度和风险的危险程度？是由导致这些危害和风险的人来决定，还是由从中受益的人来决定，或是由公共机构来决定？

  2. 判断风险的起因、层面、行为主体等，需要用到哪些知识或非知识？"证据"要提交给谁？

3. 在我们不得不面对有争议的知识和可能性的世界里，怎样才算有充分证据？

4. 如果有了危险和伤害，谁来决定怎样补偿受害者？未来该采取怎样的控制和管理方式？

(Beck 1998: 98)

诸如此类问题的背后是一种认识，即我们不能不依赖媒体来理解我们的直接经验所无法到达的"外在世界"。正是通过复杂的媒介过程，环境风险才变成我们的报纸或电视上所呈现的"事实"。因此，我们必须把我们熟悉的新闻常规破解掉或"去常规化"，尤其是在它们以"常识"来把科学理性本身看作是知识的充分基础时。贝克指出，"对政治的影响是：在垃圾场发现有毒物质的报告，如果很快成为头条新闻，就会改变政治议程。森林正在消亡的舆论一旦确立，就会迫使出现新的优先顺序"（Beck 1992a：197—8；另见 Cottle 1998；McGuigan 1999；Tulloch and Lupton 2001）。

下一节开始我们要讨论的是，用于检验媒体究竟如何把环境描绘成社会问题的一系列分析方法是如何产生与发展的。在评估这些早期研究对后来的影响时，我将试图证明，很多早期研究成功地提出了一系列重要观点，指出了媒体的报道在建构某些关于环境现实的定义方面所起的作用。

描绘"环境"地图

关于"环境"问题的公共话语究竟是如何产生的？很多研究者都对这个问题很感兴趣，他们一致认定 1969 年是关键的转折点（这已有点老生常谈了）。那一年，首次从月球表面传回了举世震惊的地球画面，这个事件带来的影响是（从那时起很多人一直这么认为）：它在一瞬间就彻底改变了几乎所有地球人对环境问题的认知。英国环境记者诺斯带着某种激情回忆了那一幕：

> 还记得地球孤独地飘浮在宇宙中那个图像吧？美国宇航员把那幅图像传给了我们。就是那幅图像改变了一切。就是从那时起我们开始对这个世界胡说八道。顷刻间，世界上那些快乐的唯物主义者及其追随者，背上了沉重的负罪感，成为"绿色主义者"。他们看到了太空飞行员所看到的地球，他们感到自己看到了一个脆弱而宁静的自然共同体。实际上，大自然当然是强大的，而且持续地处在紧张之中。它充满活力而且绝对不放过任何机会……除此以外，大自然又是非常龌龊、极度暴烈的。
>
> (North 1998: 85)

可以毫不夸张地说，这些图像明显地使媒体在报道内容方面出现了一个"认识上的飞跃"。从此，人类社会对"自然界"的相对影响问题，开始名正言顺地成为媒体的"传统"报道内容。

舍恩菲尔德等人在谈到美国国内对登月事件的反应时这样写道："通过征服外太空的边疆，美国人似乎在地球上也找到了一个新的边疆，即寻求人类与我们生存其中的地球之间的和谐；记者编辑们观看了这个过程，并作出了反应。"(Schoenfeld et al. 1979: 43) 同一时期的其他一些事件也使媒体更多地注意起环境保护问题（比如，1969 年 8 月 1 日的《时代》周刊专门设立了一个"环境"栏目）。这些灾难性事件中包括了 1967 年英格兰康沃尔海岸的超级油轮解体事件，1969 年美国圣巴巴拉海峡的"联合石油公司"石油泄漏事故[1]。这些事件引起了利益相关者如政府机构、产业界发言人、科学家、市民行动压力小组、消

---

[1] 1969 年 1 月 28 日，美国加州联合石油公司建在圣巴巴拉海峡的 A 平台突然发生井喷事故，由于工人操作不当，导致地层龟裂，约有一万吨原油从海底涌出，引起了蔓延数百里的海面大火，附近海域的海洋生态受到极大破坏。——译注

费者组织和学术界等的持续辩论，于是许多极其尖锐的争论大幅出现在媒体上。尽管如此，新闻记者很快就发现，要把争论各方所用的深奥语言转换成读者能理解的语言，就需要一套新词汇。受众急切地想要知道这些事件对自己的生活会有怎样的长期影响，因此，记者就需要找到某种方式，以便能从"新闻"角度来解释环境问题。

检视这一时期出现的相关新闻报道就会发现，原本大家喜欢用的"环境保护"一词逐渐被一些新的、有更清晰界定的生态学概念所取代，这些概念都明确地把"环境"作为社会问题来看待。新兴的环境话语形式在环境保护方面往往超越了早期所强调的保护自然资源这一层次。作为生物体的人类面临灭绝的危险，同样需要保护，这是很重要的 (Schoenfeld 1980; Lowe and Morrison 1984; Hannigan 1995; Neuzil and Kovarik 1996; Anderson 1997, 2000)。利益相关各方在修辞策略方面的这一转变，对于看似"常识性"的"大自然"和"人类"这一二分法构成了严峻挑战。过去的新闻报道及其带来的公共辩论中反复出现的（很多可能都是隐含的）特点就是这种二分法。具体来说，各家新闻机构越来越清楚地认识到，"典型的环境新闻"应该可以更准确地称作（依照一位记者的说法）是"商业—医疗—科学—经济—政治—社会—污染新闻"（引自 Schoenfeld et al. 1979：52）。正因新闻机构日益认识到"环境"新闻不同于法院、市政、卫生、教育、体育、财经等新闻，很难放入现有的"新闻口"，因此为了更好地报道"有价值"的环境新闻，它们就普遍创立了"环境新闻口"。

此后大量涌现的"环境"信息，使得环境新闻成为"热门新闻"。根据萨克斯曼的看法，圣巴巴拉石油泄漏之类的环境事故"让平面和电子媒体的编辑们开始认真考虑他们当地的空气和水污染问题、人口过多问题以及自然资源流失问题"（Sachsman 1976：54；另见 Molotch and Lester 1974）。然而，值得注意的是，1970 年代北美和欧洲各国环保意识的稳步提升（如 1970 年的"世界地球日"就获得媒体广泛报道),也使得各公司公共关系部门的活动大大强化。如果说环境问题(如工业污染)在整个60年代普遍被认为是享受现代社会好处必须付出的代价,这主要应该归功于公关从业人员齐心协力的推销(另见Wilson 1992;Beder 1997)。根据两位研究者提供的数据,"美国联邦政府工作人员中,从事写作、编辑工作的人和公共事务专家在1961年总共有1164人。到1990年,从事公共信息工作的有近5000人,这使得联邦政府成为全国最大的公共信息官员雇主"。"那些消息来源组织严密,他们非常有效地把技术信息包装好再提供给记者,这些消息来源对于最终的新闻内容实际上有很大的控制权。"(Powell and Leiss 1997:231)在这些政府雇员看来,关键是要控制公众辩论的范围和方向,使其对政府有利。但从1970年代以来,这个目标越来越难达成,因为新闻记者开始从更大范围来寻找消息来源。同一时期,随着环境新闻或政府环保部门地位的上升,新闻机构认识到,需要雇用专业人士来更好地评估特殊利益团体的科技主张(另见Miller and Riechert 2000)。

然而,依照那一时期很多评论家的看法,到1970年代中期,公众对环境议题的兴趣又明显下降了。以加拿大为例,两位研究者发现,以下因素导致公众对环保议题兴趣下降:

1. 媒体突然把报道重点从环境问题转向了能源、失业和通货膨胀等其他问题,这就导致公众对环境议题兴趣下降。

2. 大众媒体的环境议题报道对公众态度和行为的影响是浅层的,因此,一旦媒体上持续强化的环境议题报道消失了,公众对相关议题的关注度也就迅速下降。

3. 1970年代以后,政治体系把人们对环境议题的关切制度化了,因此大家认为这个问题已经得到"解决";这并不令人意外,因为公众容易认为把环境问题的责任从个人转给机构是合理的。

(Parlour and Schatzow 1978:15)

两位研究者研究了1960—1972（联合国环境会议在这一年召开）年间大众媒体上的环境新闻报道，充分地证明了一个基本假设：公众对环境问题的关注度与新闻机构对环境问题的报道量之间存在相关性。此外，媒体报道是让环境问题取得成为重要政治议题的合法性的决定性因素，环境议题因而成为一个需要在结构层次上由国家来进行持续监视的议题。例如，在美国，人们对生态问题的关切促成设立了一些具体的政府机构，如1970年代的"环境保护署""环境质量委员会"，这两个机构都被记者认为是权威的消息来源。然而，最重要的事情也许是，由公众对环境问题的关切所促成的环保部门，最终几乎都会屈服于优先发展经济的需求（Parlour and Schatzow 1978）。很多研究都表明，新闻机构对这个结果很少提出什么挑战（另见 Howenstine 1987；Linne 1991；Hansen 1993；Neuzil and Kovarik 1996）。

不少学者仔细检视了1970年代后期至1980年代媒体对环境议题、事件和危机的报道，结果得出了与前面类似的结论。显然，直到1980年代初期，某种类似"生态良知"的东西才真正受到英美等国各种媒体新闻编辑部的重视。舍恩菲尔德访谈了美国部分环境记者，其中一位受访者的话准确地道出了环境记者内心深处的关键问题：

> 你是提供给读者他们应该知道的东西，还是提供给他们将会去阅读的东西？环境记者面临的挑战在于，用符合人性的词汇来报道环境问题，让民众有一种切身的紧迫感……我在写作时试着从充满令人眼花缭乱的事实和数据的世界中找出符合人性的因素。每种新闻类型都需要这个，但环境新闻必须要有这个。
>
> （Schoenfeld 1980：462）

强调"人性因素"，就意味着重视"异常性"而忽视"平常性"，这就决定了新闻报道的内容和方式。几项关于这一时期环境新闻的研究都发现，这些报道首先关注的大都是具有奇观色彩的事件（在电视新闻方面),则是比较有视觉冲击力的事件)。新闻机构总是更喜欢报道地震、飓风、干旱或水灾之类的自然灾难(Adams 1986;Gaddy and Tanjong 1986;Sood et al. 1987;Krug 1993;Major and Atwood 1997),而把"日常性"的危害放在次要位置。后者包括农业耕作中的农药依赖、石棉尘的危害、汽油中的铅、日光浴的后果等。格林伯格等人分析了1980年代中期美国电视广播网中有关环境风险的报道,结果充分证明存在这些报道倾向。具体来说,他们的研究结果发现,"从科学的观点来看,在媒体的风险事件报道中,化学事件、地震和空难事件等突发性事件所占比例太高,这很可能会进一步强化公众高估暴烈性突发风险而低估长期性风险"(Greenberg et al. 1989a:276)。

近年来的环境报道研究确实表明,很多环境问题虽然长期威胁着人类,但媒体并未给予持续报道,部分原因在于这些问题不具备事件特征。换言之,相关研究表明,环境报道很大程度上是以事件为中心,而不是以议题为中心。这就意味着,那些有可能把环境事件放在更大背景中来看的消息来源,往往被忽略、轻视或边缘化了(另见 Wiegman et al. 1989;Nelkin 1995)。那些能够说明环境问题的长期后果,或是如何减轻或预防环境问题的消息来源,基本上都被排除在新闻记者的"可信度等级"之外(Becker 1967)。当这些消息来源的观点确实有机会被报道出来时,他们往往被迫修饰自己的信息,哪些该说哪些不该说都要符合现有的话语规则(另见 Anderson 1997;Chapman et al. 1997;Allan et al. 2000;Smith 2000)。

核子的梦魇

我们可以从乌克兰切尔诺贝利灾难事件中,清楚地了解到与"异常性"环境风险相关的"新闻价值观"背后的一些规则。1986年4月26日凌晨,切尔诺贝利一座核反应堆发生失火进而引起爆炸,两人当场死亡（另有 29 人以上在次年死亡），大火吞没了整座核反应堆，可裂变同位素散入周围环境。苏联评论家称这一事件开启了"切尔诺贝利时代"。当时特殊的气候条件使得由气体和微粒组成的高达 1500 米的放射性烟云进入大气（Bunyard 1988：35），这些放射物很快就变成核雨落到整个欧洲及部分欧洲以外地区。两天后，瑞典北部一座核反应堆的工人从记录仪器上发现有异常高的辐射从某个未知地点传来，欧洲国家这才察觉有事故发生了。

苏联莫斯科的通讯社塔斯社缓慢地发出了这一事件的正式新闻。事故发生后近三天，才有报道提到该事件，而且里面提到的有用信息极少（相比之下，事故发生 36 小时后即核电站所在地普里皮亚季开始疏散居民时，地方电台就广播了相关消息）。4 月 29 日，下午版的《消息报》（*Izvestia*）重新刊发了官方公告：

> 切尔诺贝利核电站发生意外事故，一座反应堆受到破坏。已经采取措施来消除该事故引发的不良后果。受到事故影响的人正得到帮助。政府已经成立了一个委员会。
>
> （转引自 McNair 1988：140）

很多苏联官员迅速指出，西方新闻通讯社夸大了问题的严重性，它们是在刻意歪曲事实，为反苏宣传服务。事实上，在评估事态时，很多西方新闻报道丝毫没有坚持"平衡报道"的新闻原则。美国三大无线电视网和一些主要报纸报道说，死亡人数超过 2000 人。《纽约邮报》甚至走得更远，其新闻标题写道："大死亡——据报道 15000 人葬身核废料处理场"。相关报道的显著主题中包括把苏联官员说成是草菅人命者。此外，在美国媒体的报道中，苏联官员是一心想要掩盖事件真相的人、他们无可救药地依赖于落后而原始的核技术（Friedman et al. 1987；Luke 1987；Rubin 1987；Wilkins and Patterson 1987；McNair 1988）。

回想起来，比起新闻记者对"冷战"政治的卷入，有一个问题更为严重。具体来说，由于新闻媒体在报道切尔诺贝利事故时所设定的框架是"这是一起反常事故"、是"百年不遇的由于粗心造成的技术失误"，因此它实际上是把核能看作正常而安全的能源。勒克认为，这些新闻报道"强调了现状的强而有力，粉饰了事故的严重性，说它只是现有秩序中暂时出现的一个细微漏洞"（Luck 1987：153）。这样的危机报道框架之所以容易维持，部分原因在于之前发生的核事故都没有得到公开报道和证实，这其中就包括在加拿大 Chalk River（1952年）、英国 Windscale（1957年）、乌拉尔山 Kyshtym（1957年）、美国爱达荷（1961年）和底特律郊外（1966年）发生的核事故（见 Luke 1987；Spinardi 1997）。因此，在报道切尔诺贝利核事故时，很多记者能够参照的唯一事件就是1979年3月美国三里岛核电站发生的核泄漏事故（见 Sandman and Paden 1979；Friedman 1981；Mazur 1981；Stephens and Edison 1982；Cunningham 1986；Rubin 1987）。鲁宾指出，媒体对这两起核事故的报道方式有着惊人的相似之处，例如，主管官员"总是强调有利于发展的好的一面，而不愿证实坏消息。这种做法降低了他们的可信度，而掌握第一手资料的可靠消息来源的数量则很少甚至没有"（Rubin 1987：42—3）。此外他还指出，"某些类型的信息——尤其是从核电厂散发出的放射物的数量多少——几乎从来没有被提供，要不然就是提供得太晚，对缓解大众的恐慌情绪几乎没有什么帮助"（Rubin 1987：43）。事实上，正如吉登斯在纪念切尔诺贝利核灾难十周年时所指出："受到切尔诺贝利辐射尘影响的人数，到底是数百人还是数百万人，没有人知道。"（Giddens 1998：28—9）

切尔诺贝利之后，西方媒体有关核能发展情况的报道中所存在的种种不足，很多都是因为新闻记者追求的是新奇、异常、具有引入注目的戏剧化效果的连续剧式的"新闻类型"。这并不是说英美等国记者就完全没有报道核电技术带来的各种问题，而是说此类报道所强调的往往是特定的事件，诸如具体的核"泄漏"或核"外溢"事故，而较少全面分析相关事故给市民带来的长期影响。公众讨论核电问题时，大致上不会超出"专家们"设定的范围，即如何最有效地"管理"和"控制"这些技术。虽然各种反核力量，特别是"绿色和平"所属的各种团体，步调一致地在做着各种努力，主张利用核能的人还是一如既往地要求新闻受众接受核电是"干净""高效""无害"的。一提起"环境友好型"能源，往往都要与"成本效益"相提并论，目的是把可供选择的非核能源说成是"不实用""不经济"的。就这样，意在鼓励大家继续依赖核技术的各种说辞，似乎被深深地固化为一种"核能主义"的"常识"，新闻媒体在不同程度上都支持了这个"常识"（另见 Irwin et al. 2000；Welsh 2000）。

　　为了更好地说明这个"常识"的轮廓，有必要在这里先讨论一个违背了"常识"的基本原则的相反个案。具体来说，通过考察这个"特殊"事件，看看所谓核电站是"安全""清洁""低廉"的传统说法是如何受到挑战的，我们就可以更好地看清"常识"的"平常性"。这里我们把目光转向英国小报记者对 1999 年 9 月 30 日日本东海村铀处理厂发生的所谓"严重事件"的报道。这是切尔诺贝利事件以后发生的最严重的核事故。它导致两名工人死亡，40 多人因为受到强度放射性元素的伤害而需要送医治疗。我们认真来检视这些报道，就可能找出其背后的话语策略，看看媒体是如何有意无意地运用这些话语策略来淡化核风险的不确定性。我们首先来看一下新闻标题：

　　核梦魇——日本核电厂发生事故　30 万人被迫逃散
　　　　　　　　　　　　（《快报》1999 年 10 月 1 日第 1 版）
　　核泄漏事件失去了控制
　　　　　　　　　　　（《每日邮报》1999 年 10 月 1 日第 1 版）
　　核泄漏事件"失控了"
　　　　　　　　　　　　（《太阳报》1999 年 10 月 1 日第 1 版）

核泄漏导致 19 人受害

(《每日星报》1999 年 10 月 1 日第 2 版)

英国人逃离核泄漏区域

(《镜报》1999 年 10 月 1 日第 9 版)

单从这些标题就可看出各报的报道模式很不相同。比如，关于"核"一词，就有不同的表述，前三家报纸用的是比较正式的"nuclear"，后两家则用的是口语化的"nuke"。对有的人来说，"nuke"一词更能表达大众化立场，因为从意识形态上看，它不是官方和专家所支持的专门词汇。同样值得注意的是，有四家报纸的标题都用了"泄漏"一词来概括事件的性质，似乎意在唤起人们对危机细节的关注（请注意有的标题中把"泄漏"与"受害"奇怪地并列在一起）。此外，这些标题的类型明显不同，其中有三个标题强调的是"泄漏"给人带来的影响，另外两个则把控制（或失控）作为最大的关注点。

然而，更能说明问题的是各报的相关报道在处理消息来源上的不同做法。例如，如果具体去看每一则报道，就会发现不同的记者是如何将自己所引述的消息来源定性为"可信的"或"合法的"。换言之，按照报道硬新闻时所采用的标准的倒金字塔结构的要求，消息来源的出现位置是按其重要性来排序的，最重要的消息来源要放在第一段，次要的消息来源（如果有的话）要放在后面段落。这种"可信度等级"(Beck 1967)，反过来又可能影响到读者对该报道的解读。新闻开头提到的那些声音更有可能为所报道的事件定下基调或设定可能的解释范围，后面引用的声音则只能作为前者的补充（另见 Hall et al. 1978；Allan 1999）。例如，前述报道中，《快报》头版出现的新闻"核梦魇"中，所直接或间接引用、转述的消息来源依次包括"日本政府""内阁官房长官野中广务""内阁大臣""英国核燃料公司发言人""国务官员""博士""政府""政府发言人野中广务""日本政府""比尔·克林顿总统""绿色和平组织的反核积极分子皮特·罗奇(Pete Roche)"。这则新闻长达 22 段,所占版面从第一版到第二版。记者引述这些消息来源来为核能利用定性,其中几乎每个消息来源都在不同程度上支持核能利用,只有一个例外。这个例外就是"绿色和平组织的反核积极分子皮特·罗奇",但他的声音直到最后一段(第 22 段)才出现。

我们当然还可以按照这一思路作更深入的分析。比如,如果把消息来源出现的次序重新排列,我们就可以更清楚地看到记者在描述危机事件的真相时所设定的规范性限制或范围。换言之,如果"绿色和平"的声音出现在"可信度等级"的顶端,我们看到的叙述方式就会非常不同。然而,那样的叙述结构很可能被认为是典型的"鼓吹性新闻学",因为"绿色和平"往往被认为是"政治性"的,核产业则是"非政治性"的。实际上,前述报道中引用的第四个消息来源,即"英国核燃料公司发言人",就指出了一个明显的事实:"类似重大事故极其罕见。迄今为止,只发生过一起同类事故,那是在五十年前的美国。"报道中完全没有对这个说法或者所谓"重大事故"的界定问题提出任何质疑。同样重要的是,记者把事故的原因归结到相关工人头上,说"由于工人把铀和硝酸混合在一起来制造燃料,从而导致过错发生"。相反,负责监督和维持合理的安全标准的管理人员却没有受到任何指责。此外,负责运营这座铀处理厂的私人公司竟然紧挨着居民区,而且所用系统是可能导致"临界质量"的物质,报道也没有对此提出任何质疑。相反,报道只在最后一段才引用了绿色和平组织质疑"全日本核项目安全性"的孤独声音。因此,尽管有绿色和平组织提出的警告,该报道最终还是完全没有质疑核电的内在风险,也没有承认日本发生的核灾难在任何其他地方都完全有可能发生。

近年来关于核电问题的公共辩论有了一种新的紧迫感。美国"忧思科学联盟"(Union of Concerned Scientists)的核电工程师洛克鲍姆(Lochbaum)说:"'9·11'事件是切尔诺贝利以来对核能带来的最大挑战","我在'忧思科学联盟'工作的五年中,有些国会议员几乎没有对核电有过兴趣,现在他们突然竞相前往考察核电厂的安全"(引自《纽约时报》2001年12月5日)。人们对恐怖袭击的恐惧增加了,因而也就更加担心核电厂可能无法承受一次客机坠毁事件。一旦真有客机坠毁于核电厂,很可能就会带来一位美国官员所说的"切尔诺贝利情境",出现核电厂堆芯熔毁的情况。随之带来的核辐射将是灾难性的,有的核科学家认为其伤害将远远超过切尔诺贝利事故,因为核电厂周围数公里内的生命都将死亡。用华盛顿核控制研究所所长的话说:"可怕的'9·11'事件是一次协作程度很高的攻击,我们可以谨慎地假设恐怖分子事先作了精心准备,他们完全有能力对核电厂发起最有效的攻击。"他接着指出,"现在的核电厂出现了安全真空,非常危险的真空"(引自《卫报》2001年9月26日)。据报道,美国有103座核电厂,现在都在接受脆弱性方面的重新检测,以及新的风险评估。在英国,坎布里亚郡的塞拉菲尔德核处理厂受到特别关注。英国一位核物理学家告诉《卫报》:"核处理厂中有一些巨大的桶,里面储存着放射性极强的液体,这是很大的风险","这些桶装液体包含了巨大的辐射能,但受到的保护比核反应堆要少得多,后者都有非常厚的水泥层保护"(《卫报》2001年9月18日)。随着新的风险政治的出现,原有的核能主义的"常识"似乎一夜之间就在各个国家被重新拆解了。

下一节,我们把焦点转向更宽泛的环境报道。我们将从一些有关科技和环境记者日常报道工作的见解开始。

报道环境议题

广播记者弗莱托总结了图像在环境电视新闻报道中的重要作用:"没有图像,就没有新闻"(Flatow 1997:40)。她说,如果一条环境新闻中没有图像,特别是(录像或电影中)移动的图像,就很难说服挑剔的编辑去采用它。电视新闻记者罗佩克持有同样的观点,他说:"科学新闻以及带有科学内容的环境新闻很难推销给电视新闻主管,因为他们更习惯于采用'硬新闻'或'突发新闻',或者说白了就是'煽情'新闻。"(Ropeik 1997:35;另见 Cottle 2000)与弗莱托一样,罗佩克也认为电视新闻之所以能够有效地报道科学,是由于图像的力量。他举了具体实例来说明:

> 我们作了一系列调查报道,内容是在通风设施不良的室内溜冰场,由于铺冰机在缺乏污染控制设备的情况下工作,导致严重的二氧化碳和二氧化氮污染。不管我如何编写这条新闻,真正在讲述故事的还是图像:铺冰机在滑冰儿童面前散发的烟气、空气检测设备记录下的"气体排放"水平——我们坐在那里检测的时候,站台上还有观众。
>
> (Ropeik 1997:35)

当然,不用多说,除了生动的图像,好的环境新闻报道还需要更多的东西才能引起观众的兴趣。罗佩克认为,对电视记者来说,除了图像,最大的挑战是要简短,照他自己的经验,一条新闻的长度通常在 1 分 40 秒左右。时间上的限制不仅大大压缩了新闻中所能容纳的细节,也使得记者难以为相关的细节提供适当的背景说明。罗佩克表达了由于必须在报道长度上作出妥协所产生的挫折感,他承认:"一些事实被删除了。有时还是重要的事实。"(Ropeik 1997:36)

可以说,即便可以把相关事实写进去,但要报道相关的统计数据还是会有困难。科恩曾为一家日报写过科学专栏,他举了一个很生动的例子,就是美国国内关于《净化空气法案》的辩论:

> 问题之一是要不要强制汽车制造商消除 98% 的尾气排放,原先要求的数字是 96%。汽车产业界认为增加这 2% 既昂贵又无意

义。环保主义者则说增加这2%会使汽车污染下降50%。由此得到的教训是：在做任何环境报道时，要把所有数据都找出来，而不只是被动地接受别人灌输给我们的说法。

(Cohn 1997: 108)

科恩认为，当"一方告诉我们问题严重得天都快塌下来了，另一方却不认为有那么严重；或者一方认为某个方法完全可以解决问题，另一方则认为该方法不能解决问题"时，记者的报道就会遇到困难，尤其是涉及风险问题时。他接着写道：

有个政治家说"我不相信统计数据"，然后又指出"大多数"人都是怎么怎么想的。他依据的是什么呢？有份民意调查数据说，"这就是人们的想法"，其中"误差范围为 ±3.0"。可信吗？有个医生报告了一种"前景很好"的新疗法。这么说是有充分证据的结论还是根据偏见或不具代表性的样本得出的结论？一个环保主义者说核电厂或废料堆会引发癌症。一个工业家则很愤慨地否认了它。到底谁说的对？

(Cohn 1997: 102)

谁说的可信？什么是该报道的？哪些观点值得深度挖掘？诸如此类的问题，都没有直截了当的答案。科恩认为，要仔细检视不同新闻来源的不同主张，"需要的不只是理解各种方案，更重要的是理解理性证据的性质，也就是要看看各种事实或可能的事实是如何陈列的，这是使得我们认为某事可信的原因之所在"(Cohn 1997: 103)。因此，毫不奇怪，他主张记者在判断事实真相时，要像科学家那样用严格的方法来确定证据的可靠性。用他的话来说就是要"去伪存真"(Detjen 1997)，要超越于"各执一词的专家"们的说法之上，找出判断新闻来源可信性的方法。科恩认为："对我们大家来说，去伪存真在很大程度上是一种态度，就是要保持一种健康的怀疑态度——不是愤世嫉俗或怀疑一切，而是新闻报道所要求的态度，即'给我证据！'"（Cohn 1997：109）

广播新闻行业的科技通讯员哈里斯认为，"以'某某说'的方式来做报道是最容易的，但也是最没意义的。"他在谈到自己的环境报道体会时说："站在弱势一方明显是有吸引力的。"事实上，他承认记者的首要职责就是保护弱势者的利益，但他接着就问道："如果弱势者得到的信息是错的，怎么办？我们寻求真相的责任究竟体现在哪里？真相究竟是什么？"（Harris 1997：166）多年事实表明，在涉及环境的问题上，要回答诸如此类的问题特别困难。哈里斯回忆说："早先记者很容易加入环保'圣战'，与'大卫'（经费极度缺乏的环保团体和愤怒的市民）站在一起，去讨伐'歌利亚'——往往是那些把人人所必需的空气和水当作自己污水渠的产业巨头。"（Harris 1997：167）然而，在他看来，现在问题已经不再如此简单了。他认为，环保团体已经成为"拥有数百万美元资金的机构，它们不断地寻找新的重大议题，以向会员收取更多的费用"，与此同时，市民团体"可能会用更多的情绪而不是事实来支持自己的立场"。另一方面，那些产业巨头虽然仍为"逐利动机"所驱使，但还是主张——哈里斯认为其中不无道理——"许多环保方面的规定正在让消费者付出重大代价"（Harris 1997：166；另见 Bakir 2001）。

当相应的科学基础存在争议时，要处理不同消息来源之间的不同主张就会变得非常困难。要决定某项科学进展是否值得报道通常很不容易，就像索尔兹伯里所说：

> 当某项特定研究有可能成为有吸引力的新闻时，从科学角度看，科技作者应该在多大程度上扮演把关人的角色？有一种观点认为，我们不应该报道有争议的或政治上不正确的科技新闻。我不认同这样的观点。但当我们报道这类新闻时，很重要的一点是，

> 我们应该告诉媒体同行和其他读者：这项研究工作受到强烈批评。另一方面，我根本没有兴趣去推广有缺陷的科学。但很不幸，有时想要区分有缺陷的科学和有争议的科学，对记者来说是极其困难的。
>
> （Salisbury 1997：224）

环境新闻记者面临的一项艰难任务是要把高度技术性的信息转换成能让受众看懂的不带术语的通俗文字。德勤说："对一个环境新闻记者来说，往往既要写科学，又要涉及公共卫生、商业、法庭、政府、甚至宗教。"（Detjen 1997：179）他认为，很多环境新闻报道都很肤浅，不够完善，至少没有充分展现相关新闻背后的政治、法律和科学过程。即使这些背后因素被指出来，仍要花很大工夫才能看清它们是如何影响了不同消息来源所作出的科学判断。事实上，正如他对别的记者所建议的：

> 如果你写的是关于酸雨的新闻，不要只是写阿第伦达克山脉部分地区的pH值达到了3。要把这个信息翻译出来。要写那里下的雨变得和醋一样酸。不要只是写百万分之几的二氧化硫被排入空气。要把这种排放量与能够导致病人和老人气喘症的排放量进行比较。
>
> （Detjen 1997：177）

因此，按照哈里斯的看法，从事环境风险报道的记者需要同时从三个不同角度来报道一条新闻。"首先，它是符合人性的新闻，包含了人们内心深处对恐惧、健康和社会的感受；其次，它是关于权力和经济的新闻；最后，它是植根于科学——而且是不完善的科学——的新闻。"（Harris 1997：167）他认为，这样的方法可能会增加环境新闻报道的难度，因为"最好讲的故事总是那些包含了英雄与恶棍、受害者与坏蛋或贪得无厌的作恶者的故事"，但是它却能够更好地关注到环境新闻的各个复杂层面。这里很重要的一点是，要避免完全按照各种不同消息来源或其资助者希望表达的主题来进行报道。

环境新闻记者需要避免的另一种不良倾向则是，过分夸大所报道的环境风险议题的潜在威胁。报纸记者伦斯伯格说："很不幸，环境新闻报道传统上总是带有某种危言耸听的调子。环境新闻通常都是坏消息，警告大家灾难迫在眉睫。"（Rensberger 1997：15）与此同时，很多研究者都发现，新闻媒体倾向于把环境危机看作某一事件引发的具体灾难，而没有将其视为官僚机构权衡与决策的结果。就像威尔金斯和帕特森所说：

> 虽然风险分析已经表明风险各不相同，但新闻媒体在报道各种灾难时还是倾向于采用一些比较固定的模式。记者报道新闻的过程首先都要受到截稿时间的限制，而环境灾难的突发性和高度复杂性，与截稿时间的要求是存在矛盾的。因此，根据不同媒体的特点，有关环境灾害的新闻通常都是按一定模式生产出来的。有毒废料选址问题的辩论可能进行了一整天，但媒体上只出现了30秒钟来自不同立场的"声音"，以及愤怒的示威者在摄像机镜头前所提供的"伪事件"。其结果，受众被环境灾害报道**娱乐**了，却没有被**告知**真正有用的信息。

（Wilkins and Patterson 1990：13，黑体为原文所加）

从 1980 年代中期以来，很多不同类型的环境灾难新闻都明显地存在这样的问题。灾情特别严重的是 1984 年印度博帕尔"联合碳化物"杀虫剂厂发生的化学泄漏事件，据报道，该事件在几天内就造成 2500 多人死亡（Wilkins and Patterson 1987；Salomone et al. 1990）。另一个例子是 1989 年阿拉斯加威廉王子湾发生的埃克森·瓦尔迪兹号油轮漏油事件，那是美国有史以来最大的油轮漏油事件。戴利和奥尼尔分析了部分报纸记者的"灾难叙述"，发现它们"把泄漏事件正常化了，在叙述中完全回避了有关海上交通体系存在的问题以及寻求替代能源的前景问题的思考"(Daley and O'Neill 1991：53)。他们认为，其结果使得随后关于环境议题的讨论被导向了"政治领域之外，而集中在与政治无关的技术必然性问题上"，从而重新制造了"石油巨头的政治霸权和企业霸权"(Daley and O'Neill 1991：53；另见 Smith 1992；Hansen 2000；Bakir 2001)。

在英国等一些国家，公众对环境议题的关切在 1980 年代后期达到了前所未有的程度，但到 1990 年代初又有所下降。这个结论是从研究新闻报道(Hansen 1991, 1993；Gaber 2000)以及其他相关证据中得出的。后者包括民意调查数据、环保组织成员数量、各商店推出"环境友好型"产品后出现的"绿色"消费主义等(Gauntlett 1996；Coupland and Coupland 2000；另见 Darier 1999；Harré et al. 1999；Wykes 2000)。然而，就目前来看，民众对环境议题的兴趣似乎又在上升，这很大程度上是由于公众对"疯牛病"、转基因作物和 2001 年爆发的口蹄疫的警惕(见第七章)。在美国，大体上存在一种共识，即人们对环境议题的关切程度从 1960 年代以来一直在稳步上升。德勤回忆说："如果把我们的日常生活和我们的社会比作一条河流，那么在 1960 年代，环境议题只是这条河流边缘一些不起眼的旋涡；而在今天，它们已经成为这条河流中最强大的潮流之一。"(Detjen 1997：173)毫无疑问，公众对环境新闻的兴趣在不同时期会有所起伏。德勤认为，这方面的决定性因素是"当时国内占上风的情绪"。他认为，"在经济形势不明朗的时候，人们关心的是就业、充足的医疗保险和其他财经议题"，一旦出现重大环境灾难，"公众对环境议题的兴趣就会急速攀升"(Detjen 1997：173—4)。

由于认识到很难测量公众对环境议题新闻报道的兴趣，有的评论家试图从环境风险、危害和威胁的全球化来寻求解释(见 Guedes 2000；Szerszynski and Toogood 2000；van Loon 2000)。这方面常被提到的例子是"第一世界"国家的公众正在日益强烈地意识到环境问题给其日常生活带来的复杂影响。就像莱西和朗曼指出的：

> 随着争论逐步深入，情况越来越明显：环境问题比人们想象得更复杂，它不仅是"他们的"问题，也是"我们的"问题。热带雨林之所以被毁，与发展中国家的贫穷、剥削、国际债务有关，也与西方发达国家对热带硬木的需求有关。地球暖化问题，也与西方国家在取暖、交通和制造业方面大量消费化石燃料有关。要解决这些问题没有什么捷径可走。
>
> （Laccy and Longman 1997：115；
> 另见 Bell 1994；Wilson 2000）

因此，关键是要从全新的视角来审视有关环境风险的文化政治，环境风险问题正是全球与地方相遇之处，它也使得区分"我们"与"他们"变得不合时宜，而且非常危险。这类研究都带有某种紧迫感，因为在全球各地，媒体用以鼓励受众去思考环境风险问题的具体方式，正在日益成为引起公开争议的话题。莱斯和乔西奥尔科认为：

> 人们普遍在指责媒体的各种缺失：偏见或煽情，歪曲报道或有选择性地使用倡议者提供的信息，有自己暗含的议程或非理性的立场，主管机关没有能力或不愿用公众能够理解的语言来传递关键信息，等等。诸如此类的指责常常可以在公开的听证会、司法诉讼及各种会议上听到，显示了其参与者对其他人的普遍不信任感。
>
> （Leiss and Chociolko 1994：35—6）

话虽如此，我们当然也不必完全悲观。正如格罗夫-怀特所说："虽然当今社会的每个人都越来越依赖'专家'的见解，但与此同时，我们中的很多人——在现代媒体的帮助下——也具有越来越强的能力，可以直接去解构那些被称为是科学或技术'事实'的政治承诺。"(Grove-White 1998：50—1）正如本章所力图证明的，这一解构工作并不容易，它意味着要挑战人们习以为常的假设，不再把科学看作是评估风险时所依据的一系列客观中立的"事实"。

总之，有关环境风险问题的新闻报道很重要。就像斯托金和伦纳德所说，"与其他多数新闻相比，环境新闻现在更需要深入细致的报道和分析"(Stocking and Leonard 1990：42）。在有些地区，在公众的要求下，新闻媒体在改进报道方面正在取得进展。各种媒体的新闻编辑室都在担心受众数量减少，而"环境新闻"则被认为是一种"软性"新闻，能够吸引那些不常关注新闻的人，尤其是年轻人（另见 Gauntlett 1996；Cottle 2000；Wykes 2000）。此外，我们也看到新闻记者正在越来越多地反省自己报道环境风险的方式，这在一定程度上是由于"公民"或"公共"新闻学所带来的压力（另见 Rosen 1999）。改变的压力还来自环保活跃分子，他们认识到，虽然媒体在维持"专家"所作风险评估的权威性方面起着关键作用，但它们也为不同意见的表达提供了空间——虽然这一空间受到严格限制。

如果脱离相关背景把环境风险当作孤立的事件或事故来报道，就会从"个人"因素而不是更大的经济、政治和文化因素来寻求原因，也就无法从社会结构层面去建立必要的因果联系。相反，如果记者对风险发生的种种背景情况有足够的敏感度，他必然会从社会结构层面的联系入手去展开报道。

深入阅读书目

Allan, S., Adam, B. and Carter, C. (eds) (2000) *Environmental Risks and the Media*. London and New York: Routledge.

Anderson, A. (1997) *Media, Culture and the Environment*. London: UCL Press.

Beck, U. (1995) *Ecological Politics in an Age of Risk*. Cambridge: Polity.

Chapman, G., Kumar, K. Fraser, C. and Gaber, I. (1997) *Environmentalism and the Mass Media: The North-South Divide*. London: Routledge.

Franklin, S., Lucy, C. and Stacey, J. (2000) *Global Nature, Global Culture*. London: Sage.

Irwin, A. (2001) *Sociology and the Environment*. Cambridge: Policy.

Lash, S., Szerszynski, B. and Wynne, B. (eds) (1996) *Risk, Environment and Modernity*. London: Sage.

Macnaghten, P. and Urry, J. (1998) *Contested Natures*. London: Sage.

Neuzil, M. and Kovarik, W. (1996) *Mass Media and Environmental Conflict: America's Green Crusades*. Thousand Oaks, CA: Sage.

Smith, J. (2000) *The Daily Globe: Environmental Change, the Public and the Media*. London: Earthscan.

第六章　处于风险之中的身体：
有关艾滋病的新闻报道

> 记者们十分自豪自己能对新闻事件保持超然立场。媒体筑起了一道无形的围墙，把新闻事件包围在内，以便维持其客观性。艾滋病则完全无视这样的围墙。随着记者也感染上艾滋病，媒体已经越来越难忽视艾滋病的存在。
>
> ——记者爱德华·奥尔伍德（Edward Alwood）

看过1981年7月3日《纽约时报》的读者，可能会对那天第20版上一则关于一种新的奇怪病症的短新闻感到困惑。那则新闻报道的标题是"在41位同性恋者身上发现罕见癌症"，它描述了针对几例原本健康的年轻同性恋者身上出现的卡波氏肉瘤所进行的一项医学研究的结论。该项医学研究的报告人是医师劳伦斯·奥尔特曼（Lawrence Altman），他认为这种怪病的突然爆发实在太意外，应该予以关注，但究竟是否值得报道则很难说。他写道："这种病症爆发的原因还不得而知，还没有证据表明它是通过接触传染的。"这则新闻随后就转而讨论起该项科学研究成果对于找出普通癌症的病因所具有的可能意义。在这条新闻之后，到1981年底，《纽约时报》只报道了另外两条这种病症扩散的消息（另见 Kinsella 1989；Alwood 1996）。

在7月之前的几个月，相关的研究进展（当时并不认为是一种进展）很少被媒体报道。特别值得一提的是，1981年6月5日美国疾病控制中心（CDC）的一份题为"卡氏肺囊虫病（洛杉矶）"的研究报告发表后，美国媒体曾有少量报道。这份报告的目的是提醒美国医界注意一种新发现的致命疾病，它已使得五名健康男子丧失免疫系统功能。美联社的一份电讯稿认为，这种罕见的卡氏肺囊虫病与"同性恋生活方式的某些方面"有关。随后几个月，这种新型肺炎被认为与卡波氏肉瘤病例有一定关系。有的科学家开始感到这两种病症背后是否有共同因素在起作用。但没人知道这一共同因素是什么，因此这个谜也就无法让科学记者和医学记者长时间感兴趣。

只有到1982年，医学杂志才开始真正讨论起即将到来的流行疫情。医学杂志上经常出现有关"同性恋癌症"或"与同性恋相关的免疫缺陷"（GRID）的内容。到该年年底，人们更加关注这一事关公众健康的疾病的潜在严重性，有的杂志文章开始使用"获得性免疫缺陷综合症"或"艾滋病"（AIDS）一词来描述这一神秘病症。美国疾病控制中心在年度报告中指出，2002年全年共有800个艾滋病病例，其中死亡病例有350个。主流新闻媒体对这些案例几乎都不作任何报道。有些为同性恋出版物工作的记者试图把艾滋病议题推动为全国性的新闻议题，但却没有得到回应。这种沉默——对于那些被确诊为艾滋病患者的人及其亲人而言这是令人无法忍受的沉默——终于在1983年5月被打破了。当时《美国医学会杂志》上发表了一篇由全国过敏和传染性疾病研究所所长安东尼·福西（Anthony Fauci）博士执笔的"编者的话"，里面提出了一种令人震撼的看法：艾滋病可能会经由"日常亲密接触"而传染所有人群。于是，似乎是突然之间，人人都面临着这个新的致命病痛的威胁。尼尔肯写道："艾滋病被界定为同性恋疾病时，人们对它不太关心；可是一旦发现它可能会传染到艾滋病群体以外，相关新闻报道马上大为增加。"（Nelkin 1995：102）

很快人们便纷纷猜测起艾滋病的真正病因及其传播方式。正如格里姆肖所说，由于还未找到令人满意的科学解释，很多"外行的"或"民间的"说法纷纷出笼，争夺大众眼球。他指出了四种特别突出的相关说法：

- 内因说：认为这种疾病由个人的独特性格或缺陷所引起（因为早期病例均出现在同性恋者中，因而同性恋被认为是"引起"艾滋病的原因）。
- 外因说：认为这种疾病潜伏于外部环境中，"随时会扑向人群"；这种说法与一种古老的信念有关，即认为疾病就像瘴气一样会通过空气传播，人类无法控制。
- 个人责任说：认为个人的行为决定了他是不是或该不该染上这种病。就艾滋病毒（HIV）而言，这就意味着应该区分"无辜的"受害者（如儿童）和"罪有应得的"感染者，如同性恋者、给自己身体注射毒品的人、妓女和性生活淫乱的人。
- 报应说：认为违背基本道德准则的行为很可能会遭到报应。在有些人看来，艾滋病就是因为违背了《圣经》中禁止的同性恋和混交行为，而受到神灵的惩罚。

(Grimshaw 1997: 379—80)

格里姆肖认为，这些说法的影响是如此广泛，以至于不可避免地"社会大众对艾滋病患者的反应往往带有偏见（即'在没有掌握适当信息的情况下所形成的判断'）和歧视"（Grimshaw 1997: 380）。随着科学研究的进展，"人类免疫缺陷病毒"（HIV）被确认为艾滋病的病源，但原先各种说法所带来的象征性伤害已经造成了。格里姆肖认为，部分因为这种疾病出现早期阶段媒体的报道方式，艾滋病直到今天"仍然带有难以抹去的污名"。

这一污名化过程很复杂，在不同情景下它的进行方式也各不相同。

由于艾滋病的界定众说纷纭，种种根深蒂固的恐惧、疑虑、焦躁也就随之而来，这些情绪有时表现为排斥和恐惧同性恋的恶毒言语，有时表现为种族主义。为了勾出这个过程的大致轮廓，研究者常用"道德恐慌"(Cohen 1972)一词来描绘其特征。麦克罗比指出，道德恐慌从根本上讲是"激发人们内心的恐惧"。这样就可以引导人们去"躲开每天面对的复杂而具体的社会问题，然后要么陷入一种'围城心态'——一种无助的、政治上无能为力的绝望心情——要么就采取一种起劲的'必须做点什么'的态度"(McRobbie 1994：199；Critcher，即将出版)。下面我们就来讨论围绕艾滋病毒／艾滋病(HIV/AIDS)问题而出现的道德恐慌，着重考察媒体是如何作为读者、听众、观众思考和辩论相关风险的公共场域的。

一场（不）道德恐慌

今天，HIV（人类免疫缺陷病毒，被认为是引发艾滋病的病毒）已经成为人类有史以来最严重的流行性传染病之一。各种官方机构对其严重程度估计不一，但大体上都认为全世界死于艾滋病的人数超过2100万，现有艾滋病患者在3600万以上(Altman 2001a)。每天新增艾滋病患者约1.5万人(Watanabe 2001a)，在充满大众恐惧、迫害和反控的氛围下，这些人获得充分医疗照顾的机会也随之下降。威克斯写道："在艾滋病问题上出现的道德恐慌中，最引人注目之处在于，染上此种病症的人常常因为患病而受到谴责。"(Weeks 1985：45)

关于媒体如何呈现艾滋病毒／艾滋病(HIV/AIDS)的批判研究表明，多数相关新闻报道都助长了对艾滋病的敌意氛围（通常称为"道德恐慌"）。尽管也有一些记者拒绝采用煽情的报道方式，但更多记者所作的报道等于是把艾滋病患者非人化了。从一开始，某些媒体评论家就用容易引起不和的尖刻词汇来指称这场公共卫生危机，最明显的是坚持把它说成是"同性恋瘟疫"。由于缺乏具有真知灼见的报道，媒体上大量出现对艾滋病的道义谴责，有的还试图煽起对艾滋病患者的恐惧乃至仇恨。沃特尼认为，同性恋男人被媒体"打入了另册，他们不属于一般大众，好像他们破坏了大众内部的和谐"。这种和谐"不是自然形成的，而是起源于媒介工业的话语模式——它的目标是建立一个想象中的全国性的、白种人的、异性恋者的大家庭"（Watney 1997：43）。道德恐慌提供了"原始材料"，即文字和意象，持不同道义立场的人都通过它来引导人们认识这场危机的实质。前面已经说过，这个过程是高度政治化的。报纸和电视上的新闻报道一直拒绝认同同性恋男人："这些报道实际上把同性恋者有效地孤立了起来，使他们成为'不可认同的异类'。"（Watney 1997：12）

因此，沃特尼认为，在考察早期围绕艾滋病而出现的道德恐慌时，关键是要充分注意"总体上对性行为的意识形态警察立场"，尤其是在媒体的表述上。要解构这种"意识形态警察立场"的具体表现方式，就要找出那些使同性恋男人成为替罪羊的"意识形态冲突"。他认为，媒体在报道艾滋病时设置了一个"同性恋瘟疫"的框架，这就暗示和鼓励社会大众把艾滋病看成是"特定性行为（鸡奸）的结果，进而延伸为是各种同性恋方式的结果。这样一来，甚至女同性恋也成为怀疑对象，最近也受到媒体关注"（Watney 1997：12）。根据沃特尼的研究，媒体描述艾滋病的关键话语是"乱交"。换言之，"似乎非同性恋男人要么遵循一夫一妻制，要么就是独身；更荒唐的是，似乎艾滋病与性行为的关联更多是数量上的，而不是质量上的"。于是"乱交"一词就经常被媒体用来象征"同性恋行为本身、纵欲、或者威胁"（Watney 1997：12）。问题的关键在于，要坚持这样的艾滋病叙述，就需要"遏制越轨的性行为，从此以后永远地给艾滋病烙上象征死亡的骷髅标志"（Watney 1997：12—13）。沃特尼认为，"几个世纪以来，人们一直认为月经是女人的偷欢欲望所引起的"，与此类似，艾滋病正在被当作是对"婚外性行为一种自然、公平、及时的报应"(Watney 1997：13)。

威克斯也研究了各种媒体话语在确立（和管治）关于艾滋病的某些意识形态边界方面所发挥的作用。在他看来，谨慎使用"道德恐慌"这个概念，可以成为"一种有用的、能给人启发的概念，有助于我们考察艾滋病毒/艾滋病（HIV/AIDS）危机演变过程中的深层动因"（Weeks 1993：25）。他认为，过去数十年来出现的许多道德恐慌中，最突出的是与道德和性议题纠缠在一起的时候。在与艾滋病相关的病症方面，由于种种不确定性所带来的极度恐惧和焦虑，一定程度上至少是可以理解的，但对染上艾滋病的个人和群体的诋毁已经产生了悲剧性后果。威克斯举例指出，令人惊讶的是，有大量证据表明，男女同性恋者都有某种"被净化的遭遇"（该词出自 Sontag 1989）：

> 餐馆拒绝为同性恋顾客提供服务，服务员中的同性恋者被解雇，牙科医生拒绝给同性恋者看牙，技术人员拒绝给疑似患有艾滋病的人化验血液，医院护理人员给载过艾滋病人的救护车消毒，医院对艾滋病患者实行"屏障护理"，清洁工收垃圾时带上口罩，监狱官员拒绝转移犯人，舞台幕后工作人员拒绝与同性恋演员合作，病理学家拒绝给同性恋者检验尸体，殡仪业者拒绝埋葬他们。
>
> (Weeks 1993：26)

威克斯认为，所有这些都可以从当时的媒体报道中找到，其中有些例子显得非常不可理喻。威克斯承认这些例子并不具有普遍性，"利他主义、自我牺牲和同情心也是存在的"，但他认为"在那些受到这种危及生命的毁灭性疾病打击的人身上，所有这些事情都发生过；而这些人大都是同性恋者"（Weeks 1993：26）。

1980 年代初，围绕"男同性恋瘟疫"所产生的各种道德恐慌开始汇合，并逐渐扩大范围，把不少其他群体也包括进来。男同性恋群体是各种报道的主体，其他被看作高危人群的群体包括静脉吸毒者、血友病患者、移居美国的海地人。杜波伊斯在一项关于海地移民的研究中指出，美国最先确诊的 700 例艾滋病患者中，有 34 例是海地裔美国人。至于其他三个群体，由于明显缺乏"高危"证据，美国疾病控制中心选择把他们界定为独特的类别。杜波伊斯认为，之所以如此归类，是因为没有发现得了艾滋病的海地裔美国人与其他群体有重叠。也就是说，这种归类的背后有一个基本假设："艾滋病毒一定已经出现了通过异性之间的性接触而导致的传播，因此，海地人总体上应该比其他族群的异性性行为更容易染上艾滋病"（Dubois 1996：24—5）。这一假设建立在多种误解之上，其中很重要的一点是访谈艾滋病患者时的文化和语言环境。杜波伊斯认为："在政府医院的白人医生面前，海地裔艾滋病患者不太可能承认自己有同性恋或吸毒行为，如果考虑到美国官员对海地移民普遍的不公正对待，以及后者对被驱逐出境的担心，他们就更不太可能承认了。"（Dubois 1996：25）后来的研究表明，多数海地裔艾滋病患者都涉及了引发艾滋病的主要风险因素。

然而，在官方正式承认此类证据之前，海地人发现自己陷入了与更广泛的道德恐慌相关的各种恶毒污名中。杜波伊斯认为，媒体正在进行的关于艾滋病起源的论述，常常使用带有谴责含义的词汇，其结果是有效地将海地人非人化。他指出，科学论文和新闻评论往往以种族主义的态度来贬低海地人的价值观和传统习俗，把海地人与艾滋病绑在一起加以谴责。有的说海地人"在某种牺牲仪式上生吃动物血液，因而最早患上艾滋病"（Dubois 1996：25）。海地人一再被认为"落后""原始""迷信""疾病丛生"。在这种情况下，自然会有海地科学家、政府官员等出面回应，认为美国才是艾滋病的起源地。比如，海地方面有人声称，是来自美国的游客（尤其是同性恋游客）把艾滋病带入海地，而不是相反。不管怎样，很明显的一个后果是，海地的旅游业开始崩溃。而在 1982 年，旅游业还是海地外汇收入的最大来源。杜波伊斯写道："海地试图找出艾滋病的真正起源，而这非但没有愈合它受到的伤害，反而使情况雪上加霜。"（Dubois 1996：29）世人对艾滋病的恐惧，使得穷困的海地更加孤立无助。

1980年代初，人们提出了许多有关艾滋病起源的理论，各种理论都在激烈地争取世界各地媒体的关注。有人认为海地要为艾滋病的爆发负很大责任，也有人认为非洲国家才是应该受到谴责的对象（艾滋病起源于猴子？或非洲猪瘟？）。还有一些人谴责科学家，认为是他们制造了艾滋病毒。例如，英国《星期日快报》一则头版报道宣称："杀害人类的艾滋病毒是美国科学家在实验室中创造出来的，那次实验操作不当，带来了灾难性后果，但是时至今日真相一直被掩盖。"（转引自Sontag 1989：53）与此类似，有人把美国国防部或中情局当作罪魁祸首，认为艾滋病毒是作为针对男同性恋者和黑人的"细菌战"的工具而被开发出来的。诸如此类的很多理论，通过那些急于弄清艾滋病这个新疫情的媒体机构，在社会大众中纷纷传播开来。

报道艾滋病疫情

媒体话语，以及它们经常借用的科学、医学和其他话语，建构了谈论艾滋病毒/艾滋病（HIV/AIDS）现实的一些主流方式。桑塔格在《艾滋病及其隐喻》（1989）一书中指出，"艾滋病"一词最早是用来指称一种只有单一原因的疾病，实际上则是指一种医疗条件。她写道："梅毒和癌症提供了艾滋病形象的主要原型和隐喻，但艾滋病的定义要求有其他类型的疾病出现，即所谓的机会感染和恶性肿瘤。"（Sontag 1989：16）在描述艾滋病的"隐喻图谱"时，桑塔格指出，作为一种微观的病理过程，艾滋病往往被描述为一种入侵（类似癌症），而涉及艾滋病的传播时，最典型的隐喻是污染（这让人想起梅毒）。同时还有大量带有军事意味的隐喻，其中不少都有"科幻色彩"。艾滋病毒据说能"渗透"细胞，进而"触发"一种"外来产品"的大量复制，最终导致对免疫系统发动"全面攻击"。

桑塔格认为,问题的关键在于,诸如此类的隐喻之所以大量出现,与一种归罪动机密切相关:

> 实际上,在多数案例中,患上艾滋病恰恰意味着患者作为某个"高危群体"(一种化外之民的社群)成员的身份被揭露了。艾滋病使得患者失去了原先不为邻居、同事、家人、朋友所知的秘密身份,同时确认了一种新的身份。它在起初受影响最大的美国艾滋病"高危群体"(男同性恋者)中,创造了一个社群,也创造了一种经验,使艾滋病患者被隔离起来,受尽折磨和迫害。
>
> (Sontag 1989: 25)

有些媒体话语把艾滋病看作是特定"生活方式"的产物,有这种生活方式的是一些"脆弱""放纵""不守法纪"的人,他们之间的"不安全行为"引起了艾滋病。按照这种逻辑,那些所谓沉迷于"异常""变态"性行为,或者非法化学物品(或两者兼而有之)的人,之所以患上艾滋病,完全是自作自受、罪有应得。桑塔格简要地追溯了梅毒等其他疾病的历史,发现艾滋病已经在所谓的社会"大众"中引发了类似的恐慌,大家都怕染上艾滋病。艾滋病被认为是一种报应,是对个人非法越轨行为的惩罚,同时又对"道德完美"的人们构成了集体威胁。她认为,这就是"瘟疫"很快成为艾滋病疫情主要隐喻的原因。"瘟疫"一词来自拉丁语 plaga(意为"敲击""伤害"),它与艾滋病连用,很容易让人联想起"那个早已过时的观念,即一个不纯洁的社群定会受到疾病的惩罚"(Sontag 1989: 46)。她指出,在维持"艾滋病是对社会的道德裁判"这个观念的过程中,一些人用"瘟疫"这个隐喻来强化和利用公众的恐惧心理:艾滋病成了"上帝的惩罚""自然的报应",或者"恐怖分子的武器"。

"瘟疫"隐喻的最阴险之处,或许在于它在这场道德恐慌的最初阶段即把普通人与"异类"之间的意识形态两分法正常化了。新闻报道从一开始就出现了颇为连贯的偏见,确定了"我们"与"他们"的潜在区别。与同性恋报纸(尤其是像 *New York Native*、*Advocate* 这样的出版物)形成鲜明对比的是,主流媒体记者及编辑根本不考虑一篇围绕着同性恋者和静脉吸毒者的报道将会如何引起读者的兴趣。几年前出现的其他疾病,如退伍军人症和中毒性休克综合症,都获得大量媒体报道。按照之前这些病症的报道标准来看,艾滋病的扩散情况并未得到与其新闻价值相应的重视。根据时任《华尔街日报》医疗记者毕晓普(Bishop)的看法,这是因为:

> 中毒性休克综合症和退伍军人症之所以被大量报道,原因是编辑们感到他们自己和他们的家人都受到这两种疾病的威胁。但艾滋病则不然,编辑们完全没有感受到艾滋病的威胁。既然编辑们没有感到他们自己或者他们的亲友受到了艾滋病的威胁,他们就不把艾滋病当作重大新闻来处理。没有人从同性恋者性行为方式的角度谈论过艾滋病,但很明显,这是因为媒体编辑不知道如何处理男同性恋者通过其性行为来传播的亲密关系问题。
>
> (转引自 Alwood 1996: 217)

此类偏见的存在——多数仍是编辑部内一种默许的、似乎是"常识"层面的讨论——意味着主流媒体几乎完全忽视了艾滋病存在的条件。越来越多的媒体都把艾滋病看作是一种健康问题,认为它影响的只是少数"背离常规"的人群。只有少数新闻机构不认同这种看法,但这些机构的艾滋病报道经常被编辑淡化处理,有时干脆被阻止发表,因为人们担心它们会伤害受众的道德尊严(有些编辑常用的理由是"我们是一份家庭报纸")。

1982年5月31日美国《洛杉矶时报》头版以"神秘的发烧症状已演变成一场疫情"为题报道了艾滋病。根据奥尔伍德的研究,这是艾滋病新闻首次登上报纸头版。他说,虽然那段时间医疗部门每天都会发现一位新的艾滋病患者,"全国各地的报纸编辑却大都没把同性恋者的死亡当作新闻来处理"(Alwood 1996:219)。医疗记者加勒特也相信,美国主流记者一开始并没有把艾滋病当作新闻,这是因为艾滋病患者数量太少,所在区域又太分散,很难引起关注。与此同时,主流记者又赋予艾滋病患者一些"道德上可疑"的判断。按照加勒特的说法:

> 对同性恋者和静脉注射毒瘾者的恐惧,以及对海地人和非洲人的鄙视,使得部分记者相信艾滋病的新闻价值不高(即使死亡人数在美国达到 5 万时仍是如此),因为疫情还没有扩散到"社会大众"中。不可思议的是,新闻机构竟会以"社会大众"为由而不去报道导致 5 万美国人死亡的疾病,这 5 万人全都具有北欧斯堪的纳维亚半岛的血统,他们经过四年的煎熬才走到生命尽头。
>
> (Garrett 1997:159)

加勒特进一步回忆了新闻媒体在艾滋病出现初期如何屈服于恐慌情绪。"记者们不敢与同性恋消息来源接触;摄影师不肯去拍摄与艾滋病相关的电视节目;对于各社区发起的针对男同性恋者和艾滋病儿童的警戒和抗议行动,有的记者在报道中明显流露出支持倾向。"有些记者"到艾滋病患者居住地采访时戴着手套,采访一结束就赶紧跑去洗手"(Garrett 1997:158)。就这些记者提供的报道内容来看,加勒特认为,一般记者普遍从宏观角度切入,把艾滋病看作一场社会政治危机,缺乏微观层面分析;科技记者的报道则多是从"试管故事"入手,忽视了艾滋病疫情的社会层面分析。她指出,过于宏观或过于微观的报道,都是在给受众帮倒忙。

英国也存在类似的偏见,从而降低了新闻报道的质量。卡普夫的研究表明,英国媒体对艾滋病的报道是"典型的道德恐慌",因而"大大增加了这一议题的恐怖程度"(Karpf 1988:141)。她认为,英国媒体的报道内容，助长了围绕艾滋病议题的恐慌情绪。媒体呈现的艾滋病患者，大多是社会弃儿的形象。她认为，记者往往认为自己的角色"只是就事论事"，因此他们会报道"警察不愿把艾滋病患者带上法庭（有报道标题为'别把他们置于一口痰的距离之内——法官'），或者消防员和救护人员宣布他们再也不会为伤员提供嘴对嘴的急救"（Karpf 1988：144）。她还举了其他例子，比如有的新闻报道了"剧场清洁工威胁说不再为同性恋剧目做事后清扫，或禁止男同性恋者进入工人俱乐部（有报道标题为'禁止入内！俱乐部因恐惧而拒绝接纳同性恋情侣'），或引述别人的说法认为理发也可能染上艾滋病"（Karpf 1988：144）。她说，英国媒体上吵嚷的"同性恋瘟疫"背后的潜台词是，"对同性恋引起瘟疫的强烈抗议"。经常出现的信息是，艾滋病具有高度传染性，同性恋是传染媒介。于是，英国的同性恋者，与美国的同性恋者一样，成了替罪羊。《泰晤士报》编辑部一位主管声称："艾滋病感染的起源和方式使得人们在道义和身体上都对男同性恋者的乱交行为感到厌恶"。因此，"很多社会大众都试图把艾滋病看作是某种成问题的生活方式的报应"（转引自 Karpf 1988：143）。

韦林斯（Wellings 1988）研究了1983—1985年间英国全国性报纸上的艾滋病报道，得出了一系列重要结论。在1984年全国新闻工作者协会（National Union of Journalists, NUJ）介入之前，英国媒体几乎把艾滋病等同于"同性恋瘟疫"。她指出，这样的描述同样频繁地出现在大报或"内容严肃的"报纸（"'同性恋瘟疫'可能导致对同性恋者的血液禁令"，《每日电讯报》1983年5月2日；"同性恋瘟疫引发恐慌"，《观察家报》1983年6月26日）和小报或"大众化"报纸上（"'同性恋瘟疫'中的看门狗接受血液检查"，《太阳报》1983年5月2日；"警惕'同性恋瘟疫'"，《每日镜报》1983年5月2日）。但到1984年年中，英国医学杂志上出现了一场艾滋病究竟是新疾病还是旧疾病的大争论，持"旧疾病说"者认为，艾滋病是流行于中非的一种疾病，只不过之前没有引起应有的关注。不过，非洲地区的艾滋病案例与欧美地区的艾滋病案例之间的差异日渐明显。韦林斯注意到，主要差异包括：第一，性别分布不同（非洲男女艾滋病患者的比例大致相等）；第二，非洲患者并非明显地属于之前被普遍认为的特定"高危人群"（另见 Epstein 1996）。

这场争论提出了艾滋病源于中非的可能性，这就使得此前大家把同性恋作为艾滋病起源的普遍想法成了问题。英国大报在报道这些争论时，质疑了把艾滋病视为"同性恋瘟疫"的传统观点。用1984年10月31日《卫报》上一篇文章的话来说："同性恋者一直反对把艾滋病称为同性恋瘟疫。现在的证据表明他们是对的。"（转引自 Wellings 1988：85）但据韦林斯研究，英国大众化小报一直到1985年才开始报道艾滋病起源于异性恋和非洲地区的可能性。1985年3月5日，《每日镜报》率先报道了这一可能："艾滋病据信首先出现在非洲，继而快速扩散。"该报道接着写道："这种疾病从非洲开始，横跨大西洋来到加勒比地区，然后进入美国。染上艾滋病的美国人把它带到英国和欧洲，现已扩散到包括澳大利亚在内的全球各地，成为'同性恋瘟疫'。"（转引自 Wellings 1988：86）自相矛盾的是，正如韦林斯所指出，英国媒体在报道艾滋病时仍然保留了"同性恋瘟疫"一词。此外，艾滋病患者仍处于被污名化境地，似乎他们不值得同情，人们不必采取联合行动去帮助他们。

傲慢与偏见

"有时我有一种可怕的感觉，觉得我不会很快死于艾滋病，而会死于被世人隔离。"这是《卫报》引用的一名艾滋病患者的话，它真切地说明了艾滋病患者的痛苦处境。但在1980年代中期，虽有部分记者努力使自己的报道具备足够坚实的事实依据，但更多记者似乎仅仅满足于煽动争议的火苗。新闻报道往往只是记下新近关于谁或什么应该对艾滋病"负责"的主观说法，而且很多记者认为该受谴责的正是艾滋病患者自己。1985年2月1日《太阳报》上一则"同性恋瘟疫杀死了普里斯特"的报道，充分说明了这一点：

> 面无表情的部长们走出内阁会议现场，忧心艾滋病这一致命瘟疫将会在英国引发街头暴力。受到惊吓的公民对同性恋者和吸毒者发动"报复性"攻击进而引发流血冲突这一可能正在变成一种真实的威胁。有的同性恋者为了"复仇"可能会与社区的双性恋者进行性接触，从而把艾滋病毒进一步向社会扩散。
>
> （转引自 Karpf 1988：143）

这类危言耸听的报道，往往会提出一些给政府部长们的劝告，要求他们采取措施进行干预，保护社会"道德秩序"。这些报道实际上进一步放大了社会的恐慌。像"疑似艾滋病例""艾滋病毒携带者"这样的名称，实际上把艾滋病患者几乎当成了罪犯。有的新闻报道认为有必要开展一场性方面的"卫生运动"，这又把同性恋与疾病混为一谈。1985年10月14日英国《太阳报》上出现了这样的新闻标题："维卡说：我儿子要是得了艾滋病，我会杀了他！"《每日星报》也不甘落后，它以"人类正面临威胁"为由，公开呼吁在偏远地区设立"类似麻疯病的隔离区"，用于流放艾滋病患者（转引自 Watney 1997）。

奥尔特曼（Altman 1986：12）指出，像前面提到的那类新闻报道会促成一种印象，认为艾滋病患者会让"他人"遭罪，抗议团体已把这一点拿出来作为抵制艾滋病患者的理由（另见 Murray 1991；Redman 1991）。媒体报道中有一种很明显的倾向，就是把艾滋病毒/艾滋病（HIV/AIDS）的受害者区分为"无辜的"和"罪有应得的"两种，从而使艾滋病患者与"他者"的区分更为突出。对于同性恋艾滋病患者和异性恋艾滋病患者，媒体的报道风格差别很大。韦林斯发现，英国媒体对同性恋艾滋病患者的死亡通常只是简单地提到，而对那些不属于"高危"群体的异性恋艾滋病患者的死亡,媒体则给予大幅报道。她指出,一般情况下,"充实死者的个人履历,是为了使读者对其产生同情。这种情况更多出现在非同性恋艾滋病死亡案例的报道中"。此外,"新闻媒体的艾滋病临床案例报道,如果出现患者的肖像,这个患者往往是异性恋者,而且是无意间通过性行为之外的途径染上该病的"(Wellings 1988:87)。

按照这样的逻辑,毫不奇怪,在艾滋病患者中,新闻媒体对血友病患者、接受输血者及儿童和老人给予了更多的同情,那些被认为从事"不合法""不自然"或"道义上不可接受"的行为的人则较少得到同情。媒体常常会区分"无辜的""不应受到指责的"艾滋病患者和"罪有应得的"艾滋病患者,把两者的生活经历尖锐地对立起来。沃特尼引述《人民》杂志(现已停刊)上的一则报道,认为该报道"暗含了种族主义和厌女症的立场","把艾滋病患者区分为'受人尊敬的'家庭妇女和'如同害虫的'非洲妓女"(Watney 1988:54)。其他报纸只是把艾滋病描述为一场"天灾"、一种对罪人的报应。用《星期日电讯报》(1985年2月10日)上一位专栏作家的话来说:

> 主教们把上帝引入艾滋病问题的讨论,这有点不合时宜。那些谈论上帝的愤怒的宗教狂热分子——同性恋者认为他们是一群偏执而又无知的人——是否真比目前所有科学家还了解艾滋病的起因及治疗方法,值得怀疑。
>
> (转引自 Eldridge 1999:112)

媒体记者把大部分精力和热情都用于报道"无辜的艾滋病患者",那些被认为属于"高危"群体的艾滋病患者则被成功地非人化,他们只是一堆面目模糊的统计数据。

然而,把艾滋病患者分为"无辜的"和"罪有应得的"这一意识形态分野,在1985年演员罗克·赫德森(Rock Hudson)死后逐渐发生了变化。之前一直有传闻说赫德森染上了艾滋病，1985年7月这一传闻得到了证实。但媒体把焦点放在几个月前拍摄的一张照片上——赫德森亲吻了另一位男演员林达·埃文斯（Linda Evans）。用媒体报道中的话来说，赫德森是"最后一位长着传统方下巴、有着浪漫色彩的典型男人"，现在却要面对艾滋病瘟疫。1985年10月2日赫德森病故，这使得有关艾滋病的报道急剧增多。英国《每日邮报》（1985年10月3日）的作者们趁机探讨了同性恋恐慌问题：

> 由于艾滋病患者数量激增，人们又找不到原因，美国上下正被恐惧、厌恶和歇斯底里的情绪所笼罩……当罗克·赫德森承认他染上了艾滋病，同性恋群体几乎是感到了快乐，他们利用了这个事件。他们的群体中终于有了一位公众人物，一个英雄。赫德森是艾滋病患者中最著名的人士。实际情况是，艾滋病及其原因引起了人们真正的关注。同性恋者的游行不再出现。社会大众不再容忍性行为异常者的游行示威和权利要求。社会大众要求免受艾滋病的威胁，要求把主要的艾滋病毒携带者隔离起来。
>
> （转引自 Watney and Gupta 1990：16）

与此同时，根据奥尔伍德的研究，美国报纸上的艾滋病报道"在1985年最后几个月激增了约270%"（Alwood 1996：234）。这其中当然还有其他原因，其中很重要的一点是，在赫德森死前一个月，里根总统首次公开承认存在艾滋病疫情，虽然艾滋病已经发生四年多了（主流媒体并未质疑里根总统在过去四年的沉默）。但最主要的原因还是赫德森之死。正是赫德森之死，使得众多美国媒体开始更加系统地报道艾滋病问题，其他媒体则首度报道艾滋病议题。1985年10月14日，美国《时代》杂志把赫德森称为"世界上最知名的同性恋者"，而今变成"最有名的艾滋病患者"，他的死"终于使社会大众关注起艾滋病这个杀手"。特莱希勒认为，赫德森之死实际上成为"人们对艾滋病观念演变的关键转折点"(Treichler 1999：74),从根本上改变了媒体和社会大众对谁可能成为艾滋病患者的看法。金塞拉指出,"一个简单的事实是,各类新闻人——从各大电视网的制片人到德莫因斯都市报的采访编辑——都是第一次以如此直接、如此切身的方式感受到艾滋病疫情的存在"(Kinsella 1989：144—5)。《今日美国》报在赫德森过世当天发表的社论中指出:"我们中的许多人开始意识到艾滋病不是'同性恋瘟疫',而是人人都会面临的问题。"(转引自 Kinsella 1989：145)

在英国,赫德森这个"纯种美国男人"的过世消息也登上了报纸头版,但多数通俗小报还是用充满同性恋恐惧的词汇来报道这件事。《每日邮报》报道说:"他死的时候骨瘦如柴并且十分羞愧。"《太阳报》以头版头条报道:"健壮性感大明星的谎言人生:他说他只爱女人。"《星报》宣称:"好莱坞制造的传奇,罗克·赫德森活在谎言中。"正如卡普夫所说,赫德森之死"使媒体更加确定地把艾滋病归因于同性恋行为,媒体在报道中把赫德森之死与他对同性恋行为的掩饰如此紧密地联系在一起,以至于让人觉得他是死于欺骗而非死于艾滋病"(Karpf 1988：145)。斯特肯的研究也得出了类似看法,她认为对赫德森同性恋行为的揭露,"迫使社会大众面对一个充满深刻矛盾的艾滋病患者形象——作为美国男人象征的人现在染上了艾滋病,无谓地耗费了生命"(Sturken 1997：151)。在斯特肯看来,赫德森之死加深了"美国社会男人气质的危机",因为他"欺骗并背叛了美国公众,他们原本认为他代表了好的、安全(异性恋)的男人气质"(Sturken 1997：151;另见 Beynon 2002)。此外,正如戈尔茨坦所说,赫德森之死让美国电视新闻主管们"突然间发现了艾滋病新闻中富有'人情味'的一面"。他还指出,美国媒体人"意识到由于大家都不能确定谁可能面临艾滋病威胁,因此艾滋病新闻能够拥有大量受众"(Goldstein 1991：26)。

对现状的挑战逐渐有了宝贵的基础,男女同性恋活跃分子通过其他媒体和草根组织有效地传达了他们的不同意见。在那以前,一直不愿认真对待艾滋病毒/艾滋病（HIV/AIDS）新闻的主流媒体，现在它们的偏见终于垮塌了——虽然非常缓慢——它们偶尔也会以更细腻的方式来作相关报道。新闻编辑部面临着来自各个方面的压力，要求改变艾滋病报道方式。男女同性恋者发起游行示威，要求维护他们的权利，尤其是医疗保健方面的充分权利。这些活动引起了媒体的相应关注，也挑战了官方对艾滋病危机的认知。在美国，活跃的民间团体如"男女同性恋者反诋毁联盟"（GLAAD）和"艾滋病患者康复力量联盟"（ACT UP）采取了一系列精明的媒体策略，使他们的信息能够进入主流媒体的报道日程。他们的主要目标，一是阐明自己的主张，要求政府采取更有效的举措来抗击艾滋病疫情；二是质疑与艾滋病相关的医疗和科研中的优先顺序。就后者而言，尤其重要的是必须加快新药品的审批速度，使患者有接受治疗的平等机会，并确保艾滋病患者在医疗中能够得到人道对待。

"艾滋病患者康复力量联盟"的游行意在冲击人们的既有观念，他们的行动通常都是成功的。联盟成员在宗教场所外面等候，祈祷活动一结束他们就免费给大家分发避孕套和性安全手册。有的抗议者占领了医药公司的办公室，要求降低艾滋病药品价格。有的抗议者把自己绑在纽约证券交易所的栏杆上，有的在政治集会地点举办同性"亲吻"活动。1988年哈佛大学医学院开学的第一天，"艾滋病患者康复力量联盟"成员穿上医生的袍子，蒙上眼睛，戴着锁链，在路面上喷洒假的血液。然后他们放声高唱："我们来到这里表达藐视/藐视哈佛所谓'好的科学'！"（Epstein 1996：1）他们嘲讽地提出一个名为"艾滋病101"的课程大纲，分发给哈佛大学学生，大纲中讨论的话题包括：

艾滋病患者——是人还是实验室老鼠？

艾滋病防护药——为何它占用了90%的研究项目却是剧毒而无疗效的？

哈佛负责的临床实验——被试者是真正自愿的还是被迫的？

医疗精英主义——追求高尚的科学是否正在导致我们所处社会的崩溃？

(Epstein 1996：1)

到 1988 年，"艾滋病纪念被"开始引起世界各地媒体的关注。这个被子由数千片颜色不同的小面板组成，每个小面板上都刻着一个死于艾滋病者的名字。这个纪念被以真实而富有人性的方式，为正在发生的艾滋病悲剧提供了一个强有力的媒介形象。它不只是简单地提供"一堆死于艾滋病者的数据"，而是在世界范围内形成了纪念艾滋病死亡者的深刻政治举措。比如，有一块面板上写道："我精心绘制了这个面板，用以纪念我的兄弟。我们的父母不希望在公开场合说出他的名字。我之所以没有写上他的名字，是因为艾滋病患者及其家庭都担心受到压迫。"(转引自 Sturken 1997：187) 同年晚些时候，电视新闻记者、也是美国首位黑人电视新闻主播麦克思·罗宾逊 (Max Robinson) 也死于艾滋病。罗宾逊长期致力于改善少数民族在美国广播界的就业环境，他曾说过，媒体是"美国白人观看自己"的"哈哈镜"。在艾滋病问题上，罗宾逊的这一说法在他死后更是让美国人感同身受。

尽管有前述种种事件发生，但定量研究结果表明，到 1980 年代末，媒体对世界各地艾滋病新闻的报道在数量上却是下降了 (Kinsella 1989；Lupton 1994；Tulloch and Lupton 1997；Miller et al. 1998)。与之前相比，报纸、电台、电视台的新闻编辑更加不愿报道艾滋病新闻，即使有艾滋病新闻出现，也是将其放在不太显著的版面位置上。奥尔伍德写道："七年前艾滋病新闻首次出现在头版头条，自那以后一直没有找到有效的治疗方案，新闻编辑部主管们认为这类新闻太普通又太令人压抑。"(Alwood 1996：237) 1990 年美国报纸编辑协会 (American Society of Newspaper Editors) 对男女同性恋记者作了一次调查，结果发现，相当多的调查对象感到，尽管他们的雇主对他们还算"宽容"，但"新闻编辑部却普遍存在对艾滋病者的恐惧心理"(《时代》杂志1990年4月16日)。他们同时也指出了自家报纸在报道"同性恋议题"（尤其是艾滋病议题）时存在的某些"歪曲"现象，而管理层则对他们提出的改进相关报道的意见毫无兴趣。

与此同时，令人惊讶的是，虽然艾滋病患者的死亡率一直在攀升，社会大众对艾滋病疫情的关注度却在不断下降。到1991年，媒体的注意力都集中在中东地区的"海湾战争"上，活跃群体"艾滋病患者康复力量联盟"的成员认为已经到了该采取行动的时候了（该联盟当时在美国已有数十个分支机构，在伦敦、柏林和巴黎也都有分会）。让他们愤慨的是，美国政府据报道愿意每天耗费十亿美元去打这场战争，而过去十年用于艾滋病疫情的全部经费却只有50亿美元。1月22日，该联盟的纽约分会在这个他们自己声称的"绝望之日"(Day of Desperation)戏剧性地打断了哥伦比亚广播公司《晚间新闻》节目和公共广播系统《麦克尼尔—莱勒新闻时间》节目的现场直播。哥伦比亚广播公司的《晚间新闻》刚刚开播，三名抗议者突然闯入演播室，高呼"与艾滋病战斗吧，不要与阿拉伯人战斗！"新闻主播丹·拉瑟(Dan Rather)自然受到了惊吓，马上中止介绍新闻提要，宣布"现在插播广告"。电视黑屏了几秒之后，拉瑟才重新出现，他首先向观众道歉，表示刚才"有粗鲁人士闯入演播室"，现在他们已被"轰"了出去（这些人后来被逮捕），然后重新开始播出新闻。同一时间，闯入《麦克尼尔—莱勒新闻时间》演播室的七名抗议者，拼命把自己绑在主播台、演播设备和新闻主播罗伯特·麦克尼尔(Robert MacNeil)身上。但他们的行为没有出现在电视上，电视上出现的是另一位主播吉姆·莱勒(Jim Lehrer)从华盛顿发来的报道。麦克尼尔后来对记者们说："一群非暴力的抗议者抱怨说，我们和我们的媒体花费太多时间和精力去报道中东地区的战争，而那场战争的伤亡人数决不会超过艾滋病所导致的死亡人数。"抗议者还试图闯入美国广播公司和全国广播公司的演播室，但都被保安拦住了。

迄今为止,美国媒体对艾滋病最集中的报道出现在 1991 年秋天。1991 年 11 月 7 日,美国 NBA 明星"魔术师"约翰逊被测出艾滋病毒呈阳性后,宣布退出职业联赛。他在新闻发布会上宣布:"我们原以为只有同性恋者才会染上艾滋病毒——它不会发生在我身上。现在我要说,它可能发生在任何人身上,甚至是我——魔术师约翰逊——身上。"他究竟是如何染上艾滋病毒的人们不得而知;但他勇敢地表示,艾滋病毒并不可怕。第二天,他在作为嘉宾出席一个电视谈话节目时对主持人说:"你知道我根本不是同性恋者。任何熟悉我的人都了解这一点。"听到这里,演播室的现场观众"发疯似的为他鼓了好几分钟掌"(Crimp 1993:258),约翰逊的声明显然让他们松了一大口气,他们感到没有受骗,他们所崇拜的英雄不是同性恋。没过多久,魔术师约翰逊在接受一份体育杂志访谈时又补充道:"我承认,1979 年搬到洛杉矶后,我尽可能多地适应不同女人——其中很多性行为都没有采取保护措施。"很多人认为,约翰逊在受访中所用的"适应"一词并不恰当,因为他把传播艾滋病毒的责任推到了相关女人的身上,却避而不谈这些女人所承受的风险(见 Rowe 1997)。但随后的新闻报道的确加深了社会大众对艾滋病的认识。正如马多克斯当时观察到的,"对约翰逊来说,这大概也算是个安慰吧,因为他的案例为社会大众的艾滋病教育作出了重要贡献"(Maddox 1991:103)。

我们要注意到很重要的一点,那就是,美国很多媒体评论员仍然认为,约翰逊的声明是迄今为止影响美国大众艾滋病认知的最重要因素。《时代》杂志认为,作为明星运动员,约翰逊处在一个很好的位置来谈论艾滋病,尤其是在穷困的少数民族群体和年轻人群体感染艾滋病的问题上。《时代》杂志的一位记者指出,"虽然黑人在美国总人口中所占比例只有 12%,但他们却占艾滋病患者总数的 25%;美国的女性艾滋病患者中,有一半以上是非裔美国人"(《时代》杂志,1991 年 11

月18日）。该记者进一步指出，很多立意甚佳的艾滋病防治计划，"都没有使用那些承受最大风险的群体所用的语言"。很多年轻人清楚地记得约翰逊宣布自己染上艾滋病毒时他们所在的地方，就像他们的父母清楚地记得当年听到肯尼迪遇刺消息时自己所在的地方一样。媒体随后对约翰逊新生活的报道，显然有助于重塑艾滋病毒感染者的公共形象。克里普指出："多年来我们一直希望媒体能把艾滋病毒（HIV）和艾滋病（AIDS）区分开；现在它们终于感到有必要这么做，以安慰约翰逊的支持者，让他们知道约翰逊只是染上了艾滋病毒，而不是患上了艾滋病。"（Crimp 1993：261）他还写道："我们要求媒体报道艾滋病毒携带者过着富有创造力的正常生活的例子，它们给出了参加全明星赛的约翰逊。"（Crimp 1993：261）新闻媒体探讨了约翰逊通过血液把艾滋病毒传染给其他球员的可能性，比如比赛过程中的冲撞等，这有助于社会大众了解艾滋病毒的传播途径。约翰逊直言不讳地批评了老布什总统，认为他没有充分调动各种资源用于艾滋病毒/艾滋病（HIV/AIDS）的治疗和研究，以及用于照顾艾滋病患者。约翰逊一度同意参加老布什总统成立的国家艾滋病委员会，但几个月后因为不满于经费太少，他又退出了。

新世纪的艾滋病毒/艾滋病

"艾滋病问题到底有何进展？"这是1991年9月《华盛顿邮报》在新闻标题中提出的问题。该则新闻的记者写道："十年过去了，艾滋病再也不那么引人关注。但是艾滋病毒已经扩散到美国几乎所有的县。到今天，已有118411人死于艾滋病。另有约100万人感染艾滋病毒。"（转引自Alwood 1996：239）前文提到，两个月后，魔术师约翰逊的声明使得媒体集中地报道了这个话题。同样是在1991年，美国联邦食品药品管理局建议禁止海地人献血，引发海地裔美国人（仍被媒体污名化为有着"肮脏"血液的"高风险群体")走上街头抗议(Dubois 1996)。新闻媒体艾滋病报道的一大缺失是,它们没有把"面临风险"的群体与"有风险"的行为举止区分开,它们对艾滋病的报道缺乏恒心和同情心。实际上,很多新闻记者认为艾滋病毒/艾滋病(HIV/AIDS)已经是过去的新闻了。

本世纪初,有些记者又在提出同样的问题。2001年是发现艾滋病疫情二十周年,主流新闻媒体都在对艾滋病议题进行回顾和反思。评论人员指出了二十年来人们在共同对付艾滋病毒/艾滋病(HIV/AIDS)问题上所取得的许多令人激动的进展,以及遭遇到的许多令人沮丧的挫折。但在美国,尽管医疗卫生研究人员很愿意提供各种具体数据,新闻记者的态度却依然是冷漠的,认为很难找到对付艾滋病的有效方法。从1981年以来,美国确诊的艾滋病患者超过75万,死于艾滋病者近50万。据估计,目前美国的艾滋病毒携带者和艾滋病患者约在80万-90万,每年新增病例4万(其中四分之一为妇女)。异性恋黑人妇女感染艾滋病的比例高出平均数很多;黑人妇女只占美国总人口的7%,但1999年新确诊的艾滋病患者中,黑人妇女占了16%。萨克指出,"比较来看,艾滋病患者中黑人男子占35%,白人男子占27%,拉丁裔男子占14%,白人和拉丁裔妇女各占4%"(Sack 2001)。令人悲叹的是,艾滋病毒/艾滋病(HIV/AIDS)绝非过时的新闻,要很好地报道它,需要直面同性恋恐惧、种族主义、贫穷等问题,而这些话题却是主流新闻机构越来越不愿意报道的。尽管如此,过去几年媒体报道艾滋病毒/艾滋病(HIV/AIDS)的基调总体上已有所改进;本章开头摘录的那些早期报道中所体现的态度,现在来看已经完全不合时宜,同样的报纸也不会再以那样的态度去作相关报道。

与美国相比,英国人口中感染艾滋病的比例相对较低,但要比新闻记者认识到的状况严重得多。1981年英国出现首例艾滋病毒携带者,到现在已经上升到将近5万例。2001年3月,英国公共卫生实验室和苏格兰传染病与环境健康研究中心联合发布的与艾滋病相关的累计数据显示：

> 过去20年接到了44988例艾滋病毒携带者的报告，其中有14038例已经死亡。在所有艾滋病毒携带者中，据信有25806例由男性之间的性行为引起，11667例由异性之间的性行为引起，3695例由静脉吸毒引起，1351例由治疗血友病的血块引起，751例由母亲传染给婴儿，314例由输血和组织转移引起（另有1404例难以确定原因）。有44946例说明了性别，其中男性为36398例，女性8548例。

(Garfield 2001)

2001年，英国有3617例新报告的艾滋病毒携带者，这是历年来最高的数字（比1999年上升16%）。特伦斯希金斯信托机构（Terrence Higgins Trust）的研究结果表明，到2006年，英国艾滋病毒携带者的数量将会增加50%（《卫报》2001年11月28日）。然而，卫生机构官员指出，艾滋病仍被普遍视为"过去的疾病"。对于正在发生的艾滋病危机可能带来的危险，新闻记者与其他社会大众一样抱持相当漠视的态度。根据英国卫生部2000年公布的一份报告，英国有1万人不知道自己已经感染了艾滋病毒。一些活跃分子开展活动以提升民众对艾滋病毒/艾滋病（HIV/AIDS）的了解，他们认为目前许多人都面临艾滋病威胁，但那些人太年青，因而对1980年代政府发起的各种公共卫生运动没有多少印象。他们认为，与官方渠道相比，大众文化渠道（如涉及艾滋病的影视剧）能够更有效地将艾滋病的相关信息传递给目标受众。比如，在电视连续剧《东区人》(EastEnders)中，福勒（Mark Fowler）从1991年起成了艾滋病毒携带者，由此这部电视剧就可以探讨一系列相关问题，如性行为安全、社会对艾滋病的偏见等。1999年公布的一份调查清楚地显示，剧中人物福勒染上艾滋病毒"促使许多人去作艾滋病毒测试，比政府在 1980 年代末和 1990 年代初耗费巨资发动的所有公共卫生运动的效果还要大；大多数英国青少年的艾滋病知识都来自《东区人》"（《卫报》2001 年 6 月 21 日）。

尽管艾滋病知识传播取得实质性进展，但其成效仍然受到根深蒂固的贫困，以及由贫困引起的医疗卫生设施接触限制、失业、（精神性）药物滥用、通过性行为传染的疾病、教育设施不足等因素的制约。即使在那些最富裕的国家，由于对普遍存在的结构性不公平没有保持足够警觉，降低艾滋病毒/艾滋病（HIV/AIDS）发生率的成效很快就化为乌有。在发展中国家，这些不公平所引发的后果就更明显也更令人痛心。艾滋病现在有可能成为人类的头号死因。根据"联合国协作项目"发表的艾滋病毒/艾滋病（HIV/AIDS）研究报告，仅 2000 年一年就确诊了 530 万新增病例。从 1981 年以来，约有 2200 万人死于艾滋病，其中 900 万是女性。到 1999 年底，约有 132 万 15 岁以下的儿童，其母亲或双亲死于艾滋病，其中 121 万居住在非洲撒哈拉以南地区。罗森伯格在《纽约时报》上写道：

> 总有一天，我们会带着怀旧的眼光回望 2001 年，因为在这一年艾滋病还只是一个健康灾难。不久之后，艾滋病将不仅仅是每年夺去数百万非洲人的生命。它还将摧毁非洲经济，导致更大的社会动荡，甚至可能带来战争。到 2010 年，艾滋病将使南非的经济水平降低 80%。
>
> （Rosenberg 2001）

除了南非，艾滋病毒携带者和艾滋病患者数量最多的国家是印度，约 400 万印度人是艾滋病毒携带者。不安全的药物注射是艾滋病在印度传播的最常见方式。艾滋病传播到亚洲的时间相对较晚，但据联合国 2001 年公布的数据，亚洲的艾滋病毒感染者已占全世界的 15%。中亚和东欧地区的艾滋病毒感染者正在迅速增加（在乌克兰流行最广），其增加速度高于世界上任何其他地区（Altman 2001b）。

中国官方一直到 2001 年才承认存在艾滋病疫情。据估计，至少有 60 万中国人是艾滋病毒携带者——有人估计到 2006 年这个数字将翻一番（另见 Watanabe 2001）。根据罗森萨尔（Rosenthal 2001）的研究，在中国这样的地方艾滋病疫情难以得到控制的原因是多方面的，包括"无知、不愿承认、歧视、法制不健全、昂贵的农村医疗系统、腐败、近乎破产的贫困"。在有些发展中国家，避孕套的使用是在增加，但性工作者感染艾滋病的情况却很令人担忧（嫖客受到感染后又可能传染给他们的性伴侣）。通过静脉吸毒和输血传染的情况也是如此。输血传染的情况，主要是因为有些医院觉得官方血库提供的血液太贵，转而依赖贫穷的卖血者。它们采血时所用的方法往往不合卫生要求，血液本身也不一定都得到检测，卖血者（通常都生活在赤贫状态）往往也没有接受医疗检查。虽然有些国家仍对艾滋病采取忽视态度（有的政府认为艾滋病让政府感到尴尬，因此竭力隐瞒），但另一些国家（如泰国和柬埔寨）正在大规模推行艾滋病预防计划。实践证明，通过教育社会大众的方式来控制和预防艾滋病，能有效地遏制艾滋病的扩散。但像泰国和柬埔寨这样的艾滋病预防计划在世界各国还不多见。

从全球范围来看，艾滋病疫情明显是在快速扩散，这有可能压倒所有控制艾滋病的努力。本书写作之际，艾滋病疫苗的研究还没有取得实质性突破，尽管有些乐观者坚定地认为再过几年就能研制成功。抗病毒药物能对艾滋病毒有一些效果，但由于会产生毒副作用削弱人体机能，只能短期使用，而且价格非常昂贵。而在那些有抗毒性药物的国家，越来越多的医疗卫生研究者发现，同性恋男人之间的不安全性行为正在重新盛行；有研究报告指出，男同性恋者之间的"无套性交"或没有安全措施的肛交行为变得越来越普遍。一位艾滋病毒/艾滋病（HIV/AIDS）防治运动的活跃分子说："如果采取无保护性行为的人与接受长期治疗的人目前数量相当，那就说明已经有众多过去对艾滋病充满恐惧的人现在转而采用更加危险的性行为方式。"这似乎表明，对有些人来说，"关于艾滋病毒的警告，就如同对吸烟、吸毒、超速驾驶、'老人家'对远处危险的警告一样，他们是充耳不闻的"(《纽约时报》2001年8月19日)。此外，生活在富裕国家的人也许还可以把艾滋病毒/艾滋病(HIV/AIDS)看作一种慢性病，可以通过每日服用药片来控制；但对穷一些国家的人来说，艾滋病依然是致命的。有的政府太穷了，如果要支付艾滋病药品的专利费用，它们国内脆弱的医疗系统根本就不可能提供艾滋病治疗。因此，它们说自己没有选择余地，只能在未经拥有专利公司的许可下，仿制艾滋病药品。针对这种情况，有些制药公司大幅降低了药品价格。在它们看来，如果考虑新药研发方面的费用支出，降价后它们仍能维持合理的利润水平。实际情况如何尚有待媒体进一步深入调查，但是愿意采取这种降价措施的制药公司似乎少之又少。

奥尔特曼在艾滋病疫情爆发早期曾经指出，很明显，"关于艾滋病该如何看待、理解、想象、研究和提供经费支持，都有不同见解，因此艾滋病是一种最具政治色彩的疾病"(Altman 1986：11)。许多长年报道艾滋病的新闻记者都承认，回头来看自己过去的报道，其中的局限性变得更加清晰。重要的是我们应该记住，这些记者一开始也不知道艾滋病究竟是怎么回事，因此我们可以理解他们个人对艾滋病的畏惧。虽然如此，他们也不该出于这样的畏惧而使用充满同性恋恐惧或种族主义的语言来界定艾滋病。有些记者堪称污名化艾滋病毒携带者和艾滋病患者的共犯，他们实际上违背了作为记者对自己同胞所应负有的最基本责任。

时至今日，危机仍在蔓延，新闻媒体如何报道相关议题依然是一个值得深入研究的重要课题。有的人也许会觉得"道德恐慌"一词已经不合时宜，但它的确有助于说明好些相关因素，而这些因素在世界上某些地区依然明显存在。当然，在使用这一概念时必须认真考虑不同的背景条件，这一点依然很重要。用沃特尼的话来说，任何具体个案中出现的道德恐慌，都可能有一种多样的、相关的排列方式，因此，使用"道德恐慌"这个概念时必须考虑其顺序和程度。他写道："在艾滋病问题上，我们面临的不是某种一目了然、前后一贯的道德恐慌；或是直线发展且有可能最终完结的恐慌"。相反，"我们正在经历一场意识形态的操练，它让我们在无意识中去'理解'疾病、性与对同性恋的恐惧这个偶然结合在一起的三角关系"（Watney 1988：60）。迪金森（Dickinson 1990）也指出了"道德恐慌"这个概念的局限性，并提到将这一概念用到艾滋病问题上所面临的几个具体困难。他主要担心的是：必须看到每一场道德恐慌的具体历史情景，尤其是它在多大程度上再现了以前的道德恐慌；以及不同类型的媒体文本呈现意识形态的多样性特征。按照这样的思路，媒体对艾滋病毒／艾滋病（HIV/AIDS）患者的描述方式是受限于媒体关于医药和健康与疾病的现有话语的，需要仔细分析。因此，迪金森认为，"道德恐慌"这个概念"只是在探讨传播过程的复杂性方面能提供一些有益的指引"（另见 Miller et al. 1998；Thompson 1998；Ungar 2001；Critcher 即将出版）。

正是在这个意义上，本章从"道德恐慌"这个概念出发，建立了一个叙述框架。我着重探讨了英美两国新闻媒体的报道轮廓，尤其是疫情出现初期、对艾滋病危机的主要界定正在被确立起来的那几年。毫无疑问，别的研究方法同样有价值。有些重要研究分析了英美以外国家的新闻媒体对艾滋病的报道情况，也有学者着重探讨了艾滋病报道生产和消费过程中流动而复杂的条件。

比如，有些相关研究考察了新闻生产的动力，阐述了使艾滋病具有"新闻价值"的日常任务是如何与一系列制度约束联系在一起的。在这方面，"新闻价值"是如何被讨论的这类问题就非常重要，同样重要的问题还有记者们在报道内容和方式上面临哪些限制。比如，记者在报道艾滋病的传染途径时有时会面临困难，因为很多新闻机构（作为编辑方针）拒绝使用诸如"精液""阴道液"之类的词汇，更不用说"肛门"了（Kinsella 1989；Alwood 1996）。对新闻记者如何界定艾滋病的研究，也有助于发现各种新闻主体所采用的策略，他们中有些是别有用心的既得利益者，试图让大家接受他们从自己利益出发对艾滋病所做的界定（Murray 1991；Lupton 1994；Miller et al. 1998；Eldridge 1999）。有些学者研究了针对艾滋病的公共信息传播运动（Atkinson and Middlehurst 1995；Carter 1997；Hurley 2001），有的学者集中探讨了"道德工程师"、决策者、健康护理工作者、科学家和民间活跃分子的媒体活动（Patton 1985；Fauvel 1989；Nelkin 1995；Epstein 1996；Garrett 1997），也得出了很有启发性的结论。有的学者试图拆解关于"社会大众如何看待艾滋病"的一般假设，以便分析不同类型的受众在日常生活中是如何解读艾滋病新闻报道的，尤其是在有关风险的问题上（Tulloch and Lupton 1997；Miller et al. 1998）。相应地，我们研究受众接触新闻报道的情况时，还要考虑到其他媒体类型如时事节目、纪录片或戏剧等对艾滋病的呈现方式（Dickinson 1990；Goldstein 1991；Bird 1996；Sturken 1997；Treichler 1999；Long 2000）。

为了让大家有些信心，在本章结束之际，我们可以回忆一下联合国秘书长安南说过的一段充满乐观色彩的话。2001 年 6 月，纽约举办了一场为期三天的高层会议讨论艾滋病问题，安南在会上宣布："就在今年，我们看到了一个关键的转折点。艾滋病再也不会在黑暗中致人于死地。世界已经觉醒。在医生和社会工作者、民间活跃分子和经济学家、最重要的是艾滋病患者的带领下，媒体和公众舆论也在觉醒。"（《卫报》2001 年 6 月 26 日）在我看来，新闻记者在努力辨析各种相互对立的关于艾滋病的杂音时，最需要倾听的还是来自艾滋病患者的声音。那些能够真正关心艾滋病患者的生活经历、苦难遭遇和内心希望的新闻报道，将会有助于人们更好地去认识和尊重——我愿意如此相信——艾滋病给人类带来的后果。

深入阅读书目

Alwood, E. (1996) *Straight New: Gays, Lesbians and the News Media.* New York: Columbia University Press.

Epstein, S. (1996) *Impure Science: AIDS, Activism and the Politics of Knowledge.* Berkeley, CA: University of California Press.

Kinsella, J. (1989) *Covering the Plague: AIDS and the American Media.* New Brunswick, NJ: Rutgers University Press.

Lupton, D. (1994) *Moral Threats and Dangerous Desires.* London: Taylor & Francis.

Miller, D., Kitzinger, J., William, K. and Beharrell, P. (1998) *The Circuit of Mass Communication: Media Strategies, Representation and Audience Reception in the AIDS Crisis.* London: Sage.

Sturken, M. (1997) *Tangled Memories.* Berkeley, CA: University of California Press.

Treichler, P. A. (1999) *How to Have Theory in an Epidemic.* Durham, NC: Duke University Press.

Tulloch, J. and Lupton, D. (1997) *Television, AIDS and Risk.* St Leonards, NSW: Allen and Unwin.

Watney, S. (1997) *Policing Desire,* 3rd edn. London: Cassell.

第七章　食品恐慌：疯牛病与转基因食品

> 食为先，而后有道德。
>
> ——剧作家兼诗人布莱希特

上面那句话是引自布莱希特1928年完成的剧作《三分钱歌剧》第二幕中的一句对白，在当前关于食品恐慌与媒体的争论中，这句话还能引起奇怪的共鸣。在食品问题上，社会大众对风险、信任、不确定性的看法，与道德议题非常紧密地联结在一起。有人觉得我们的食品消费从未像今天这样变成一项危险性很高的活动，另一些人则坚持认为科学发明使得食品消费从未像今天这般安全无虞。不管你认为食品与道德之间的距离是扩大了还是缩小了，很多人都会同意：最迫切的问题是，地球上每天都有数百万人在挨饿。即使那些能从饮食结构中获取充足营养的人，他们每天作出的要吃什么——更准确地说是不吃什么——的决定，也比以往任何时候都带有更大的道德意涵。我们可以非常确定地说，这些看似平淡无奇理所当然的决定，既是个人的，也是政治的。

关于食品的媒体话语：从竞选消费者新闻到名厨烹饪表演、食品广告、杂志上刊登的食谱等，正在快速增加。这里尤其值得注意的是各类媒体如何审视食品安全问题。媒体关注这个问题一点都不奇怪，英国政府每年接到的食物中毒事故约有十万起，而这还只是实际发生的事故中很小一部分。根据英国政府食品标准署（FSA）提供的数据，2000年，经过实验室确认的食物中毒事故为65 209起。其中大都是由沙门氏菌、空肠弯曲菌、李斯特菌、大肠杆菌和产气夹膜梭菌这五种常见的病原细菌引起的（FSA新闻稿，2001年8月23日）。根据美国疾病控制预防中心统计，每年食品中毒导致5000人死亡、32.5万人住院治疗、7600万人生病。根据澳洲-新西兰食品管理局（ANZFA）提供的数据，澳大利亚每天都会新增5700—8600例食品中毒个案，其中约有1/30被正式记录在案。

正如温特所说，上述数据引出了一个亟待回答的问题："在技术能够保护食品的年代，为何食物中毒现象还是这么普遍，至少没有比半世纪前少？"（Winter 2001）答案可能众说纷纭。食品安全检测技术上的进步显然是一个重要因素。同时，在集约化的农牧业生产方式下，很多动物的饲养和宰杀过程依然容易受到细菌感染。人们生活方式上的差异也常被认为是一个原因。有的研究者提到了购物习惯的影响，人们去商店购物的次数少了，因此食物需要储存更长时间，而储存方式有时并不恰当。人们生吃新鲜水果蔬菜的情况多了，于是受到细菌和病毒感染的机会也增加了。所谓"方便"食品（它们虽名为"方便"，其生产过程中实际上需要更多的细心处理）大受欢迎也是原因之一。此外，食品种类的增加速度超出了政府的检验能力，于是新型微生物就会在某个偏远地区出现。全球范围的食品运输，以及食品摆上货架以后延长保质期的需要，都意味着需要对它们进行化学处理，辐射和基因工程也可能会进一步增加危害（另见Powell and Leiss 1997；Adam 1998；Ford 2000）。

消费者似乎是某种具体食品安全性的最先检测者。有一位公共健康教授说："我们只是'煤矿中的金丝雀'，只能提供早期预警。一旦有人吃出毛病，我们就会马上说：'别吃那个食品。'这样的预警体系没有彻底垮掉，真是一个奇迹。"（转引自Winter 2001）其结果，食品恐慌在很多国家都时常发生，新的与食品相关的威胁几乎无时不有。根据布罗迪的研究，"几乎每种食品都含有能使人致病（有时甚至能致死）的微生物或微生物毒素"（Brody 2001）。此外，她还指出："数以百万计的消费者担心食品中有农药残留或添加剂，而真正有害的是微生物污染和不恰当的食物处理过程，尤其是买回家后的处理过程。"在这种情况下，媒体扮演的角色通常被认为是非常关键的，它提醒人们在食品安全问题上要一直保持高度警觉。另外有些人认为，由于社会大众的食品安全意识提高了，因此过去不太会引起媒体注意的食物污染或食物中毒事件，现在很可能就会成为头条新闻，不管这样做是否值得。正因如此，还有一些人就指责媒体在有些本来微不足道的食品风险问题上危言耸听，吓唬容易轻信的老百姓，制造恐慌情绪。实际上，正如赖利和米勒所说，媒体经常"被认为是煽情而不负责任的，它们要么容许食品工业伤害全国人民的健康而不加批判，要么放大那些外行、伪科学家和有政治动机的压力团体的声音从而引发社会大众的过分紧张情绪"（Reilly and Miller 1997：234）。

为了进一步阐明与食品风险相关的几个关键问题，本章把讨论焦点放在新闻媒体对食品恐慌的报道上。特别关注媒体如何报道仍在发展的两类危机：一是英国"疯牛病"的鉴定以及随之而来的"牛肉危机"；二是社会大众对转基因作物和食品的恐惧。在疯牛病的例子中，对食品恐慌的总体分析将在下一节予以讨论。正如卡普兰所说："吃饭已经变成一件风险很高的事情。"（Caplan 2000：187）

媒体中的食品恐慌

每天都有新的食品恐慌，这似乎已经成为一个可怕的规律。新闻媒体每天都会报道世界各地消费的食品中出现的新问题，不管是真实发生的还是潜在的。昨天看起来还足够安全的食品，今天就可能被"食品专家"宣布为十分危险。由于在食品质量和风险标准方面缺乏良好的建议，随之而来的混乱就会削弱社会大众对该项食品的信任和信心。英国饮食基金会的温迪·多伊尔（Wendy Doyle）博士指出："人们每天都要接受这么多相互矛盾且不断变化的信息的轰炸。我感到社会大众对这些信息正在失去信任，而觉得——不管这样做是对是错——他们想吃什么就吃什么，再也不要去听媒体怎么说。这种状况实在不是我们所愿看到的。"（转引自《卫报》2001 年 6 月 22 日）正如多伊尔所说，如果说社会大众中有些人的反应是决定不理会专家声明，那么另一些人对媒体报道的反应则是经常表现出警惕、有时甚至是恐慌的情绪。

不用说，任何可以感觉到的对社会大众健康的威胁，都很可能被记者认为具有潜在的新闻价值。食品恐慌可以成为有吸引力的新闻标题，提升报纸销量，而且只要稍稍暗示一下有争议存在，就可能吸引大量利益相关者的眼光，因为他们都在追求自己想要的媒介议程。在辨析新闻报道的影响时，我们必然会注意到日益增多的"厨房恐慌"现象。下面这个单子主要是根据近年来的报纸报道列出的：

- 1988 年：英国保守党国会议员、卫生部政务次官爱维娜·嘉莉（Edwina Currie）宣布，英国出产的大部分鸡蛋都受到了沙门氏菌的感染，这导致 100 多万只母鸡被扑杀。
- 1989 年：李斯特菌爆发，英国消费者不敢购买肉酱、冷冻食品和软奶酪。
- 1989 年：美国有份研究认为，苹果产业使用的"植物生长调节剂"丁酰肼，一旦经过加工处理"有可能变成致癌物质"。于是，社会大众开始唾弃苹果和苹果制品。
- 1990 年：一种知名品牌的瓶装矿泉水被发现含有少量致癌物质苯。该公司收回了所有库存产品，中止生产。
- 1993 年：苹果汁再度成为媒体焦点，因为英国研究者发现它里面含有过量的棒曲霉素。

- 1993年：美国一家连锁快餐店的汉堡包中使用的碎牛肉含有大肠杆菌，导致全美四个州732人中毒。近200人入院治疗，其中55人出现肾功能衰竭，4名儿童死亡。
- 1996年：在多次否认之后，英国政府终于承认牛海绵状脑病（BSE）或"疯牛病"与人类身上发生的致命性的变异型克雅氏病之间可能存在关联。
- 1996年：超过9500名日本人（多为学童）染上大肠杆菌，其中12人死亡。同年11月，苏格兰有400人感染大肠杆菌出现身体不适，其中21人死亡。
- 1998年：科学家阿帕得·普斯泰（Arpad Pusztai）博士向新闻界宣布，实验室老鼠吃了为制造杀虫剂而通过基因工程生产出来的番茄后，健康状况出现恶化。
- 1999年：南澳大利亚出产的橙汁被粪便污染，500人受到影响。
- 1999年：数十位比利时消费者因饮用一种流行的软饮料而入院治疗后，制造商召回了约250万瓶产品。不久，因为猪肉和家禽饲料受到污染，比利时出产的肉和蛋含有戴奥辛。
- 2000年：14 000多名日本人饮用受污染的牛奶后生病。
- 2000年：英国政府公布，23%运去宰杀的猪受到沙门氏菌感染。英国出产的三文鱼可能含有毒素，要求民众注意。
- 2000年：3000名印度人吃了受污染的大米后入院治疗。
- 2001年：英国食品标准局经过检测发现，22%的酱油和蚝油含有"无法接受"的致癌化学物质。
- 2001年：在出现一婴儿感染肉毒杆菌后，英国一家儿童食品厂商停止出售奶粉替代品。
- 2001年：为英国广播公司的纪录片提供服务的研究者发现，超市里的新鲜鸡肉，超过2/3感染了有毒细菌，即空肠弯曲菌菌株。

以上这些以及其他没有一一列举出来的食品恐慌，引出了一个重要问题：有关食品的媒体话语如何影响到社会大众对健康和风险的认知？上述食品恐慌中，有些有确切根据，那就是中毒事件给相关民众造成了严重伤害；但另一些恐慌经过事后进一步调查，最终被证明毫无根据。不管是哪种情况，食品恐慌现象出现的背后都有各种复杂因素，迄今为止研究者对这些因素的关注还远远不够。

关于食品恐慌主要特征的研究，目前还不多见，其中之一是比尔兹沃斯和基尔的研究，他们运用社会学方法探讨了人类食物系统。他们认为，食品恐慌可以概括为"一场突然爆发的集体性营养焦虑，它会引起社会大众的高度关注，并带来短期和长远的严重后果"（Beardsworth and Keil 1997：163）。在他们看来，这就是"食品恐慌的基本特征"，它有着相当一致的表现形式，由一系列步骤组成：

> 1. 最初是一种"均衡"状态，社会大众基本上没有意识到潜在的食品风险因素，也不关心。
>
> 2. 新的可能导致食品风险的因素出现了，社会大众的风险意识初步被唤起。
>
> 3. 这一风险因素成为各种公开辩论的焦点，社会大众对它的关切度随之不断提高。
>
> 4. 社会大众开始对这个新的风险因素作出反应，通常包括拒绝食用可疑食品。（这可能是一种与"实际"风险并不相符的"过度"反应。）
>
> 5. 人们的注意力逐渐从问题食品移开，社会大众的关切度逐渐减弱，出现了新的"均衡"状态。然而，低程度的焦虑可能长期存在，而且往后还可能会引发对该项食品的新恐慌。
>
> （Beardsworth and Keil 1997：163）

因此，按照比尔兹沃斯和基尔的思路，关键是要探索社会大众食品风险意识出现的动因。在这方面，他们认为"道德恐慌"（第六章讨论过）的提法可能会对我们有些启发，但更适合的方法则是研究"新闻螺旋"(news spirals)现象。"道德恐慌"是指某个"脱序"的群体被界定为对社会秩序的威胁，"新闻螺旋"这个概念则可以让研究者从更广的范围来探讨引发大众焦虑的各种因素。这里的关键是"反馈路径"，即社会大众对新闻报道内容的反应本身又成为下一阶段新闻报道的内容。比尔兹沃斯和基尔认为："媒体对受众反应的报道，又提高了公众的食品安全意识和警觉度，这就形成了反馈循环，导致民众的焦虑度呈螺旋式上升。"(Beardsworth and Keil 1997：164) 他们认为，民众的焦虑在这个过程中不断被"放大"，有可能爆发集体性恐慌和焦虑，直到相关议题的新闻报道最终失去新鲜感。

这些相对集中但往往又是短暂的新闻螺旋中，最让人感兴趣的问题是：与食品相关的科学话语在社会大众的焦虑情绪中究竟起了何种作用？比尔兹沃斯和基尔认为，科学话语未必有助于安抚民众的情绪，当问题本身很急迫却又找不到令人满意或清晰明了的对策时，情况就更是如此。他们还指出，"有些问题看起来只需提出恰当的事实或数据就可以完全解决，最后却变得非常棘手，在短期内甚至从长远看都没有明确的解决方案"(Beardsworth and Keil 1997：159—160)。科技工作者们对潜在风险的说明，尤其是营养学家、物理学家、微生物学家、毒理学家、生理学家等的观点，经常都是充满争议和辩论。专家之间经常发生争论，这本是科学研究当中必须经历的曲折过程，但新闻记者往往不是从这样的角度来看待，他们所报道的争议"传递给社会大众的感觉是，科学家们面对严重威胁人类健康的重大问题时的表现是混乱、不知所措乃至无能"(Beardsworth and Keil 1997：167)。比尔兹沃斯和基尔认为，真实情况就是这样，虽然食品生产、加工、储存和运输方面的技术创新取得了前所未有的成功，但是社会大众对食品质量和安全的期待相应也提高了。"这些高期待本身也使得社会大众更容

易产生食品恐慌。"(Beardsworth and Keil 1997：167；另见 Meek 2001)

新闻媒体的相关报道，显然是导致食品危机政治化的关键因素。新闻记者正在更为详尽地报道政府在其决策过程中如何听取各方意见，以使其更好地接受社会大众的监督，因此，有些原本容易被忽视的声音也能获得报道（至少原则上是这样）。比尔兹沃斯和基尔写道："一旦食品安全问题变成社会大众能够真正参与讨论的话题，而不再是少数决策者关起门来秘密讨论的事情，官方的声音就只是众多声音中的一种，每种声音都代表着各自的见解。"(Beardsworth and Keil 1997：171) 由于缺乏科学上的确定性，政府官员在面对食品安全问题时，很难得到社会大众的长期容忍，更不用说给社会大众带来信心和抚慰了。下一节将会谈到，这种紧张关系在世界各地接连出现的"疯牛病"危机中表现得极为明显。

疯牛与愤怒的市民

在当代英国的各种食品恐慌中，由"疯牛病"危机引发的社会大众对英国食品供应质量的恐惧、怀疑和担忧是空前的。第一次在牛身上发现疯牛病（或称牛海绵状脑病）是在1980年代中期。十多年后，当时的保守党政府才最终承认疯牛病与人类身上发生的致命的变异型克雅氏病之间可能有某种关联——其实社会上很多人早就认为存在这种关联。政府承认，理论上讲，食用有疯牛病的牛肉可能会染上克雅氏病变种这一无药可治的脑部疾病。于是，牛肉市场一夜之间便崩溃了，带来了极具破坏性的社会和经济后果。今天再回过头来看这场危机，很明显，它长久地伤害了社会大众对政府阁员和官僚们的信任，也伤害了社会大众对那些为政府官员提供建议的科学家的信任。用英国国会疯牛病调查报告（发表于2000年10月）中的话来说："政府1996年3月20日宣布疯牛病有可能已经转移到人类身上时，社会大众感到他们被出卖了。疯牛病带来的更大伤害是，对政府作出的有关风险的任何声明，社会大众都不再信任。"(Phillips 2000)

事态究竟是如何一步一步发展到这一步的？后来被称为"疯牛病"的这种疾病，其最初迹象显然是1984年12月出现于西萨塞克斯一位农民饲养的牛群中。他发现有一头牛出现了异常行为（头在发抖，动作不协调），赶忙找来一位兽医帮忙。因为从来没有见过这种症状，这名兽医就向中央兽医实验室（CVL）求助（那头牛被称为"133号牛"，1985年2月死亡）。该实验室后来找到了这种神秘疾病的根源，在临床报告中将其症状生动地描述为"牛身上新发现的渐进性海绵状脑病"。疯牛病被认为是一种朊病毒疾病，朊病毒是一种人体无法分解的变异蛋白质。朊病毒使脑部筛化——人们经常把它描述为改变脑部形状，直到使其看起来像一个有着很大洞孔的海绵——的作用是通过解剖病牛尸体才被得知的（当时在技术上还没有办法通过血液或组织测试来检测朊病毒）。疯牛病的典型症状是痴呆、身体失去控制。威尔特希尔的一位农民描述了疯牛病的发展阶段：这牛"开始变瘦，走路不稳，有时会侧着身子走路。它瞪着眼睛；开始发抖，鸣叫。它变得紧张，烦躁。它可能会非常狂乱。它可能会横冲直撞"（转引自Moeller 1999：72）。鉴于病牛出现的这些行为，"牛海绵状脑病"最终被媒体贴上了"疯牛病"的标签。

科学家几乎从一开始就猜测：得病的牛是食用了受到污染的反刍动物饲料所致。具体来讲，这种饲料来自牛羊宰杀后废弃的内脏、组织和蹄等不供人类食用的部分。据估计，最可能的污染源是那些来自染有羊痒病毒（scrapie，也是一种脑部退化疾病）的肉骨粉饲料。值得一提的是，让牛吃废弃的动物残渣（有时也叫"蛋白质补充剂"），实际上把牛这种草食动物变成了肉食动物，其目的是让牛能超速成长。有人批评这样的做法，认为这类似于工业革命时期的"人吃人"，完全"违背自然规律"。针对这一点，《卫报》一位记者后来质问道："谁不知

道给天生的草食动物喂养动物蛋白是很危险的？"（转引自 Brookes and Holbrook 1998：177）

英国政府官员第一次获知疯牛病是在 1987 年 6 月，当时是首席兽医官向农林水产部（MAFF）报告了这种疾病。政府依据似乎"最好的科学建议"，刚开始时定下的口径是，这种疾病不会传染人类。据埃尔德里奇（Eldridge 1999）考证，主流媒体的第一篇报道出现在《星期日电讯报》（1987 年 10 月 25 日）上，标题是："不治之症正在消灭奶牛"。这篇报道出自该报农业记者之手，指出了这种疾病的根源还无从得知，它是如何引起的、该如何治疗也仍不明了。又过了一个月，电视记者跟进报道了相关新闻，指出尽管农林水产部官员含糊其辞地表示忧虑，但大家"不必感到恐慌"（转引自 Eldridge 1999：115）。后续的电视新闻直到下一年才出现。1988 年 4 月，政府表示将会立法，要求一旦出现疯牛病案例必须向政府报告。官员们设立了"索思伍德工作小组"来调查疯牛病是否进入了食物链。不久，政府又颁发禁令，不许给牛食用肉骨粉饲料（但不限制出口），所有染上疯牛病的动物都有相应的屠宰规定。1988 年 10 月，《兽医纪录》（Veterinary Record）公布了具体证据，表明通过接种来自牛身上的病毒，可以把疯牛病传染给老鼠。同年底，农业部长约翰·麦克格雷格（John MacGregor）再次重申，"没有证据表明疯牛病会传染给人类"。

1989 年 7 月，欧盟禁止英国出口 1988 年 7 月以前出生的牛只，得了疯牛病的英国牛只的后代也禁止出口。当时事态已经很明显，如果给越来越多的牛喂养受到感染的饲料，然后它们的遗骸又成为新的饲料，疯牛病疫情必然会持续扩大。1989 年 11 月，英国出台规定，禁止把高风险的动物内脏（包括脑、脊髓、脾脏等器官）作为人的食物。人们担心成千上万感染疯牛病的牛肉已经进入人类的食物链。果真如此的话，那就意味着数以百万计的英国人不知不觉中正在吃着各种用染有疯牛病的肉做成的食品，如牛肉汉堡、廉价肉末和馅饼。1989 年

11月，英国政府禁止在人类食物中使用富含普里昂蛋白的牛组织。但随后几个月，英国政府部门（尤其是卫生部）又多次正式向民众保证，英国牛肉对人类来说完全是安全的。然而社会大众的疑虑却是一直都在增加。1990年5月，一个农户家里养的一只猫（Max）死于类似疯牛病的疾病。有科学家提出假设，认为疯牛病的传播已经打破了动物种类的界限 [巧合的是，根据鲍威尔（Powell 2001：221）的研究，正是这一死猫事件促使美国报纸开始报道疯牛病]。微生物学教授理查德·莱西（Richard Lacey）最先公开要求英国把所有受感染的禽畜杀掉。别的科学家则主张区别对待。针对新闻媒体对死猫事件的反应，《新科学家》发表了一篇社论以表达其不满之情：

> 一只猫死了，"一位科学家"发话了，600万头牛就得跟着丧命，而且你还不能把牛体做成动物饲料。或者换句话说，媒体又一次提出了令人无法理解的标准……
>
> （转引自 Gregory and Miller 1998：175）

对有些科学家来说，提不出证据就意味着没有问题。大概也是出于同样的逻辑，英国政府首席医疗官再度向社会大众保证，食用牛肉仍然是安全的。

那个月的晚些时候，农业部长约翰·格默（John Gummer）决定介入其中，以免事态失控演变成大规模的社会恐慌。面对电视镜头，他鼓励自己4岁的女儿科迪莉娅吃牛肉汉堡并说："这个很好吃。我一点都不怕吃牛肉汉堡。完全不用担心。"这个画面受到媒体的讽刺挖苦，转而又让卫生部长和英国政府寝食难安。到了9月，研究人员的实验结果出来了：疯牛病似已转移到猪身上。但是政府官员仍然坚持认为，疯牛病绝对不会影响人类健康，不过他们已经加大力度禁止在一切动物饲料中使用"特定的牛内脏"。到1992年，据估计英国每一千头牛中有三头感染疯牛病。英国政府"海绵状脑病咨询委员会"（SEAC）在这一年 5 月向政府建议，现有措施足以保护人和动物的健康。1993 年 3 月 11 日，首席医疗官肯尼斯·卡尔曼（Kenneth Calman）爵士重申了政府的保证：食用英国牛肉是安全的。

两年后，这种断言开始失效。开始有人死于从未见过的一种奇怪的痴呆症。这种疾病被命名为克雅氏病的"新变异"，克雅氏病已经存在很长时间，这种新的痴呆症与它有一些相似之处。克雅氏病表现为逐渐恶化的神经紊乱，它只是一种零星出现的罕见疾病，患者年龄通常都在 55 岁以上。新的变异型克雅氏病与传统克雅氏病有明显不同，年轻人染上这种疾病的可能性很大。它的症状包括消沉、情绪不稳、四肢麻木，以及随之而来的幻觉、身体控制不住地摇晃、失忆和痴呆。它会一步一步削弱脑部功能，使患者口不能言、手脚不能动，最终彻底摧毁其中枢神经系统。这个过程一般要经过 18 个月。坦率地讲，这是一种极其恐怖的死亡方式。第一例确诊的变异型克雅氏病患者是 19 岁的斯蒂芬·丘吉尔（Stephen Churchill），他于 1995 年 5 月 21 日死去。同年又有一位十几岁的少年死于这种病，随后几个月又有二十多岁和三十多岁的青年人死于同样的疾病。所有这些病例都比传统的克雅氏病患者年轻数十岁。

在对这些看似互不相干的变异型克雅氏病例的后续报道中，媒体开始强调科学家们所指出的这些病例之间存在联系的可能性。到 1995 年 11 月，情况越来越明显，受到疯牛病感染的组织正在继续进入人类食物链。农林水产部（MAFF）的科学家对屠宰现场进行突击检查，发现有的屠宰场没有遵守特定牛内脏处理方式的相关规定。已经分割加工好的牛肉有时仍含有脊髓。新闻记者清楚地阐述了这种情况可能带来的严重后果。《卫报》上的一则新闻写道：

> 人们在 1980 年代后期吃了受到感染的牛肉，可能要等到 21 世纪才会出现疯牛病症状。因此，就算末日场景被证明是真的，

《圣经》中提到的数据也会失去其连贯性、辨识力和个性,就像人们在电视上看到的那些摇摇晃晃的疯牛一样。

(《卫报》1995 年 12 月 8 日)

科学家们自己也主动加入媒体论战。据报道,脑疾病专家汤姆林森(Bernard Tomlinson)爵士在英国广播公司(BBC)电台第四台的消费者栏目《你和你的》(You and Yours)中说,他已不再吃肉饼或牛肝,而且"目前在任何情况下"他都不会吃牛肉汉堡(转引自 Powell 2001:222)。有些食品公司在他们的产品中使用了"机械回收肉"(MRM),这引起部分科学家的高度关切。科学家们认为,"机械回收肉"受到疯牛病感染的风险极高,因为这种肉主要是位于脊柱附近的组织残留。根据这种看法,农林水产部(MAFF)在 1995 年 12 月规定,禁止在人类食品中加入"机械回收肉"。学校食堂也不卖牛肉食品了。同一个月,英国首相梅杰告诉下议院:"目前还没有科学证据能够证明疯牛病会传染给人或者吃牛肉会引起克雅氏病。"

到了 1996 年 3 月 20 日,政府编织的"故事"(或称"信息管理")终于彻底露馅。卫生部长斯蒂芬·多雷尔(Stephen Dorrell)在下议院承认,疯牛病与变异型克雅氏病之间"可能存在关联",这让下议院的议员们大吃一惊。多雷尔说:"给政府提供建议的科学家委员会认为,克雅氏病这种人类疾病的异常爆发,与接触病牛有关。"他承认,已有十例确诊的人类感染新型克雅氏病例。这样一来,多雷尔之前所坚持的吃牛肉"看不出有什么风险"的说法也就站不住脚了。官方的立场从"看不出有风险"变成了"明显有风险"。当天上午出版的《每日镜报》上刊登了一则题为"官员说:疯牛会要你的命"的新闻报道,它非常清晰地指出了疯牛病与新型克雅氏病之间的联系,可以说,正是这则报道成功地迫使政府改变了立场。正如亚当所说,"要不是《每日镜报》披露了这条新闻,我们真不敢想象整个局面会如何收场"(Adam 1998;

另见 Adam 2000）。不管怎样，政府终于承认：人类不幸染上的这种疾病，最可能的原因就是由于接触了受到疯牛病感染的牛肉。既然如此，政府就必须面对社会大众的反弹。麦克诺滕和厄里指出，社会大众得出的结论只能是：政府太荒唐了，它一直用各种精心炮制的声明来掩盖真相，误导人民。有的民众同意这一观点，即"政府有科学手段，它了解疯牛病之类的疾病所隐含的真正风险"，但他们有一种挥之不去的恐惧，那就是"政府并未将其了解的真实情况告诉我们"（Macnaghten and Urry 1998：260；另见 Jasanoff 1997；Durant 1998b；Ratzan 1998；Rhodes 1998；Baker 2001）。

促使多雷尔公布事实真相的因素之一是新闻媒体对变异型克雅氏病患者的报道给政府带来的压力。《每日快报》上的一则新闻颇能说明问题，其标题为"疯牛骗局：克雅氏病夺去了第四位青少年的生命"。这则报道一开篇就指出了多雷尔所不肯承认的那种联系：

> 感染克雅氏病的人通常能够再活数十年。这种病发作时患者年龄一般在 55 岁以上。但克雅氏病正在发生变化。现在它会夺走年轻人的生命。而在过去十年我们吃掉了 150 万只感染了疯牛病的动物，难道这两者之间的联系只是偶然的吗？
>
> （《每日快报》1996 年 2 月 18 日）

这则报道接着讲述了第四位克雅氏病患者、20 岁的彼得·霍尔（Peter Hall）的死亡。得上这种疾病前，他还是位身体健壮的大一学生。报道在叙述霍尔的死亡过程时，公开挑战了"政府方面惯用的'没有证据表明'这一正统说法"。报道直接诉诸读者的感受，它写道："当你得知政府至今还没有对他们的死亡展开调查，你不只会感到奇怪，更会感到震惊。"多雷尔在下议院的谈话发表之后三个月，霍尔的母亲也介入其中。她在英国广播公司电视节目《晚间新闻》（1996 年 6 月 20 日）中讲道：

> 我们的儿子病有一年多。这期间我一直给政府写信，要求他们派人来和我一起守在他的床前，一起看看这种可怕的疾病是如何摧毁我们强壮帅气的孩子。但始终没有人来……政府现在要不要承认：它过去所接受的科学建议——吃英国牛肉看不出有什么危险——是错的？给政府提供建议的专家们还是原来那些人吗？政府是要继续代表整个国家有选择性地接受某些建议，还是宁愿更加小心谨慎一些？对我的家庭来说，过去这几个月一直是并将继续是一个活生生的噩梦。我们根本无法接受孩子已经死亡这个可怕的事实，因为我们知道，如果政府能足够小心谨慎地对待疯牛病，他和其他许多人就不会受到这种可怕疾病的折磨。
>
> 《晚间新闻》，转引自 Cottle 2000：29—30）

究竟为何会有这么多变异型克雅氏病患者都是年轻人？这个问题成为新闻记者和他们的消息来源热烈讨论的话题，也引起了很多猜测。在回答询问时，有的科学家提出假设：牛内脏被禁之前，已有部分受到污染的牛肉进入学校食堂。另一些科学家的假设则是：年轻人更容易受到疯牛病感染，因为他们的牙齿在发生变化，或是因为他们更容易得扁桃体腺炎或喉咙痛。按照这一理论，齿龈或咽喉部位的炎症，是感染变异型克雅氏病的渠道之一。人们还担心，在临床治疗过程中，受污染的血液、捐献者的组织、乃至外科手术工具或牙科工具（一般的消毒过程显然无法消灭传染性朊病毒），都可能成为传播变异型克雅氏病的途径。

多雷尔在国会宣布疯牛病与变异型克雅氏病之间可能存在关联之后，一些长期批评政府"吃牛肉无害论"的人（他们有的一度被扣上"末日使者""江湖郎中""耸人听闻者"乃至更难听的种种帽子），发现媒体对他们的信任度一夜之间提高了许多。他们有的趁机呼吁停止过于密集的畜牧方式，有的则预测变异型克雅氏病流行的趋势（有人估计到 2010 年将有 1000 万患者），媒体都给予大幅报道。像《每日镜报》这样的报纸开始把"御用学者"和批判政府立场的"日益增多的独立专家"区分开来（Brookes 2000）。但也有一些报纸始终不愿批评政府，它们甚至把反对党的主要批评家哈里雅特·哈曼（Harriet Harman）比作正在"贩卖恐慌"的"疯牛"。《太阳报》（1996 年 3 月 26 日）反对任何批评政府的行为，认为那是在散布歇斯底里情绪：

> **世界发疯了吗？……**
>
> 发了疯的不是牛，而是我们人类。
>
> 过去六天来，我们的头脑似乎都坏掉了。
>
> 歇斯底里取代了正常的理性，因为又一场食品恐慌，我们正准备摧毁牛肉和乳制品行业——以及 400 万头牛……
>
> 一场恐慌。这就是问题所在……
>
> 这场让英国公众揪心的恐慌是那些别有用心的人煽动起来的。工党的哈里雅特·哈曼就是很不光彩的一位。她利用公众的忧虑为自己捞取政治好处。
>
> 昨天在众议院她又有惊人表演。她谴责了保守党的放松管制政策。可是农牧业是我们国家管制最严的产业。
>
> 这个疯狂的哈里雅特有和哪个农民说过话么……
>
> 那就从牛的话题上放手吧。让大家吃英国牛肉……
>
> 别再卖力胡扯了。
>
> （《太阳报》，转引自 Brookes and Holbrook 1998：180）

虽然保守党和工党都想借疯牛病捞取政治好处，然而比这更严重的是，一场潜在的公共卫生危机却被以各种手法包装成"牛肉危机"。亚当的分析表明，疯牛病与变异型克雅氏病之间的联系被严格地框限于涉及牛肉行业的经济范围，由此产生的效果是多方面的：

1. 公民们对它们可能给人带来健康危害的担心被淡化了。

2. 政府可以理所当然地把精力放在物质层面上，即拯救日益恶化的经济情势。

3. 整个议题的处理可以有一个稳固的事实基础，因为经济学是一门明确的学科，不像科学那样充满让人无能为力的不确定性（虽然这个假设是错误的）。

4. 人们无需费心考虑诸如食品生产的工业方法之类的问题。

5. 英国政府在媒体（尤其是庸俗小报）的鼓励下，可以尽最大努力推卸自己的责任。

(Adam 1998：185)

亚当认为，多数记者都接受并传播了政府对于危机的解释，但却并非由于上当受骗。相反，"正是通过这样的重新定义，才使得这个棘手的话题能够重新回到熟悉的新闻世界里，变成可报道的表述和事件、可描述的灾难、可被量化的经济事实和数据"（Adams 1998：186）。按照这样的逻辑，要衡量疯牛病的影响，只能看它对英国经济中一个关键行业的经济利益带来多大冲击。

虽然政府官员都力图用这种方式来界定疯牛病议题，但疯牛病与变异型克雅氏病之间的可能联系已经使得社会大众高度紧张，因此很难用单纯的经济观点来有效地管理和控制这个议题。麦当劳很快便宣布它的餐厅不再销售英国牛肉（荷兰牛肉将取而代之），这个决定使得政府的"牛肉是安全的"立场更是难以为继。不久，汉堡王和威皮（Wimpy）两家快餐连锁店也宣布不再销售英国牛肉。莫勒（Moeller 1999：73）指出，"在危机出现的第一周，有位记者出现在前农业部长约翰·格默的住所前，手里拿着一个汉堡……而格默则拒绝接受"，这就进一步打击了社会大众的信心。多雷尔的国会声明发表之前，媒体为何没有持续报道疯牛病议题？在讨论这一问题时，赖利和米勒引用了他们访谈到的一位大报记者的话，非常有说服力：

> 这事实上是合乎逻辑的。报纸需要新的信息，新的角度，新的争议。我不能让疯牛病议题一直占据版面。编辑们对这个话题失去了兴趣，因为没有什么新的事情发生。当然这是从整体上来讲；疯牛病确实一直都未消失，但就报社而言，不可能每天或每周都给我版面去报道这个话题。与此同时，在疯牛病问题上，有些记者的报道被认为有些过分、不太理智。我不觉得人们真的认为吃牛肉会有什么危险——（当时）还没有人因此而丧命。某种意义上，即使给我足够的版面，也必须要到出了人命后才会有大规模的专题报道出现。现在有了，我们有这个条件了。
>
> （转引自 Reilly and Miller 1997：244—5）

到1996年3月底，欧盟全面禁止出口英国牛肉。英国政府第二天就作出回应，宣布将实行更加严格的疯牛病控制措施，30个月以上的牛只将被全面宰杀，以防进入人类或动物的食物链。英国首相梅杰在欧盟佛罗伦萨峰会上宣布，将发动一场"牛肉战争"，向欧盟的禁令发起法律挑战，并信心满满地预言欧盟将会在年底取消禁令（结果证明这个预言是错的）。

1997年5月，在选举中获胜的工党上台后改变了做法。人们普遍认为疯牛病危机是导致保守党失去选民支持的关键因素。在竞选过程中，梅杰政府及公务员体系的保密手法和推诿功夫受到严重质疑。在其任期的最后一个月，保守党政府选择性地扑杀了一批被认为最可能染上疯牛病的牛只，试图以此说服欧盟取消出口禁令。但人们批评这一措施做得太有限也太晚。6月，工党政府宣布了新的控制痒病的措施，下令扑杀所有被怀疑染上痒病的羊只。12月，政府禁止出售"带骨牛肉"，由此引发了新一轮媒体报道热潮。布鲁克斯（Brookes 2000：204）引述了一些相关标题：

> 牛肉的真相是什么？最新的灾难再度让民众无所适从
>
> 《每日快报》1997年12月4日
>
> 牛肉：我们现在该相信什么？带骨牛肉被禁，民众不知所措
>
> 《每日邮报》1997年12月4日
>
> 我们到底该吃啥玩意儿？牛尾、带骨牛排和牛肋骨遭禁，民众陷入混乱
>
> 《镜报》1997年12月4日

第二天，《太阳报》发表了一篇社论，同样也被布鲁克斯（Brookes 2000：206）所引用。该社论完全把责任归咎于工党政府：

> 当疯牛病首次成为食品安全问题时，《太阳报》只问了一个问题：这世界疯了吗？……
>
> 如果你吃带骨牛排，你被噎死的几率要千倍地高于染上疯牛病而死的几率。
>
> 然而，政府禁止了带骨牛肉，由此引发了民众的恐慌。当然，农业部必须快速采取行动……
>
> 但现在我们终于看到，带骨牛肉禁令的理据是多么的不足。如果政府只是告诉人民事实，然后让他们自己去做决定，它的处境会好得多。
>
> 《太阳报》1997年12月5日

两年后，"带骨牛肉"禁令终于解除，好几家报纸都声称这代表政府的风险评估被"常识"打败了。与此同时，新的工党政府在1997年12月设立了"疯牛病调查小组"来"弄清是哪些事件和决策导致克雅氏病和疯牛病的蔓延"。1998年3月，开始召开疯牛病危机的公众听证会。11月，政府设立了新的牛只跟踪系统，欧盟各国农业部长（法国除外）同意取消英国牛肉出口禁令，1999年8月生效。2000年初，一位染有变异型克雅氏病的母亲产下一名女婴，经测试，该女婴染有同样病症。

第七章 食品恐慌：疯牛病与转基因食品

2000年10月，"疯牛病调查小组"提交了一份长达16卷共4000页的报告，详细分析了疯牛病危机的起因和政府的应对策略。报告采用了1998年以来多方搜集的资料，其中包括了有变异型克雅氏患者出席作证的各种公众听证会。该报告一开篇就点明了社会大众对疯牛病的焦虑：

> 疯牛病引发了一种能给人类带来极度痛苦的致命疾病。就在我们签署报告的这个时刻，该疾病导致的已经死亡和即将死亡的人数为80人，其中绝大多数是年轻人。他们和他们的家庭已经备受折磨。英国上下的所有家庭都在担心，同样的厄运是否会落到自家头上。

（Phillips 2000）

这次历时两年的调查是由菲利普斯勋爵（Lord Phillips）领导的，因此报告一出炉就被新闻记者称为"菲利普斯报告"。报告强烈地批评了保守党时期的政府部长和其他官员，认为他们没能很好地协调合作以应对危机。相反，政府还坚持推动所谓的"安心运动"，一再淡化疯牛病可能给人类带来的风险，希望以此降低消费者的恐慌并避免牛肉出口方面的损失。报告指出："疯牛病事件的核心问题是如何处理危害——一种是已经明确地发生在牛身上的危害，另一种是尚不确定的对人类的危害。"报告肯定政府在应对两种危害方面都采取了"合理"措施，但同时也指出"这些措施往往不够及时，也没有充分落实"。换言之，政府部长们优先考虑了生产者即农民的要求，消费者（他们需要被充分告知潜在的风险）的利益则受到了损害。部长们为了尽量限制政策执行所需要的财政支出，甚至完全没有应对变异型克雅氏病蔓延的预案。报告指出，虽然政府"在疯牛病问题上没有欺骗社会大众"，但它"把主要精力用在了防止民众出现过度反应上"。结果，"它就没有向民众说明疯牛病可能会给对人类带来的风险，也没有对那些负责执行预防措施的人说明这种风险。"

迄今为止,按照1996年开始实施的30个月以上牛只扑杀计划(目的是确保年龄超过30个月的牛只不会进入人和动物的食物链),已有450万头英国牛只被扑杀。有7万头根据1997年初的选择性扑杀方案被销毁。此外,根据1999年开始执行的疯牛病牛只后代扑杀计划,还有数千头牛已经或即将被扑杀。对被扑杀牛只尸体的诊断测试一再表明,它们中只有很小一部分真正染上了疯牛病。今天,大规模扑杀牛只的情况已经不会再出现,因为随着朊病毒研究的进展,人们可以在动物还活着时通过化验了解它们是否染上了疯牛病。让很多农民感到悲哀的是,他们刚刚从疯牛病危机中恢复过来,马上又得面对口蹄疫的爆发(Brassley 2001)。

就在本书写作之际,据信有超过100名英国人因为吃了染有疯牛病的牛肉而死亡。究竟变异型克雅氏病会在多大规模上蔓延?科学家们在这个问题上仍有很大分歧。因为没人知道该病在人身上的潜伏期究竟有多长,于是人们对未来前景的猜测也就各不相同。一些科学家相信变异型克雅氏病的高峰已经过去。另一些科学家则认为,该疾病的潜伏期很长(有人认为可以长达三四十年),因此未来可能还会有数千乃至数十万人染上此病。近来有研究表明,不同基因背景的动物有着不同的潜伏期。其结果,德弗朗切斯科指出:"根据报告案例(它们都有同样的基因背景)所作的推算,可能会得出乐观的结论。而实际上目前出现的情况可能只是冰山一角。"(DeFrancesco 2001:22)类似的一种观点认为,没人知道究竟有多少人身上带有这种疾病,因为朊病毒可以滞留在他们的血液和组织中。当然也有人持另一种观点,认为疯牛病与变异型克雅氏病之间的关联性(尤其是具体传染方式)还有待科学家深入研究(我们也别忘了,仍有部分科学家坚持认为这两者之间没有关联)。引人关注的一个事情是,就在"菲利普斯报告"出炉的那个月,有医生宣布,一位74岁的男性老人染上了变异型克雅氏病,这是迄今为止最年长的该疾病患者。随之而来的媒体报道进一步引发了人们对疯牛病可能大规模传染给人的恐惧。

英国疯牛病确诊病例目前正在下降，但数量仍然远远超过任何其他国家。研究表明，疯牛病爆发的高峰是在1992—1993年。但在好几个欧洲国家，疯牛病的数量仍在上升。比如，法国在2000年爆发疯牛病危机，数百头牛被确诊染上此病（德国和西班牙也是在同年11月出现首个病例）。不久之后，法国就出现了首例变异型克雅氏病。2001年5月，法国国会一个委员会发表一份报告，严厉批评政府在过去十年中应对疯牛病危机的方式。报告指责历任农业部长均没有采取有力措施，而是力图安抚颇有影响力的农业部门。根据这份报告，农业官员"一再以没有足够科学证据为由，阻挡或延迟采取预防措施——事后来看这些措施对于保护民众健康是必要的"。英国也是该报告严厉批评的对象，这并不令人意外。根据该报告的结论，英国政府"必须为出口疯牛病到欧洲承担'主要责任'，因为它明知其肉骨制品是传染疯牛病的重要因素，却仍然'无耻地'授权出口这些产品"（Daley 2001）。

在本书写作之际，美国尚未出现确定的疯牛病或变异型克雅氏病案例。从1989年以来，美国就禁止从英国进口任何牛肉产品（加拿大从1990年开始禁止进口）。不久，美国政府又禁止用任何来自反刍动物的副产品去喂养牛只，虽然根据最新的政府研究报告该禁令并未被完全遵守。政府还制定了新的规则，禁止在英国居住过的人献血，该禁令后来进一步扩大适用范围，在其他欧洲国家居住过的人也禁止献血。然而，民意调查结果显示，目前还看不出有很多民众担心美国食物供应中的疯牛病问题。同一份调查数据显示，绝大多数美国民众都信任政府和食品生产商，认为他们能够避免欧洲政府和食品生产商犯下的错误（《纽约时报》2001年1月26日）。

然而，奥普拉脱口秀的一期节目（1996年4月16日）却引发了短暂的恐慌。该期节目的标题是"危险的食物"，谈论英国的疯牛病危机，话题涉及美国是否会发生类似危机。针对一位嘉宾的说法，主持人奥普拉在节目中即时作了回应："那我可不再想吃汉堡包了。"（转引自 Brookes 2000：199）节目播出后没几天，美国部分地区的牛肉销量急速下滑。得克萨斯州好几位牧场主对奥普拉、她的脱口秀节目制作人和发行人、一位节目嘉宾提出控告。牧场主声称"危险的食物"节目播出后，牛肉市场遭受巨大损失，他们认为该节目违反了《得克萨斯州易腐食品虚假贬低法》(Texas False Disparagement of Perishable Food Products Act)。法院拒绝接受他们提出的理由，他们后来的上诉也没有成功。当时的新闻报道普遍引述了奥普拉的反应："言论自由还在，但它很脆弱。"

2001年2月9日，变异型克雅氏病首次在欧洲以外地区出现。泰国（它五年前就禁止从英国进口牛肉）出现了两个确诊病例。2001年6月，卫生与农业领域三个最大的国际组织（世界卫生组织、联合国粮农组织和世界动物健康组织）呼吁所有国家评估本国的疯牛病风险。它们敦促各国政府采取预防措施，防止疯牛病在全球蔓延。2001年9月10日，日本出现了疯牛病案例，这被认为是首个欧洲以外的"本土型"案例（其他欧洲以外国家如加拿大、阿曼等出现的案例都是发生在进口的英国牛身上）。日本官员相信那只得病的5岁大的荷尔斯泰因牛（Holstein），是受到有问题的英国进口饲料的传染。但在变异型克雅氏病的药物治疗方面，目前已有一些令人鼓舞的消息。本书写作之际，英国已经开始了防疟疾药物奎纳克林的临床试验。这个临床试验的起因是，一位被认为得了变异型克雅氏病的英国女性在美国接受治疗期间病情出现短暂好转。她接受了奎纳克林与氯丙嗪（一种治疗精神病的药物）相结合的治疗。这种治疗方式的功效目前还难预料，但它让人看到了希望，那就是将来有一天可能会出现变异型克雅氏病疫苗。

关于转基因食品的争议

《经济学家》杂志（1999年6月19—25日）曾在封面上提出一个问题："谁在担心转基因食品？"这个封面标题的一侧画着一个马铃薯，看上去像一张扭曲痛苦的脸，金属电极从脸的下巴伸长出来（看起来就像是科幻小说中的科学家弗兰肯斯坦创造出的怪物）。杂志的内文给出了这个问题的答案：几乎每个人都担心转基因食品。

转基因食品并非仅仅是又一场很快就会烟消云散的食品恐慌。自从疯牛病危机高峰以来，英国还没有出现过如此强烈的消费者反弹：各种观点针锋相对，媒体报道铺天盖地，几乎席卷了政治家、科学家、决策者、食品行业发言人、零售商、农民、抗议者和普通市民。用前面提到的那一期《经济学家》上"编者的话"来说：

> 如果把英国国内目前对待转基因食品的舆论风暴看作一种作物而不是一场危机，你可以打赌孟山都（Monsanto，卷入这场风暴的主要生物科技公司）或其竞争对手一定会为它申请专利。它有着基因工程师所看重的很多特点：具有异乎寻常的繁殖能力、可在不利环境下顽强生长、对消费者极具吸引力、易与其他因素杂交形成生命力很强的新混合物种。此外，它似乎能够抵制任何试图扼杀它的东西——从科学证据到政府保证。如今看来它正在向欧洲其他地区、澳大利亚、甚至美国蔓延。在那些地区，管理当局将要面临英国政府遇到的同样问题：如何让社会大众感到安心？如何能够享受转基因食品的好处而不给人类或环境带来伤害？
>
> （《经济学家》，1999年6月19—25日）

《经济学家》"编者的话"完全站在亲企业的立场上，对这份杂志而言这也是其惯常做法。不过它也注意到一些反对的声音。它一方面指出了转基因作物能够带来的好处，另一方面也承认，"把转基因作物说成是解决所有问题（从病虫害控制到世界饥饿问题）的唯一出路，这就在无意中助长了一种流行的观点，即转基因食品是不安全、不必要而且有害环境的"。它认为，这种担心"在很大程度上是站不住脚的"，"民众的大惊小怪绝大多数"都是"搞错了方向"。尽管如此它也承认，不管是政府还是企业都不能对民众的恐慌视若无睹，尤其是在"民众对食品和环境的忧虑比理智或科学蔓延得更快之际"。在《经济学家》看来，主要问题是如何找到一种最好的方法去"缓和民众对转基因食品的恐惧"并"赢得公众的支持"。

1999年的头几个星期，英国国会上议院在一份题为《科学与社会》（见本书第四章）的报告中指出，"转基因食品问题""将会形成一场媒体风暴"。报告认为，在"疯牛病灾难"之后，随着过去两三年转基因食品快速进入英国市场，社会大众对这个议题变得"高度敏感"。同年2月，有些报纸编辑已经开始看到，政府和企业界有关转基因食品的政策和做法，与社会大众对转基因食品所能带来的好处的看法，这两者之间存在着越来越大的落差。上议院的报告指出：在这种情况下，

> 仅仅一件事——尤其是如果科学界在转基因食品的安全性共识上出现不同声音——就足以引发一场辩论，在这场辩论中，许多报纸编辑因为感到他们的读者普遍对转基因食品抱有怀疑态度，因而决定起而反对农业和食品领域的生物科技。
>
> (SCST 2000)

引发上议院报告中所说的"转基因食品大辩论"的事件，是1999年2月12日《卫报》上刊登的一封读者来信。来自13个国家的22名科学家联名写了这封信。他们公开支持阿帕得·普斯泰博士的研究结论（当时尚未公开发表）：实验室老鼠有可能因为吃了转基因马铃薯而产生了不良反应。

普斯泰是一位国际知名基因专家，一年前他多次接受电视采访，

表达了对转基因食品的担心，结果他被匆忙地中止了研究工作，并被迫退出一项政府资助的研究项目（该项目由 Rowett 研究所承担）。有一次，在接受 Granada 电视台《世界在行动》(World in Action) 栏目记者采访时，他说自己是不会吃转基因食品的，而且觉得"把我们的市民同胞当作试验品实在是太不公平了"。之所以有这些担心，是因为他的研究初步发现，在马铃薯中植入具有天然杀虫作用的基因之后，再把它拿给实验室老鼠吃，老鼠吃后身体器官受到损害，免疫系统功能也遭到破坏。普斯泰对记者说："我完全被吓住了。研究开始前我非常有信心，认为不会有什么发现。但是随着试验不断进展，我越来越感到不安。"（转引自《星期天独立报》1999 年 3 月 8 日）虽然普斯泰声称自己是一个"非常热情的转基因技术支持者"，但他也补充说："这项技术对我们来说实在太新了，我们没有办法绝对确保我们正在做的事情是对的。" Rowett 研究所最初对他的指责仅限于他未经同行评议就把临时数据公开发表。后来则出现了更严重的指控，但这些指控都被强烈否认。《卫报》那封读者来信的签名者（他们中没有知名的基因工程师——批评者后来这么说）则坚持认为，他们独立地核对了普斯泰发表的数据，认为普斯泰的担忧完全是有道理的。在他们看来，普斯泰受到了不应有的攻击，他的研究工作也不应被中止。

在刊登科学家联名信的同一天，《卫报》在报道中指出，暂停转基因食品研究的压力"正在形成一股浪潮"。各种不同类型的媒体都把转基因食品问题当作最重要的新闻，有的记者使用了"弗兰肯斯坦食品"这个名词以加强修辞效果。英国工党政府因为没有要求转基因食品三年内不得进入流通市场，在国会下议院甚至遭到同党议员的激烈批评。正如工党国会议员艾伦·辛普森 (Alan Simpson) 所说："我认为，作为政府我们有责任搞清楚：究竟是谁使这项研究遇到了挫折？如果普斯泰博士是对的，这就犹如一场新的疯牛病危机。"（转引自《卫报》1999 年 2 月 12 日）作为反对党，保守党国会议员可能感到机会来了，可以借此转移焦点，使民众淡忘保守党在处理疯牛病危机中的不当作为，因此他们群起质疑政府立场，认为缺乏科学依据。他们主张对转基因食品进行更加严格的科学检测。这一要求在各界民众和组织中引起广泛回响，从绿色和平组织到消费者协会，都表达了支持。尽管政府极力化解批评声音，认为那只是媒体掀起的一点浪花，很快就会过去；但是形势很快就变得明朗起来，用《卫报》科学编辑罗宾·麦基（Robin McKie）的话来说，转基因食品"已经演变成一场政治噩梦"。麦基描述了种种针对英国转基因食品主事者"前所未有的激烈批评"，他认为此类产品"目前看来像是欧洲食品产业的弃儿"（《卫报》1999 年 2 月 14 日）。

不出所料，人们往往把这场"政治噩梦"归结于新闻媒体所起的作用。有的人肯定新闻记者的贡献，认为他们终于揭露了转基因食品的真相（"普斯泰受到了压制"），另一些人则谴责新闻记者，说他们在制造恐慌（"马虎的科学和夸张的报道"）。《卫报》科学编辑麦基认为，更准确地讲，问题的根源在于转基因技术背后的主事者"没能理解社会大众对科学的畏惧，也没有意识到在缺少选择的情况下，消费者会充满疑虑而且很容易担惊受怕"。相反，基因工程的倡导者们则坚持认为，转基因食品给消费者带来的选择不是更少而是更多，而批评者们却看不到这些好处，这让他们感到很困惑。很多这类倡导者指出，数千年来，通过随机突变、偶然事件和自然选择的过程，农作物一直都在发生基因转变。在他们看来，比起过去采用的那种随机性的基因改造技术，基因工程让科学家能够更好地掌控这个过程，进而提高食品的安全性。此外，转基因食品的优点还有：

- 转基因作物自身能够产生除害物质，或者不会受到灭草剂的影响，因而可以少用化学药品，相应地环境污染也较少；
- 转基因作物需要施加的肥料相对较少，作物生长更强更大，成熟更快，保存时间更长，因此种植者的收益也就更高；

- 种植者的劳动生产率提高，成本下降，因而转基因食品价格更便宜；
- 转基因食品可为消费者提供更好的营养食品（比如，转基因技术生产的食物油中的动脉阻塞脂肪含量较低）和抗疾病化合物（如富含抗癌物质的番茄或具有免疫功能的蔬菜）；
- 转基因作物在恶劣环境下也能生长良好，这可以给发展中国家带来好处；
- 如果没有转基因食品，地球将无法为不断增长的数十亿人口提供足够的食物。

这些倡导者认为，只要媒体能够准确报道，民众最终是会支持基因工程的。他们说，英国以外的地区就是这样的情况。美国孟山都公司、美国杜邦公司的先锋良种国际公司和瑞士 Novartis 公司的基因工程师们生产的作物种子，已在南北美洲、中国和澳大利亚被广泛采用。正如霍普金所指出，美国"超市售卖的加工食品（从谷物类早餐食品到软饮料）中，约 60% 都含有转基因成分，尤其是大豆、玉米和加拿大油菜；有些新鲜蔬菜也经过了基因改造"（Hopkin 2001）。此外，倡导者们还指出，"绝对安全"的食品是不存在的，就连传统作物也是有风险的。

上述看法背后所隐含的假设，在反对转基因技术的人看来无法赞同。在由支持普斯泰的公开信所引发的公开辩论出现之前，英国就已经有一个声势浩大的反对转基因联盟。其成员包括各种民间组织，诸如地球之友、绿色和平（它在之前十年中一直呼吁禁止转基因食品和作物）和其他环保团体，还有土壤联盟（又译土壤协会）及各种农民团体和消费者团体。他们反对转基因技术的主要理由是：

- 基因操纵是违反自然的，因此也是不应该做的；
- 转基因食品不安全（或者说还没有足够的科学证据表明它是安全的），尤其令人担心的是它可能导致过敏反应；
- 杀虫物质长留在土壤中，有可能演化出抗杀虫物质能力很强的病虫害，类似这样的情况使得转基因作物的栽培可能给环境带来难以预知的问题；
- 来自转基因作物的花粉可能使得邻近地区的农田变得颗粒无收，它所导致的超级杂草（能够抵抗各种除草剂和杀虫剂）则可能会摧毁农村地区的生物多样性；
- 转基因技术掌握在少数几家公司手中，它们企图垄断作物生产（通过注册基因专利等手段），使农民必须依赖它们；
- 转基因生物所产生的副作用很可能是无可挽回的，连科学家也不能控制。

由于政府在疯牛病危机中的表现还历历在目，这些转基因技术的批评者对种种来自官方的保证根本无法信任。他们坚定地认为，尚无足够的科学证据可以支持这样一种决策，即允许开展用于商业流通的转基因作物。他们认为，即使在食物严重缺乏的地区，种植商业性的转基因作物也有违公众利益。他们还指出，今天世界上生产的食品总量超出了实际消费的数量。《卫报》一位专栏作家提醒读者，"人们挨饿并不是因为粮食太少，而是因为粮食和粮食赖以生长的土地都集中在有钱有权者手中"（《卫报》1999年2月13日）。

声援普斯泰的联名信所引发的激烈争论（有人称为"马戏团式的媒体表演"）重新引爆了一个话题：社会大众对政治家、科学家和农民的信任度问题。普斯泰本人后来也说："从我自己的经历来看，我敢说，谁要胆敢说出任何稍微有点违背潮流的话，立马就会受到各种中伤直至完全被摧毁。"（《星期天独立报》1999年3月8日）为了更好地理解媒体是如何影响了社会大众对这场危机的认知，英国国会科技办公室（POST）[1]与上议院STSC成立了一个联合调查组。在杜兰特（Durant）

---

[1] 国会科技办公室成立于1989年，它是一个中立机构，同时为国会上下两院和英国各政党提供服务，在涉及科技的公共政策议题上提供独立的意见和建议。——译注

和林赛（Lindsey）的领导下，研究者们分析了 1999 年 1 月 8 日至 6 月 8 日的媒体报道，所选取的媒体报道内容主要来自每日出版的全国性的大报、小报、周报，以及部分广播电视新闻和时事节目。

调查组提出的最终报告题为《转基因食品大辩论》（POST 2000a），可读性极强。比如，该报告发现，尽管这场辩论是由《卫报》刊登的科学家联名信所引发，但那封信并非这场大辩论唯一的或最重要的影响因素。报告中提出了其他一系列因素，诸如：

- 疯牛病事件之后，尤其是 1996 年 3 月以后，社会大众对政府在食品安全问题上的决策越来越失去信心；
- 1996 年秋天，欧洲开始从北美进口农产品（大豆、玉米），其中把传统产品和转基因产品混在一起。
- 1996—1998 年间出现了一个广泛而有力的反对转基因食品的联盟；
- 一些知名人士（其中包括皇室成员威尔士王子和部分媒体人）以个人名义对批评阵营表达支持或至少是强烈同情他们的立场；
- 媒体之间的相互竞争，使得一部分报纸编辑倾向于站在普通大众的立场上，支持反对转基因运动。《每日邮报》在 1999 年 2 月 6 日发表了题为"每个读者都要关心这个问题"的社论，公开发起反对转基因运动；《星期天独立报》不甘落后，第二天在头版头条刊登了《停止转基因食品：基因改造作物"失去控制"》的新闻。

（POST 2000a）

很明显，上述最后一个因素起到了特别重要的作用。报告指出，英国所有小报及部分大报在转基因食品问题上都采取了"运动式"立场，根本算不上客观"报道"。有的报纸公开发起反对转基因运动，有的报纸同样持"运动式"反对立场，只是手法稍微含蓄，在争议最激烈的阶段，它们共同为这场辩论"设定了议程"（调门最"刺耳"的两家报纸是《每日邮报》和《快报》,当时它们之间正在进行报纸发行量之战)。
报告还指出,事实上,电子媒体(尤其是英国广播公司广播四台影响
很大的《今日节目》)经常从报纸头条中获取新闻线索。

　　显然,采取"运动式"立场的报纸成功地把这场争论扩展到传统
"科技新闻"的有限范围之外。虽然采取"运动式"立场的报纸与没有
采取"运动式"立场的报纸在转基因食品问题上的报道总量大体相当,
但两者的报道方式却是截然不同。根据上述调查报告,采取"运动式"
立场的报纸"最早进入论争,率先提出新问题,采用较为耸动的标题,
把更多的版面用于评论(而不是新闻或特写),尤其是在这场辩论的早
期阶段"。一个同样重要的研究发现是,关于转基因食品的多数报道都
不是出自科学新闻记者之手,而是由别的新闻(包括一般新闻、政治新
闻、环境新闻或消费者新闻)记者所写。在报告所关注的时段内,专
业的科学记者所作的报道从来没有超过此类新闻报道总量的15%。实
际上,在2月11—12日,也就是转基因食品新闻爆发的关键时点,报
告所调查的11份全国性报纸中没有一条转基因食品新闻是由科学记者
采写的(相比之下,此类新闻中有45%出自政治记者之手)。科学记者
更可能提供新闻特写,大报的情况更是如此。报告指出,这就是科技
政策圈子中很多人之所以认为媒体的相关报道"不科学"、甚至"反科
学"的原因所在。

　　政治家们也迅速地对媒体的新闻报道提出批评,认为媒体报道过
于煽情。报告中引述的一些新闻标题,大致可以体现当时新闻报道的
口味:

　　　　"弗兰肯斯坦食品"引发的警报

　　　　　　　　　　　　　　　　(《每日电讯报》1999年2月12日)
　　　　"魔相:布莱尔说'我吃了弗兰肯斯坦食品,它是安全的'引
　　发众怒"

　　　　　　　　　　　　　　　　　　(《镜报》1999年2月16日)

"转基因食品:布莱尔是如何忽视我们的顶级科学家的"

(《每日邮报》1999年2月18日)

"转基因作物可能会要你的命"

(《每日快报》1999年2月18日)

"基因作物可能导致鸟类灭绝"

(《卫报》1999年2月19日)

首相布莱尔投书《每日电讯报》,抱怨说"错误的信息已经流传了两个星期",他说他和他的家人都在愉快地食用转基因食品(绿色和平组织的回应是:在唐宁街首相府外面倾倒了4吨大豆)。随着越来越多的连锁超市把转基因产品下架,布莱尔的一名内阁成员杰克·坎宁安(Jack Cunningham)指责媒体是"集体歇斯底里"。与此同时,到了1999年5月,英国科学界主流力量的代表皇家学会宣布,"从普斯泰的试验中无法得出任何结论"。皇家学会自己的专家对普斯泰的研究进行核实之后声称,普斯泰的研究"在设计、执行和分析的很多方面都存在缺失"。该学会接着强调,尽管还不能"彻底排除"基因改造带来有害后果的可能性,进一步的研究还是有必要的。学会还指出,它不会支持英国医学会提出的要求,即在确切了解其效果之前无限期禁止转基因作物的商业种植。英国医学会认为,最令人担忧的事情是在食物中使用对抗生素有耐药性的基因,因为这有可能导致人体对抗生素的抵抗力增强。英国医学会还敦促政府禁止进口未加贴标签的转基因食品(《卫报》1999年5月18日)。不管怎样,皇家学会和英国医学会之间似乎还是有一个共识,那就是:尽管尚无证据表明转基因食品会带来有害后果,但这并不意味着它就是安全的。两个学会之间的分歧似乎只是在于,转基因食品在多大程度上并不比别的食品更危险。

根据国会科技办公室的研究报告,英国舆论对待转基因食品的基调,在1996年还是一种审慎同意的立场,到了1999年末就变成质疑和反对了(另见Reiss and Straughan 1996;Durant et al. 1998;Hornig

Priest 2001)。这里的关键因素依然是那些持激烈反对立场的"运动型"报纸。报告认为,这些报纸把转基因食品的报道政治化了,使得"这场辩论完全变成了一场对抗、甚至叫喊"。尽管如此,报告还是提出了忠告:此类"运动型"报纸之所以能成气候,正是由于"1996年以后政府和企业界在转基因食品问题上的政策和作为与民意日益脱节"。因此,最主要的因素就是这种脱节。除此以外,还有其他几个因素:

- 即便是一项未正式发表的(因而也是未经验证的)科学主张,在"合宜"的环境下也能对公共辩论和公共舆论产生重大影响;
- 在社会敏感度高的科研领域,极难应对专家之间的意见分歧;
- 当科学或与科学相关的议题成为新闻焦点时,事态的发展可能会非常迅速——而且并非总是朝着科学家预期的方向发展;
- 不太引人注目的科学新闻通常是由专门的科技通讯员采写的,那些备受瞩目的科学新闻往往有更广泛的记者介入(包括报纸编辑)。一旦出现这种情况,对待科学的方式也会出现明显变化;
- 多数情况下,科学议题或与科学相关的议题都是媒体报道的主题。但是,这类议题有时也会成为某种运动的目标。科学及科学家与媒体之间的交往规则,在"报道"和"运动"的背景下截然不同。

(POST 2000a)

那么,该如何强化新闻媒体在科学议题上的报道质量,以充实社会大众关于科学议题重要性的对话呢?在国会科技办公室研究报告的基础上,上议院科技委员会得出的结论是:非专业的科学记者必须采取切实措施改善自己处理科学新闻的能力。该委员会成员相信,可以通过一套已被提出的准则来实现这个目标,这套准则的目的是要"改变媒体的行为",同时也要"改变科学家与媒体打交道时的行为"。

对于媒体,报告建议报刊投诉委员会(PCC)采纳并公布皇家学会提出的新闻编辑守则。报告提出了一些对专业和非专业科学记者均适用的建议,包括新闻的"准确性、可信度、平衡性、不确定性、合法性、建议与责任"等议题。此外,报告还提到了"风险"问题,指出使用"安全"一词时要特别谨慎。有的风险可以接受,有的风险则不可接受,因此,"提出'这种食品安全吗?'这个问题本身就是不负责任的,因为它容易让人产生一种错误印象,以为存在绝对安全的食品。提出这个问题也是徒劳的,因为'不安全'是唯一可能的答案。更恰当的提法是:'这种食品危险吗?'或者'这种食品足够安全吗?'"(POST 2000a;另见 Hargreaves and Ferguson 2000)

关于科学家的准则,报告赞同一位发言人的观点:"在一种民主的媒介文化中,科学家也必须像普通人一样提高自身的承受能力。"尽管如此,委员会并不认为目前的现状是完美的,它明确指出:"英国的科学文化需要来一场重大变革,应该更公开、更积极地与媒体展开交流。"报告认为,应该提供资源并开展必要的培训,让科学界帮助非科学专业的媒体工作者更好地报道科学新闻。显然,未来仍有许多工作要做。

吸取教训?

毋庸置疑,在今后的岁月里,疯牛病和变异型克雅氏病,以及转基因作物和食品仍会受到媒体关注。未来仍将从过往的错误中吸取教训。在疯牛病危机中,最大的教训是,"试图用'绝对安全'来安慰社会大众,这本身就是一种极大的风险"(Powell and Leiss 1997:3—4)。至于转基因食品辩论的教训,目前要总结还为时尚早,前述国会科技办公室的调查报告认为,主要教训是:"在一个民主国家,任何忽视民众感受的重大利益团体(包括科学团体在内),最终都会自食其果。"虽然已经认识到这些教训,大家想问的一个问题仍然是:在食品恐慌问题上,媒体究竟怎样报道才是最好的?尤其紧迫的是,必须让有关风险的科学语言能为社会大众所理解,与此同时,也要让社会大众对风险的理解成为促进科学进展的力量。普通或"外行"民众在科学决策中的角色不可或缺,必须真正重视起他们的意见。正如《柳叶刀》编辑霍顿所说,"风险问题并非只是抽象的概率或理论保证,关键是人们如何看待这些风险以及他们为何这么看待"(Horton 1999)。

由此可以得出结论,社会大众的信任是要通过公开辩论来赢取的,而不是专家们能够给予的某种权利。在英国这样的国家,"出现公共卫生风险时,官方的反应一般都是提出家长式的安抚和保证。政府的判断是,恐慌情绪带来的危险远甚于实际存在的民众所要承担的风险"(Collins and Pinch 1998: 124)。因此,政府的主要任务往往就变成安抚民众的惧怕情绪,历来的食品危机处理明显都是走的这条路子。在疯牛病危机中,这样的处理方式不仅伤害了民众的健康,同时也伤害了科学:

> 疯牛病会在不同物种(如羊和牛)之间相互传染吗?它会不会引发新型人类脑部疾病?吃汉堡包安全吗?对诸如此类的问题,英国科学界给出了截然不同的答案,有人想要掩盖事情的真相,在英国牛肉被禁止出口后国内政治几乎一败涂地,各种优柔寡断的政策接二连三而来导致英国牛肉行业明显崩溃:所有这些,没有一项是有利于科学的。很多情况下,错误不在于科学本身,它只是无法为一些非常棘手的问题提供即时答案而已;真正的错误在于人们对科学寄予了错误的期望。这种期望使得其他人可以在需要的时候把责任推给科学。
>
> (Collins and Pinch 1998: 154)

在疯牛病危机和转基因食品危机的很多关键节点上,都出现了把责任推给科学的倾向。可以说,这种倾向反映了一种文化氛围,即经常认为科学是离不开政治的。因此,贾萨诺夫认为,这些危机提出了一个很根本的问题,那就是:政府部门及其咨询机构的合法性究竟何在?

(Jasanoff 1998：355）她写道，当今时代"是一个有着复杂的技术风险的时代，这些风险无法从科学上完全弄清楚，也难以采用家长式的办法自上而下地加以控制"，因此必须确保在有关科学的公共对话中人们可以充分接触到不同的声音。她指出，必须给政府的决策过程注入更多活力，确保"不同的知识和技术积累都能发挥作用，关于相关风险的各种观点都能让人听到，进而采取负责任的行动，而不必非要等到了解自己行动的全部后果后才采取行动"（Jasanoff 1998：355；另见McNeil 1987；Myers 1990；Adam 1998，2000）。

这样的学理探讨让我们可以在更有利的位置上来审视专业知识的社会背景。当专业知识看起来最不成问题时，往往也是它最具有意识形态特征的时候。不同的利益相关者采用的标准各不相同，大家争相认为自己对专业知识的界定最权威、最明了。人们所标榜的这些专业知识虽然都是诉诸所谓的科学理性，实际上必然离不开当时的社会背景，角度也各异，因而也就带有不同的政治色彩。事实上，正如疯牛病和转基因食品危机所展示的那样，大家所声称的专业知识能否维持下去，不仅取决于事件本身的明显事实，也取决于相关的政治和经济利益。这就产生了一个很重要的问题，那就是：有些人所声称的专业知识，以某种方式与对风险的具体界定相结合，成为"最好的科学建议"（这是部分政治家喜欢使用的词汇）。因此，仔细记录这一合流的过程，将会有助于商讨专业知识与风险之间的战略联盟关系，使其变得更负责任、更公开。

民主需要富有活力的观点交流，需要能够充分表达不同观点的新闻媒体。正如本章所表明，在食品风险问题上，我们需要培育新的对话方式，特别是在科学不能提供明确结论而人们的意见又高度分歧的问题上。虽然近年来社会大众对疯牛病和转基因食品的感受没有得到应有的重视，虽然我们为此付出的代价还在继续攀升，但是专家们的观点仍然为这场辩论划定了一道规范的界线。

深入阅读书目

Adam, B. (1998) *Timescapes of Modernity: The Environment and Invisible Hazards*. London: Routledge.

Baker, R. (2001) *Fragile Science*. London: Macmillan.

Beardsworth, A. and Keil, T. (1997) *Sociology on the Menu*. London: Routledge.

Durant, J., Bauer, M. W. and Gaskell, G. (eds) (1998) *Biotechnology in the Public Sphere*. London: Science Museum.

Ford, B. J. (2000) *The Future of Food*. London: Thames and Hudson.

Hornig Priest, S. (2001) *A Grain of Truth: The Media, the Public, and Biotechnology*. Lanham, MD: Rowman and Littlefield.

Powell, D. and Leiss, W. (1997) *Mad Cows and Mother's Milk: The Perils of Poor Risk Communication*. Montreal and Kingston: McGill-Queen's University Press.

Rhodes, R. (1998) *Deadly Feasts: Science and the Hunt for Answers in the CJD Crisis*. London: Touchstone.

第八章 人类的影子：机械机器人、生物机器人、电子机器人、克隆人

> 我们要小心，在涉及人的问题上，不能高估了科学和科学的方法。
> ——阿尔伯特·爱因斯坦

> 我们现在有了由低劣的科学来决定的歧视。
> ——电影《变种异煞》中的文森特·弗里曼（Vicent Freeman）

人是什么？这当然不是一个什么新问题。数百年来它一直都在引发激烈的道德和伦理争论。尽管如此，今天重提这个问题，仍可看到它所引发的许多奇妙反响，这些反响把我们熟悉的哲学辩论推往新的方向。有的评论家认为，人是什么，其答案的不确定性从未达到今天这样令人担心的地步。他们指出，科技发明已经开始模糊人与人所创造的机器之间、生命与非生命之间的界线。格雷认为："如果你已经实质性地被技术改造过，比如你安装了心脏起搏器或者你的免疫系统被接种的疫苗改动了，那么，毫无疑问你就是名电子机器人。"（Gray 2001：2）有的评论家走得更远，他们警告说，生物技术的发展（从人工心脏到基因工程和克隆技术）正在以出人意料乃至令人震惊的方式急剧地改变着"人"的定义。他们问道，在不远的将来，有没有可能把人的意识下载到电脑里？对他们来说，不管是好是坏（很多人可能都会觉得更糟糕），后人类时代正在向我们走来。

本章从多个不同视角来回答"人是什么"这个问题。我们首先会把目光投向"弗兰肯斯坦"的故事，因为正如特尼（Turney 1998：3）所说，这个故事是"现代生物学上最主要的神话"。我们会特别关注这个神话的特点，以及它作为一种修辞资源是如何被广泛地应用于推进或挑战某种有关科学的论述的。然后我们会检视各种不同的机器人："机械机器人"（robot）、"生物机器人"（android）和"电子机器人"（cyborg），以便了解科幻故事是如何从其独特的视角重新划定我们所熟悉的"人类自我"与"机械他者"之间的界线。接下来我们着重讨论《美丽新世界》里的"试管婴儿"和基因工程创造出的"人造儿童"。看起来，人们原先担心的是机器人将会控制活着的真人，现在他们主要担心的则是基因技术将会把人类自身改造成像机器人一样的东西。本章在最后部分探讨了克隆人的前景。不管科学的发展是会失去控制（导致出现"弗兰肯斯坦"怪物）还是会受到人类的掌控（导致出现"美丽新世界"），克隆人（即用复制成人基因的办法创造婴儿）可能给人类带来的影响都是极其深远的。

弗兰肯斯坦创造的怪物

玛丽·雪莱的小说《弗兰肯斯坦》读来令人不寒而栗。它以令人不安的尖锐眼光向人们展示了：沉溺于追求科学发明将会导致悲剧后果——这可能会给今天的读者留下难以磨灭的印象。这部小说出版于1818年，它就19世纪初科学（尤其是电学和化学）所呈现出的"崭新而且几乎无限的力量"提出了一系列极有吸引力的洞见。因此有些评论家认为，它代表了科幻小说这种文学体裁的雏形。比如，奥尔迪斯主张，应当把这部小说看作第一部真正的科幻小说，因为它提供了"后来出现的所有出问题的造物神话的种子"（Aldiss 1973：26）。他认为，雪莱（她在19岁生日前开始写这部小说）"吸收了［伊拉斯谟·］达尔文和［珀西·]雪莱的观念;她了解这两人对未来的看法;然后才开始把自己的心得用歌德式小说的松散结构表达出来"(Aldiss 1973: 21)。[1] 另一些评论家则认为把这部小说列为恐怖小说更为稳当(多年来好莱坞电影作家对这部小说的各种改编更是强化了这一说法的合理性)。有趣的是,这部小说刚出版时,文学批评家们经常将其归入"浪漫文学",认为它价值不大,只是天马行空的虚幻想象,虽然这种想象在他们看来也可能导致道德堕落(见 Schoene-Harwood 2000)。但不管怎样,一个比较确定的事实是,在当今媒体的生物技术报道中,"弗兰肯斯坦"一词已经占据了中心位置,个中原因值得我们在这里仔细分析。

在讨论这些新争论的重要性之前,我们有必要先来简要回顾一下科学主题是如何在小说中出场的。下面这一段话为这个主题定下了基调:

> 那是十一月份一个沉闷的夜晚,我静静地看着自己辛苦劳动后的收获。在近乎痛苦的不安中,我一一收拾着周遭的生活用品,我似乎可以给脚下这些毫无生气的物件注入生机。时间已是凌晨一点;雨滴无力地敲击着玻璃窗,蜡烛就要燃尽。此时,就在摇曳的即将熄灭的黯淡烛光中,我看到那生物睁开了沉郁的黄色眼睛;它急促地呼吸着,四肢随着抽搐的身体抖动起来。
>
> (Shelley [1818] 1994: 69)

这些话出自小说中的瑞士科学家维克多·弗兰肯斯坦之口。他下决心要探索生命的秘密,为此花了两年时间干了一件令人毛骨悚然的事:收集整理从各个坟场和尸骨存放地找来的零碎尸体。终于做完了这件事,他端详着面前躺着的"人的恐怖幻影",内心交织着兴奋和恐惧。

---

[1] 伊拉斯谟·达尔文(Erasmus Darwin, 1731—1802),进化论的奠基者查尔斯·达尔文的祖父,18世纪英国著名科学家、诗人,对生物学的发展作出过重要贡献。珀西·雪莱(Percy Shelley, 1792—1822),英国著名诗人,玛丽·雪莱是他的第二任妻子。——译注

就在他成功地给自己创造的人注入生命的"关键活力"（小说中没有交代他究竟是如何做到这一点的）之后，弗兰肯斯坦立即被自己的作为吓得缩成一团：

> 我该如何刻画这横祸飞来之际我的感受，又该怎样描绘这个我受尽煎熬又耗尽心思才组合出来的可怜东西？他四肢匀称，身材很好。真帅啊！我的天！他的黄色皮肤恰好遮住了下面活动着的肌肉和动脉；他的头发柔软流畅而又充满光泽；他的牙齿洁白如珠；但是，所有这些华美的部分，与他那呆滞湿润的眼睛（其颜色与装放眼睛的托座几乎一样呈灰褐色）、干枯的肤色和乌黑的嘴唇更加形成了可怕的对比。
>
> (Shelley [1818] 1994：69)

虽然弗兰肯斯坦成功地"给一具没有生命的躯体注入了生机"，他的内心却充满了恐惧和恶心。他迅速跑到乡下，希望彻底忘记这个创造物（他甚至没给这个东西起个名字）。这个已被抛弃的活物，得不到他的创造者的关心和爱护，只能自己照顾自己。悲剧随之而来，因为外表过于吓人，这个活物几乎遭到每一个他遇见的人的迫害，他完全无法被人类社会所接纳。

最终这个活物遇到了弗兰肯斯坦本人，他哀求弗兰肯斯坦给他创造一个异性伴侣，让他们能够共同生活。弗兰肯斯坦先是答应了，但很快又反悔了，因为他忽然意识到，一旦他创造出的这两个活物结合在一起，很可能会繁殖出一个"恶魔之族"。看到弗兰肯斯坦决定摧毁他本已承诺要造出的伴侣，那个活物万念俱灰，在消失之前发出誓言："在你新婚之夜我必与你同在！"这个伤透了心的活物痛苦万分，随后成功地履行了自己的誓言，杀死了弗兰肯斯坦的未婚妻。弗兰肯斯坦苦苦追寻这个"该死的地狱般的恶魔"，一直追到遥远的北方，他相信自己创造的这个活物必得"饱饮极痛之浆"以"感受此刻正百般折磨着我的绝望之情"(Shelley [1818] 1994：256)。弗兰肯斯坦最终败于北方的严寒，没能复仇成功。临终之际，他与朋友罗伯特·沃尔顿（Robert Walton，是他把弗兰肯斯坦从冰流中救出）告别，并且高声说出了一段发人深省的话："放下野心，在和平宁静中寻求幸福吧！哪怕你只是明显无辜地想在科学和发明中让自己置身事外，那也是要不得的理想。可是我为何要这么说？我已经被那些理想伤害得体无完肤，而别人或许会成功。"(Shelley [1818] 1994：275) 不久，那个活物出现在弗兰肯斯坦的床边，悔恨交加。面对怒气冲天而又有些好奇的沃尔顿，那个活物提出了告诫："我的心是这样造的：它容易为爱和同情所感动，而一旦陷入恶行和仇恨所带来的痛苦，它就无法轻易地承受这一剧烈转变所带来的折磨，那种折磨是你所无法想象的。"(Shelley [1818] 1994：278) 接着，他宣布要给自己找好火葬的柴堆，然后"将自己不幸的躯体烧成灰烬，这样若是再有好奇而有罪孽的可怜人想造一个我这样的活物，他就无法从我的遗体中得到线索"(Shelley [1818] 1994：281)。

根据这部小说拍摄的好几部好莱坞电影都与原著有很大出入，在原著中弗兰肯斯坦所创造的活物并非天生邪恶。相反，这个活物之所以变得暴怒，是因为他遭遇了被人类拒绝的惨痛经历，尤其是他的创造者没能承担起对他应负的道义责任。在我看来，这部小说主要不是批评科学，它更多是在控告那些拒绝为自己的行为负责的科学家。小说对具体科学问题着墨很少，真正谈到科学时也不过是泛泛重复一下当时的各种科学理论——当然也有作者自己的想象和曲解。小说里描写的弗兰肯斯坦在试验室中创造活物的故事，其可信性在于雪莱所说的对某些想象的科学事实和原则的运用，而不是诉诸什么更大的神秘力量。多位评论家指出，正是这种对科学与神秘的区分，使得这部小说与早先各种类型的文学幻想有着决定性的不同。此外，在奥尔迪斯这样的批评家看来，这也是弗兰肯斯坦的传奇故事能够长期流传的原因所在。他认为，这部小说"不仅预示了我们对于科学进步产生的双重后果的忧虑，它也是第一部从进化论获得灵感的小说"。换言之，"造物主上帝（不管多么经常被提到）是不在场的房东，他的房客们密谋着要侵占房产"（Aldiss 1973：26；另见 Gould 1996；Nottingham 2000）。

雪莱的这部小说自从问世以来就一直深深地影响着社会大众对生物科技的想象，有感于此，托尼沿着这一思路作了更深入的分析。他指出，弗兰肯斯坦已经成为现代性的最主要神话，这个神话有着自身的生命力。事实表明，小说里提到的那些忧虑一直是各种辩论的核心话题。不仅如此，特尼认为这部小说本身已经成为具有多种功能的"框架"或"脚本"，社会大众可以据此解释他们与科学技术之间的社会关系。他写道："要激活它，你只需提到一个词：弗兰肯斯坦。"（Turney 1998：6）只要提到这个词，就可以唤起对整个故事的感受，从而立即以新的、有时是令人震惊的方式将任何讨论重新语境化。也就是说，这个起源于小说、多年来在不同媒介背景下一再被以各种不同方式重新讲述的大众文化脚本之所以能被社会大众迅速接受，主要因为它"表达并强化了人们对于科学的潜在的担忧情绪"（Turney 1998：36）。对这个故事的每一种演绎，都会保留以科学为基础的造物神话，但这个"科学"是失控的，失控到会攻击科学家的地步。尽管如此，特尼认为，这个神话还是很少导致直截了当的反科学故事的出现。相反，作为科学家的弗兰肯斯坦往往被描绘成具有可以理解的（甚至是有点让人崇拜的）动机，受众往往也会对弗兰肯斯坦和他的创造物都生出同情。

特尼认为，弗兰肯斯坦这个脚本，"以其十分显明的方式，融合了至今仍然无法得到解决的科学、方法和动机这三个方面的矛盾心态"（Turney 1998：35）。可以认为，这种矛盾心态在生物学领域表现得最为明显，尤其是在人们对"侵犯身体"存在"最深的畏惧和欲念"的问题上。他写道："在各种变化以前所未有的速度进行的时代，人的身体是一块稳定的试验田，同时也是我们极力想要加以改造的脆弱而又狭小的容器。"（Turnry 1998：8）雪莱飞跃的想象力不但形塑了当前那些试图改造身体的科学的形象,也表达了"对以侵犯身体为现代性工程的潜在目标的担忧"(Turney 1998:218)。为了更清楚地说明这一见解,特尼提出了一种观点,即弗兰肯斯坦神话是一种修辞资源。他展示了立场不同的人如何利用这一资源去说明生物科学可能给人类带来的好处或坏处。比如,不管涉及的议题是实验室受精的人类胚胎实验,还是转基因食品给人类带来的长期后果(有人称之为"弗兰肯斯坦食品"),激烈争论的各方经常都会把这个神话作为有用的资源加以利用。

然而,一点也不奇怪,在特尼看来,这样的话语策略是产生问题的原因之一,它并不能促成问题的解决。换言之,他认为这样的话语策略使得针锋相对的各方在如何控制新技术问题上的立场变得更难调和。他写道,弗兰肯斯坦神话

> 对高度复杂的事态采取的是一种全盘肯定或全盘否定的回应,而我们所坚持的则是选择一部分并阻止一部分的权利。当我们这样做的时候,需要提出更加明确的原因,而不是简单地说有些东西人类不可能知道或者我们不应该违背自然。但在清楚地阐明这些原因之前,我们首先需要解决好弗兰肯斯坦的问题。
>
> (Turney 1998:11)

如何把围着弗兰肯斯坦打转的非此即彼的辩论引入新的方向,这是一个很大的挑战。弗兰肯斯坦神话容易使辩论者忽略事情的复杂性,形成两极分化的意见,变成阵线分明的反对和支持两大营垒。特尼指出,我们需要编出一个新的故事,以使人们可以在充分掌握信息的基础上对技术及其后果问题作出更好的、符合伦理的决定。但他也承认,弗兰肯斯坦神话还没有消退的迹象,因为它已深深地扎根于各种文化形态和实践中。实际上,他相信,在相当长的时期内,它不仅将继续深刻地影响社会大众对待科学的态度,而且随着生物科学的发展,它的影响力很可能还会进一步加强。

在后面关于生物技术的讨论中，我们还会涉及弗兰肯斯坦神话的其他方面，下一节我们先把焦点转到作为科学想象目标的机械人（mechanical human）。在这里我们同样会看到，社会大众对于人与非人之间界线的焦虑，在早期科幻小说的意象中也有初步的反映。

血肉与钢筋的结合

"机器人"一词最早出现在1920年捷克作家卡雷尔·恰佩克（Karel Capek）创作的剧本《罗素姆万能机器人》（*Rossum's Universal Robots*）中。很明显，"机器人"（robot）一词源自"被奴役的劳工"（robota），大意是"苦工"或"劳役"，还有"工人"、"农民或奴仆"的意思。该剧1921年在布拉格首演，之后在世界各地获得很大成功，包括在伦敦和纽约百老汇（英文版本情节有所调整）。剧情大意是：在一个无名岛上，有位疯狂的发明家和他的企业家儿子，他们共同研制出一批机器人，让它们作为廉价劳动力，替代真正的工人。但是，每隔一段时间，就会有机器人出现故障。众人都认为这是机器人生产方面导致的问题，只有海伦娜一人看出机器人正在产生灵性。她就努力去帮助这批机器人，要求科学家对机器人作些改动，以让它们的灵魂能够得到更充分的发展。于是事情很快就变得无法收拾，有位经过科学家改动后的机器人发表了宣言："全世界的机器人，我命令你们彻底消灭人类……不达目的决不罢休！"就在这个任务快要完成（只有一个科学家逃脱了）的时候，这批机器人忽然意识到如果没有"生命的秘密"，它们就造不出别的机器人来。有一对机器人幡然悔悟并互相爱恋，它们各自取名亚当和夏娃，开始了新的生活，决心不再犯下那些使其先人遭到毁灭的罪恶。

该剧出现的"机器人"这个新东西受到了观众极其热烈的欢迎。但有各种转述表明，作者恰佩克认为观众过于关注剧中的各种道具和装置,他想要指出的更大的社会问题却没有得到应有的重视。正如迪施所指出,用机器人来取代人,这使得作者可以用寓言的方式来表达"一种道德真相,即工业体系把真正的工人当成机器来看待,这就为后来无可避免的正义反叛埋下了种子"(Disch 1998:9)。观众则似乎对另一个想法更感兴趣:机器人可能比人更完美(尤其是它们智力超常),但它们仍然不能摆脱情感问题,它们也会感受到痛苦。这里需要注意的重点是,恰佩克剧作中的机器人在外表上很像真人,而且是从有机体演变而成的(因而在今天看来它们是一种典型的生物机器人)。弗里茨·朗(Fritz Lang)的无声电影《大都会》(Metroplis)在1926年首映时,观众对恰佩克剧作中的机器人想必还记忆犹新。这部电影描绘的是一个机械化的社会,它与恰佩克的剧作一样对技术给人类带来的后果持悲观看法,认为技术是一种去人性化的力量。《大都会》被很多评论家看作是第一部科幻电影,它借用了《罗素姆万年机器人》中的一些元素,尤其是该电影中也有个疯狂的发明家制造出(这次是用金属材料)一个女机器人去鼓动工人反叛。尽管这部电影有一个乐观的结局,但它对未来的看法却是反乌托邦的——认为技术将会支配人类而非相反——很多人都肯定了它的先见之明。

一般认为,是出生在俄罗斯的美国科学家兼作家艾萨克·阿西莫夫[1]在1942年首创了"机器人学"(robotics)一词,用以描述关于机器人的技术。这年3月,阿西莫夫的短篇小说《转圈》在低俗杂志《神奇的科幻小说》(Astounding Science Fiction)上发表,其中首次出现了"机器人学"一词。此前,阿西莫夫已在其他小说中显露出对机器人的兴趣;《转圈》发表后,他在一系列短篇中进一步发展了这一主题,最终在1950年出版了广受好评的小说集《我,机器人》。在这些机器人

---

[1] 艾萨克·阿西莫夫(1920—1992),出生于俄罗斯的美籍犹太裔作家兼生物化学家,20世纪最重要的科幻小说家之一,著有一百多部科幻小说。——译注

系列短篇作品中，他提出了"正子脑"（positronic brain）的概念。"正子"是电子里面不稳定的反粒子，阿西莫夫认为它是制造人工头脑的合适材料。他认为许多科幻小说在描述机器人时都带有一种可称之为"弗兰肯斯坦综合症"的技术恐惧心态，部分为了回应这种心态，他提出了"机器人三定律"（后来又增加了一条"定律0"），以规范人工大脑的逻辑使用。这些法则（他明显是在与小说编辑坎贝尔讨论后提出的）如下：

- 定律0：机器人不得伤害人类整体，也不得见人类受到伤害而袖手旁观；
- 定律1：机器人不得伤害人，也不得见人受到伤害而袖手旁观；
- 定律2：机器人应服从人的一切命令，但不得违反第一定律；
- 定律3：机器人应保护自身安全，但不得违反第一、第二定律。

这些定律共同构筑了一个伦理体系的基础，因此应该成为机器人设计的根本要求。正如克卢特和尼科尔斯所指出，这些定律"有助于破除低俗杂志中把机器人看作一种有害的金属怪物这个越来越不合时宜的老套观念，也使得阿西莫夫能在1940年代塑造出一种新的、较为可信的正子机器人"。与此同时，这些如同"律师般缜密"的定律，也"激发了一大批新的科幻小说的出炉，它们探究并利用了这些定律的各种漏洞"（Clute and Nicholls 1999：56）。阿西莫夫相信，只要其他科幻作家愿意把机器人描绘成拥有一种内置的伦理系统，那么，当社会大众对机器人技术的影响感到越来越不能确定时，更加精致巧妙的科幻作品就会诞生。

美国军事力量对日本广岛和长崎投掷原子弹后，社会大众对技术前景的美好幻想日益破灭（参见 Boyer 1985）。机器人技术也不例外，甚至阿西莫夫本人也在1947年首次创作了以"邪恶机器人"为主题的科幻小说《消失无踪》（*Little Lost Robot*）。但他的立场原则上还是亲机器人的，这一立场得到其他好几位科幻作家的支持。女性机器人仍然受到媒体的高度关注，典型例子是1949年拍摄的电影《完美女人》(The Perfect Woman)。这部电影中有个教授仿照他侄女的模样制作了一个机器人（用现在的话来说就是生物机器人）。这位发明者宣称："我把她称为完美女人，她分毫不差地执行命令，不说话，也不吃东西，你还可以把她搁在防尘布下，几个星期都不用理她。"齐布诺尔指出，由于存在性别歧视，机器人奥尔佳在剧中只是充当了男人的装饰品，因此这部电影所表达的是一种男性主宰世界的梦想（Chibnall 1999：58）。影片末尾，奥尔佳听到"爱"这个词后立即出现故障，冒出火花和烟雾，然后迅速爆炸（另见Wolmark 1999）。

1950年代，机器人很快成为科幻小说中一个广受欢迎的主题。事实上，以机器人为中心的各种小说故事多到难以对其发展历史作一概括性描述。这样的历史中必不可少地要讨论1951年的电影《地球停转之日》(The Day the Earth Stood Still)中那个名为高特（Gort）的机器人，以及电影《禁忌星球》(Forbidden Planet，1956，又名《惑星历险》)和《隐形男孩》(The Invisible Boy)中那个深受大众喜爱的机器人罗比（Robby the Robot）的影响。奥布赖恩指出，罗比是"科幻故事中塑造的最伟大的典型角色之一"(O'Brien 2000：29)。接下来十年，出现了《神秘博士》中的外星人Daleks（虽然它们金属躯体的内部有着与人相似的头脑），以及电视连续剧《迷失太空》(Lost in Space)中动不动就说"这没法计算"的那个机器人。其他较有代表性的机器人还出现在电影《沉默奔跑》(Silent Running，1971)、《傻瓜大闹科学城》(Sleeper，1973)，以及推出R2D2机器人（和生物机器人C3PO）的《星球大战》(1977)及其续集《土星三号》(Saturn 3，1980)中。在那以后又有很多别的机器人角色出现。英国广播公司（BBC）目前正在播放的电视连续剧《机器人大战》(Robot Wars)也值得一提。但一般来说，机器人主要还是被描绘成一种危险而可怕的机器，最终会反过来攻击创造它的人

（正如前面讲到过的，弗兰肯斯坦神话是挥之不去的）。

"我提议，我们制造一个能够爱的机器人……一个能够有梦想的机器人。"这是2001年的电影《人工智能》(Artificial Intelligence) 中一位科学家所设立的富有挑战性的愿景。他和他在拟真电子制造公司的同事很快投入工作，两年后，他们成功地制造出一个被称为完美男孩的人工智能雏型，他"永远都可爱，永不生病，永不变化"。一对真人夫妇收养了这个机器人男孩，给他起名"大卫"。他们自己的儿子马丁生病处于昏迷状态，大卫被热情地带回家中，得到亲生儿子般的爱护。但是，出乎他们意料的是，马丁的病突然好了，他对这个"机器人"兄弟十分反感。经过一系列不幸的意外事故后，大卫被抛弃到森林里，在那里，他获得有着同样遭遇的别的机器人的帮助，努力生存。接下来的几个场景极其恐怖，尤其是那些以中世纪斗兽场酷刑般的手段公然杀戮机器人的"杀人取乐"场景。"他们恨我们，你知道的。"这是一个机器人对大卫说的话，他俩亲眼看到自己的机器人同伴被那些兴高采烈的、对他们充满憎恨的"有机人"（指有机生命体或真人）泼上硫酸、分成碎块、砸成粉末，或者做成"机器人炮弹"。人类非常担心机器人有朝一日会统治整个世界，因而他们变得如同他们此刻所依赖的技术一般冷酷无情。《人工智能》是已故导演库布里克（Stanley Kubrick）和斯皮尔伯格（Steven Speilberg）合作的产物，改编自布赖恩·奥尔迪斯（Brian Aldiss）的短篇科幻小说《玩转整个夏天的超级玩具》(Supertoys Last All Summer Long)。它把科幻小说与童话故事糅合在一起（和童话中的皮诺曹[1]一样，大卫渴望找到蓝仙女，他相信蓝仙

---

[1] 皮诺曹是18世纪意大利作家卡洛·科洛迪（Carlo Collodi）的经典童话故事《皮诺曹历险记》中的可爱小木偶。在被魔法注入神奇的生命力之后，皮诺曹一心想变成真正的男孩。为此他找到了善良的蓝仙女，承诺作一个诚实而又勇敢的人，如果说谎鼻子就会变长。经过许多艰辛，皮诺曹最终实现了自己的梦想，变成真正的人。这个童话故事多次被改编成舞台剧、电影等。——译注

女能把他变成真正的男孩），演绎出当机器人有了真感情（如"爱"）时所出现的悲剧景象。这部电影提出的问题是：即便机器人能够学会爱人类，人类能学会爱机器人吗？

尽管这部电影中使用了"机器人"一词，但是当代科幻作家则更愿使用"生物机器人"一词，因为影片中的大卫是个人造的人。话虽如此，很多作家都认为这两个词是可以互换的，如果所指称的对象是由人造材料和有机材料共同组成，那就更是如此。例如，本书第二章提到过，《星际迷航：下一代》中的 Data 也是极力想变成真正的人，这就使得机器与有情感的人之间的界线变得模糊起来。在"Datalore"这一集中，观众得知创作该角色的初衷正是要把"阿西莫夫关于正子机器人的想象"搬上银幕（该电视剧的制作人显然是在得到阿西莫夫同意后才借用了他的想法）。与阿西莫夫设想的一样，Data 也有一个内置的伦理系统，但在必要时他的行动会违背阿西莫夫提出的机器人"定律"。有趣的是，有一集的剧情是围绕着 Data 发现其创造者在其电子电路板中放置了"情感电路块"而展开的。虽然这个电路块必要时可以关闭，但它的出现使得 Data 离变成真人的理想又近了一步。机器人想成为真人的愿望在别的剧作中也多次出现，当然最让人惊悚的大概要算电影《第一次接触》(*First Contact*, 1996) 中的博格。她激活了 Data 的情感电路块，然后给他的胳膊贴上一层有机皮肤，并且答应给他全身都贴上有机皮肤，条件是 Data 要交出"进取号"上的加密代码（掌握了这些代码她就能够控制"进取号"星舰上的主计算机）。她告诉 Data："你是一个不完全的人，造你的那个人也不是完美的。我早晚会找到你的弱点。"表面看起来，Data 似乎准备背叛他的"进取号"同仁而追随博格，但情况很快就明朗了：他只是在等待恰当的时机，以制服这个敌人。打败博格之后，Data 忠实地向舰长报告了自己一度被博格的许诺所打动的事实。他究竟犹豫了多长时间？Data 大声说道："0.68 秒，先生。对一个生物机器人来说，这已近乎恒久了。"

究竟该如何来给 Data 的本体论地位作一个最好的界定呢？《星际迷航》各系列的忠实观众和研究者至今仍在争论这个问题（类似的争论还有如何看待电影《银翼杀手》中的"复制人"；参见 Sammon 1996）。有的认为 Data 只是普通机器人，有的认为他是生物机器人，还有的认为他是电子机器人。对后者而言，Data 的电子机器人特征明显表现在，他的意识主要是由一些记忆组成的，而这些记忆又是借用了他被装配时生活在实验室周围的那些人的记忆。格雷指出，电子机器人是一种能够自我调节的有机体，它把自然（自然演化或有生命的）与人工（人工制造或无生命的）整合到一个系统中（Gray 2001）。按照这个定义，我们大家几乎都在一定程度上"被电子机器人化"了——有的研究者甚至认为单是戴上眼镜就可以称为电子机器人了。不管怎样，"电子机器人"一词的发明权一般是归于曼弗雷德·克莱因斯（Manfred Clynes）。根据格雷的说法，1960 年克莱因斯在为美国国家航空和航天局（NASA）研究人类进入太空的问题时，把"自动控制理论"（cybernetic）和"有机体"（organism）两个词缩合为"电子机器人"（cyborg）一词，以便让他正在与心理学家内森·克兰（Nathan Kline）合写的一篇研究论文更为生动。他们这篇论文的主题相当大胆：通过设备植入和药物使用，可以有效地改造人类，使他们无需穿上航天服就可以在太空生存。从此，"电子机器人"一词便流行开来，虽然是在科学家圈子以外（格雷写道，科学家喜欢使用更具体的标签，诸如"生物遥测术""人体强化术""人机系统""人机界面""遥控机器人"，以及用于描述将自然系统复制到人工系统的技术的"仿生学"等；Gray 2001：19）。使"电子机器人"一词流行开来的并不是科学家，小说家大卫·罗威克（David Rorvik）的作品《当人成为机器时》（*As Man Becomes Machine*）对此起了重要的推动作用。该作品用了很大篇幅来描述人与机器"融合"后出现的"新的参与式演化时代"。有点偶然的是，作为美国作家，罗威克后来声称他亲眼看到过一个克隆人，由此引发了一场关于克隆伦理的公开争论（见

Featherstone and Burrow 1995; Pence 1998; Van Dijck 1998）。

在第一部"赛博朋克"类科幻小说诞生之前很多年，科幻小说作家就接受了"电子机器人"一词并对其详加展述，从而确保了这一词汇的广泛流行。大体上，很多科幻小说家认为这一词汇有助于说明技术与自然系统是如何整合在一起的——这与"生物机器人"一词正好相反，它是用来描述相反的过程，即技术与自然系统是如何分开的。"电子机器人"长期以来已被很多科幻小说文本阐释过，奥德尔（E. V. Odles）的《发条人》（The Clockwork Man）一般被认为是最早具有代表性的电子机器人小说。"低俗"杂志作家同样创作过与这一主题相关的小说，早期作品有《太空突击队》（Captain Future）等（参见 Ashley 2000）。近年来的相关作品有马丁·凯丁（Martin Caidin）的小说《电子机器人》（Cyborg, 1972），后来改编成电视系列剧《无敌金刚》（The Six Million Dollar Man, 1973）[1976 年又被改编成《无敌女金刚》（Bionic Woman）]。这一主题的电影有《终结者》（The Terminator, 1984, 1991）（阿诺德·施瓦辛格在影片中扮演一个进行时光旅行的电子机器人）、《机械战警》（Robocop）及其续集（1990, 1993）、《金甲无敌 2000》（Cherry 2000, 1987）、《电子机器人》（Cyborg）系列电影（1989, 1993, 1995）、《宇宙威龙》（Total Recall, 1990）、《瞄准核子心》（Eve of Destruction, 1991）、《再造战士》（Universal Soldier, 1992）和《G 型神探》（Inspector Gadget, 1999）等。这些电影在不同程度上都在处理人化与机械化过程中由于两者之间边界的一再变动和交错所引起的紧张和冲突。

有关电子机器人的叙事，其关键通常都在于那种变动不居的权力关系。对技术的强调使得科幻故事必须一再确保人对机器拥有能动性和控制力，而且往往是以令人惊悚的恐怖方式来展示这种想象的壮观场面。哈拉威在其著名文章"电子机器人宣言"（Cyborg Manifesto）中指出，电子机器人这个意象非常重要，因为它"指出了一条路，让我们能够不再以二元对立的方式去解释我们的身体与我们所使用的工具之间的关系"(Haraway 1991：181)。换言之,她相信电子机器人这个意象有可能鼓励人们去挑战西方传统中的许多二元论观点,有些关于统治的逻辑和实践就建立在这种观点之上。她在这里想到的是一系列二元对立关系,包括"自我／他者、思想／身体、文化／自然、男性／女性、文明／原始、事实／表相、整体／部分、能动者／资源、制造者／产品、主动／被动、正确／错误、真相／幻觉、总体／局部、上帝／人"(Haraway 1991：177)。超越了传统二元论后,我们就会真正去关注各不相同的喧哗众声(尤其是在涉及性别、阶级、族群、性等的问题上),这些声音经常被种种所谓放之四海而皆准的权威真理所压制。因此,电子机器人的政治拒绝守护人类"自我"与机器"他者"之间看似齐整的界线,其做法之一是把过去被忽略的经验和化身问题提到突出位置。在哈拉威看来,电子机器人"不是一个需要被赋予生命力、被崇拜、被统治的'它'"。相反,"电子机器人就是我们,是我们的过程,是我们的部分化身。我们可以对机器负责,'他们'不会统治或威胁我们。我们需要为边界负责,我们就是他们"(Haraway 1991：180)。

试管婴儿,设计出来的孩子

主任打开了门,说道:"这就是受精室。"他热情地挥着手臂,邀请客人们欣赏他们眼前的实验室。客人们的目光都被那些孵化器、显微镜和一排排的试管吸引住了,这些试管中装着本周供应的卵子(被以人体正常温度存放)和雄性配子。主任还详细地给他们讲解了"那些存放成熟的单个卵细胞的溶液":

> 这种溶液是从试管中抽出来的;它一滴一滴地洒在经过暖化处理的显微镜玻璃片上;水滴中所含有的卵细胞经过精心检查以确定没有问题,数好卵子的个数,然后转移到一个可以透水的容器里;再把这个容器浸泡在一个暖和的装着自由游动精子的培养

液里面，他强调说，精子的含量必须在每立方厘米十万个以上（主任带着客人观看了操作过程）；然后（又经过几个步骤之后），受精的卵子回到孵化器中；α和β留在孵化器中直到被装进瓶子里；仅过了 36 个小时，γ、δ和ε又被取了出来，进行波卡诺夫斯基程序的处理。

(Huxley [1932] 1955: 16—17)

波卡诺夫斯基程序究竟是啥东西？主任接着解释：

就是从卵子到胚胎再到完全的人的过程——完全符合常理。但是经过波卡诺夫斯基场处理的一个卵子会发育成芽体，会大量繁殖，还会分化。分化出的八到九十六个胎芽，每个胚芽都会长成完美的胚胎，每个胚胎都会长成完整的人。这样，一次就可以生产九十六个人，以前一次只能生产一个。这就是进步。

(Huxley [1932] 1955: 17)

真是进步了。以上这个令人印象深刻的场景出现在赫胥黎的小说《美丽新世界》中。这部小说创作于 1931 年，是他想象的 600 年后发生的事情。小说设想了一个暴政统治下的世界，政府控制了人的生育，根据社会的具体需求用胎儿孵化场来繁殖儿童。例如，α将在预先安排好的高智商阶层中占据整个社会的最高地位，ε只能从事最底层的体力劳动。当批量生产的"齐整划一的"儿童长成"标准的男人和女人"后，每个人都有安排好的位置和相应的社会角色。正是这种决定人的再生产的权力，成为"社会稳定的主要工具"。宣传、情绪转换药物（"唆麻"）、多感官电影和得到政府鼓励的性乱交行为，也有助于让每个人知道自己的恰当位置，并有相应的言行举止。

随着《美丽新世界》的流传，人们很快发现小说中描述的生育技术正是克隆人技术（本章下一部分将讨论这个主题）的先声。赫胥黎没有提供更多细节来说明具体的过程；事实上，他提到的那些东西使得整个流程听起来不像是基因工程,而像是在一个生产车间。那位主任声称:"批量生产的原理终于用到生物学上了。"这个流水线一样的过程——"嗡嗡嘎嘎的机器声隐约搅动着空气"——精确无误地开展着,卵子接受处理,每个卵子最后都变成那噩梦般的社会巨轮中一个个非人的小轮齿。有趣的是,在该小说1946年版的前言中,赫胥黎写道:这部小说"把人类产品的标准化推到了一个令人难以置信(但未必不可能)的极端地步。就技术和意识形态而言,我们离试管婴儿还很远"(Huxley [1932] 1955:13)。当然,事实已经证明,试管婴儿在技术上的可行性和意识形态上的合理性很快就结合到了一起,其速度恐怕是赫胥黎做梦也没有想到的。

仅仅过了30多年,世界上就诞生了第一个"试管婴儿"。1978年7月25日,约翰夫妇(Lesley and John Brown)骄傲地看到,他们的孩子路易丝在英国兰开夏的Oldham综合医院诞生了。小路易丝以剖腹产的方式出生,重5.12英磅。科学研究员罗伯特·爱德华兹(Robert Edwards)和妇科医师帕特里克·斯特普托(Patrick Steptoe)多年的科学实验最终为路易丝的出生创造了条件。他们一起从她母亲的卵巢中取出一个卵子,让它在试管里面与她父亲的精子结合,然后将这个受精卵移植到她母亲的体内。其结果,用他们的话来说,就诞生了一位"健康而正常的女婴"。这个"试管培养"过程(或者更准确地说,是在皮氏培养皿中进行的"体外受精胚胎移植")的巨大成功,一经宣布就轰动了整个世界。与《美丽新世界》的意涵高度契合的"试管婴儿"一夜之间成为社会大众乐于使用的专门词汇。新闻记者从世界各地蜂拥而至来报道这项重大突破,急切地想要帮助他们的受众理解这一看似无法理解的现象。为了拿到新闻,有的记者试图贿赂医院工作人员,有的雇用当地私人侦探机构,还有的假扮成管子工或窗户清洁工想要混入医院大楼。医院请来警察赶走窗外的摄影记者。可以预料的是,医院大楼被记者包围这一现象本身又立即成为新闻(见 Karpf 1988;

McNeil et al. 1990；Van Dijck 1995；Barnard 1999）。

路易丝出生之后好些天，新闻媒体对这个"神奇婴儿"或"世纪婴儿"（有的记者这么称呼她）的报道热度一直不减。有家报纸（《每日邮报》）付钱（据说是 30 万英镑）向布朗夫妇买下了独家专访权，从而使得记者们更加疯狂地追逐自己的独特报道角度。这之后，随着不同声音的加入，针对试管婴儿的公共辩论——其初步特征在路易丝的出生被公布前几周就已显露出来——更加白热化了。对试管婴儿（IVF）可能带来的后果，人们主要从道德、伦理和宗教角度提出了各不相同的看法，争吵不休。正如人们所料想到的，赫胥黎的小说为这场预知未来问题的争论提供了一定的背景"脚本"。比如，《每日邮报》的一则评论写道：

> 在分享布朗夫妇快乐的同时……我们也不能把一些人真切地感受到的不安置之脑后。
>
> 有人在欢庆，也有人在不由自主地发抖。他们问道："此事将如何了局？"这一质问的背后暗含着对未来的不祥预知：一个美丽新世界正在向我们走来。
>
> （《每日邮报》1978 年 7 月 27 日；转引自 Turney 1998：183）

《每日邮报》的竞争对手《每日快报》的专栏作家同样表示，他有责任提醒读者注意一种可能性："科学家们在政府的指令下展开大规模的基因工程"。他警告说，这样的工程可能已经开始了：

> 这很容易发生……我们已经有精子银行而且很快就可能有卵子银行。在消除遗传疾病和缺陷的幌子下，政府很容易坚持采用"对的"或"最好的"基因材料……这是不是有点难以置信？当然难以置信。但是布朗夫妇的孩子的降生，说明我们已经在这个方向上走出去很远了。
>
> （《每日快报》1978 年 7 月 27 日；转引自 Turney 1998：184）

报纸在那一版中间位置以大号字体重复了这位专栏作家的结论:"如果我可以窥探未来,我看到的是这样一个社会,它的人民都是按预定标准订作出来的。"根据特尼(Turney 1998)的研究,英国和国际社会的媒体上都散发着怀疑和不安的情绪,这种情绪常常是借用了小说《美丽新世界》的解释框架来表达的。为了说明这一点,特尼引述了《新闻周刊》报道中的一句话:"她出生于上午 11 点 47 分,哭声响亮,这哭声传遍了美丽新世界。"与此同时,《时代》周刊的封面故事也写道:"对英国和世界各地的数百万人来说,赫胥黎的先见之明似乎已经在上周变成了现实。"(《时代》,1978 年 7 月 31 日)

有些批评试管婴儿培育流程的人认为,在女人的身体之外受孕是违背自然乃至违背宗教的行为,应该不惜一切代价避免这样的事情发生。相反,有些支持试管婴儿的人则根本不去看各种争吵,他们坚持认为,这不过是一种帮助不能生育的夫妇得到孩子的新办法,何需大惊小怪?后一种看法最终占了上风。虽然批评者有种种疑虑,几年之后,随着生育诊所大量出现,试管婴儿技术很快就常规化了。但科幻小说(尤其是《弗兰肯斯坦》《美丽新世界》和奥威尔的《一九八四》)中描写的科学行为所留下的阴影,并没有从媒体报道中彻底消失。比如,大约十年后,英国政府转而采用立法手段来规范人类试管婴儿胚胎的研究,这时有些记者立即又借用了科幻小说家雪莱提供的意象。《太阳报》在新闻报道中使用了电影《弗兰肯斯坦》中的一个画面,而《今日报》(Today)的新闻报道则这样开头:

严厉打击弗兰肯斯坦式的科学家

法律将禁止科学家在实验室中创造出超人。

克隆——该技术能用单个细胞生产出很多完全相同的人——将被认定为刑事犯罪行为。

政府承认弗兰肯斯坦式的实验不太可能发生,但它希望制止任何对胚胎进行基因修复从而事先决定婴儿特征的实验。

政府在昨天公布的白皮书中提议，要严厉打击试管婴儿实验。

(《今日报》1987 年 11 月 27 日；转引自 Mulkay 1997: 119)

马尔凯仔细地分析了当时的新闻报道，进而得出结论，"'弗兰肯斯坦'的意象给读者提供了一种强烈的暗示：虽然有正式声明以撇清关系，这些科学家还是危险的，对他们必须严加看管。"(Mulkay 1997：119) 从那以后，围绕试管婴儿技术的各种恐惧心理大都消退了，仅在出现一些新议题（如"代孕母亲"或者最近出现的有个英国女人试图用她已故丈夫的精子来受孕从而引发媒体风暴）时才又浮现出来（参见 Hartouni 1997；Harris 1998）。基因科学家将来可能有办法"按照要求""设计"出婴儿，这是争议最大的问题。在很多国家目前可以合法地进行人类胚胎扫描以排查各种基因疾病，试管婴儿技术的进展意味着科学家不久就能给刚刚受精的胚胎增加一些特性，从而让婴儿具备一些"想要的"特征，同时排除一些"不想要的"特征。

"人的精神没有基因"，这是电影《变种异煞》(1997) 营销时用的口号。在我的印象中，《变种异煞》是几部将基因技术运用到人类身上最有趣的电影之一。故事发生在"不久的将来"，影片描述了一个由"设计出来的人"所统治的社会，这些人的基因都在试管中被重新设计过（巧合的是，片名 Gattaca 一词中的字母正好与脱氧核糖核酸 DNA 碱基的名称相同）。对基因材料的控制基本上是一个经济实力问题，有钱人家有能力支付相应的费用去为自己的孩子换取明显的好处（外表更好看，体能更强大，智力更超群），穷人家则只能听天由命。这部电影中的各个角色都在使用一种特殊的词汇，诸如：

● 有效人 (Valid)：指属于基因精英阶层的人；他或她有着高的"级别"或"基因商"。"有效人"的俚语叫做"体外"，即"人造的人"或"丹"(Dan) ——缩写字 DNA 已被进一步改成

"Dan"了。
- 无效人(In-valid):指属于"基因弱势阶层"的人;他或她是"自然出生"的。这个词读音与"无效"相同。"无效人"的俚语叫做"基因垃圾"、"宫内"和"黑杰克产儿"[1]。
- 堕落人(De-gene-erate):指取得有效人基因身份的无效人,他们通常是在"DNA掮客"的协助下取得有效人的基因身份,目的是避免其无效人身份被识别出而遭受歧视。他们也被称为"借梯人"。
- 唯基因主义(Genoism):用于指称基因歧视的正式词汇。一个人出生时的"基因商"决定了他或她一生在社会等级中所处的位置,虽然从技术上讲这是不合法的。
- 胡佛(Hoover):用来指称执法人员的俚语,他们往往在犯罪现场收集有机物质作为证据。其同义词有"清洁工"或"J. Edgars"(后者是J. Edgar Hoover的双关语,他曾做过美国联邦调查局局长)。

这部电影的情节围绕着一个名叫文森特·弗里曼的外来者而展开,弗里曼是所谓"自然出生"的,当然被归入"无效人"之列。电影中有个回到他出生的那一刻的倒叙画面,画面中一位护士从弗里曼的脚后跟取了血液样本。化验结果:"神经系统疾病的几率为60%;躁狂抑郁症的几率为42%;注意缺乏障碍的几率为89%……预期寿命30.2岁。"然后画面向前,出现了另一个场景:弗里曼的父母决定生第二个孩子,正在与一位友善的基因专家讨论如何组合基因的问题。他们首先确定了性别,然后一一确定了眼睛颜色、头发形状、皮肤颜色等。这位基因专家向他们保证,这个孩子"不会有任何重大的先天性遗传疾病"。不仅如此,他还会采取必要措施"去除任何潜在的不利倾向,诸如早秃、近视、家庭暴力、肥胖、酗酒、容易成瘾"。弗里曼的父母对这

---

[1] "黑杰克"是1970年代日本医学漫画《怪医黑杰克》的主人公。他是医术高明的外科密医,对富人收费极为高昂,对穷苦病人则时常分文不取。——译注

些决定有点不安,但这位(秃顶黑人)基因专家安慰他们说:"我们想给这个孩子提供最好的基因材料,相信我吧,你们的基因有太多缺陷。你们要把这个孩子看作你们自己的,结合了你们两人最好的优点……你们自然怀孕一千次也得不到这样的结果。"

就这样,在那个以消除不良基因的伤害为要务的基因精英主义(或"唯基因主义")社会,实现理想的完美人格成为一个工程技术问题。弗里曼在伽塔卡航天工业公司工作,他的岗位是清洁工,他这样描述自己在这个社会中的位置(影片以画外音呈现):"我属于新的社会下层,这不是一个由社会地位或肤色决定的阶层。我们现在有了一种由低劣的科学来决定的歧视。"然而,弗里曼完全无法接受他的"基因命运",他渴望实现儿时的梦想当一名宇航员。为了实现这个目标,他与"有效人"杰洛米密谋为自己伪造一种新身份,办法是借用杰洛米的血液样本、尿液样本、皮肤和毛发,以免暴露自己的"无效人"身份。比如,为了能够每天进出伽塔卡大楼,弗里曼需要通过一项血液测试,为此他带着假的指尖,里面装着杰洛米的血液。他还在自己身上藏了一袋杰洛米的尿液,杰洛米皮肤的碎屑、剪掉的指甲等,以随时应付基因检查,或者用弗里曼的话来说:"在有效人的世界里要尽量隐藏我作为无效人的真实自我。"眼看飞天梦想就要成为现实,弗里曼却必须配合警察调查一桩谋杀案,这险些让他暴露了身份。他还遇上了艾琳并与她相爱——艾琳是"有效人"但在那个伽塔卡社会中被归类为有着基因"瑕疵"的人。艾琳偷偷地从弗里曼的桌子抽屉里取走一根头发(那实际上是杰洛米的头发),拿去做了"基因序列测试"。电脑显示的测试结果表明,在基因上弗里曼是可以接受的,甚至是很好的配偶。于是,他俩之间的亲密关系,对弗里曼来说是种浪漫的情感吸引,而对艾琳来说,则是一个用"科学"方式去精确择偶的过程(至少刚开始时是这样)。但是,电影情节的后续发展表明,"命运是没有基因的"。

过去几年来,在基因工程可能给人类带来的影响方面,这部电影所提供的诸多洞见日益显示出其合宜性。放眼各类媒体我们可以看到，随着有关生物技术的话语在大众文化领域逐渐扩散，人们越来越频繁地提到基因和 DNA 的作用。比如近来有新闻报道指出，科学家已经发现每种特定的性格特征（如性取向、智力水平、攻击性、语言习得能力、开朗乐观程度）以及身体特征（如头发和皮肤的颜色、肥胖程度）都有相应的基因基础。在此类报道中出现了不少这样的观点：不久的将来，基因可以按照人们的要求加以适当"改造"，进而提高人的生活机会[1]。但并不奇怪的是，另一些科学家则对行为遗传学[2]的证据基础和有效性提出质疑，有的认为行为遗传学的研究在伦理、法律和社会方面都会产生严重问题。他们相信，正是此类研究，将使社会弱势群体进一步被污名化并受到更严重的歧视。

除了行为遗传学，新闻媒体几乎天天都在引用各种研究发现，声称找到了某个基因与某种疾病之间的因果关系。有些疾病确实与基因缺陷有关，比如慢性肉芽肿病（CGD）或 X 染色体相关严重综合免疫缺乏疾病（X-SCID）（俗称"泡泡婴儿综合症"）。支持这类研究的人认为，基因疗法有可能为这些病患提供新的治疗方式。同时，还有一些科学家正试图运用新技术去改变人类卵细胞中的基因构成，他们希望通过这样的干预来避免某些基因疾病被遗传到婴儿身上。通过试管婴儿技术和其他新技术的结合，这些科学家可以筛查胚胎的特征，从而使它长成婴儿后可以更好地"搭配"其正迫切等待移植（比如骨髓移植）的亲兄弟（或姐妹）的需要。对于这样的做法，出现了激烈的意见交锋：支持者坚持认为这不过是用一个孩子去帮助另一个孩子；反对者

---

[1] "生活机会"（life chances），德国社会学家马克斯·韦伯（Max Weber）提出的一个概念，指社会个体改善其生活质量的机会。影响生活机会的因素包括社会平等程度、社会流动程度，以及个人的性别、种族等。——译注

[2] 行为遗传学（behaviour genetics），研究控制动物行为的基因及其表达形式的学科。——译注

则认为,"为了提供'配件'的目的而去孕育孩子"是一种不道德行为,对这种"弗兰肯斯坦之药"应立即予以取缔。

媒体对生物科技的兴趣,很大程度上可以归因于"人类基因组计划"陆续公布的研究发现。这是有史以来最大的生物科学研究计划,格拉斯纳生动地描述了这个计划的目标:它"象征着人类为了书写'生命之书'而寻找'圣杯'[1]的努力"(Glasner 2000:131)。"人类基因组"是指制造一个人所需要的化学密码。基因"蓝图"由 DNA 组成,DNA 则是由单体磷酸和糖分子通过碱基链接而成的双螺旋聚合体。除了同卵双胞胎,每个人的 DNA 都各不相同。"人类基因组计划"的主要目标是确定 DNA 的精确结构(参见 Watson 2000)。2000 年 6 月,两个相互竞争的科学家团体——私人机构"塞雷拉基因组公司"(Celera Genomics)和美国公共研究机构"国立人类基因组研究所"(National Human Genome Research Institute)——都宣布破译了人类遗传密码。人类基因组由 23 对较大的 DNA 分子(又称染色体)构成,每对染色体(父母各遗传其中的一个)包含了超过 30 亿个化学单位。有些科学家指出了这些研究发现所能带来的许多好处。比如,生物学家希望利用人类基因组知识发展出一系列针对病人具体需要的诊断和治疗方法。有的治疗方案将会利用人体本身的自我修复机制。研究人员还希望找出与疾病有关联的基因,比如癌症和精神疾病(如精神分裂症和抑郁症)的相关基因。

这类基因知识的危险之处在于,有些人可能急于将其用于不当目的,尤其是用于赢利。目前,如何正当合理地使用个人 DNA 档案的问题正在引发一场激烈的公开辩论。比如有的雇主响应执法部门的倡议,要求把 DNA 档案作为筛选求职者的依据之一。他们还提出,对工作人

---

[1] "圣杯"(holy grail),传说中耶稣受难时用来盛放耶稣鲜血的餐杯,后来下落成谜。它是对基督血统的隐喻。寻找"圣杯"是西方许多文艺作品的主题。——译注

员的基因测试可以让雇主更好地采取措施以改善工作条件并保护雇员的人身安全——批评者则指出这样做会伤害雇员隐私。在保险行业，保险公司在评估人寿保险投保人的情况时，可以根据基因信息来判断他们对某些疾病的抗病能力，进而给他们分出不同的"风险等级"。如果保险公司不愿承担太多明显的风险，它还可以把一部分无力支付相应保费的人排除在外，这在财务上是明智的。甚至在药品方面，批评者也警告说，倘若昂贵的基因技术取代了一般的医疗技术，那么目前由族群和经济的不公平所导致的医疗保健服务方面的不平等将会进一步恶化。

然而在由人类基因工程科学所引发的争论中，目前世界各地媒体最关注的还是关于克隆人的争议。克隆人在技术上的可能性越来越大，也有成功的希望，这就使它必然成为未来几年争议最大的议题之一。

克隆人

1996年7月5日，就在这个炎热夏日的傍晚，一只相当特殊的小羊在苏格兰诞生了。这只羊叫"多莉"，尽管看上去与别的羊羔无甚差别，但却仍是与众不同，它注定要成为历史上最著名的一只羊，因为没过多久，1997年2月24日，世界各地的人们就惊讶地发现，多莉是一只克隆羊（《观察家》报在前一天报道了这个新闻）。科幻小说的想象与科学发展的事实再度出人意料地重合了，而且这次重合带来的影响特别让人不安——几乎所有报纸都在头版谈到了这一点。

这究竟是一种医学突破，还是一场道德灾难？基因工程这么快就在克隆技术方面取得这么大的成功，很多科学家都感到意外，他们几乎都没想到在其有生之年就能看到这样的成就。甚至胚胎学和哺乳类动物遗传学领域的领军人物也对这个消息深感意外，有的还以为这是一场骗局。另一些人则马上对接下来的可能进展提出疑问，认为克隆羊的技术未必能用于克隆人。质疑的声浪不只来自这些科学家,正如彭斯所写:"多莉羊的消息传开后 30 个小时,纽约州议会议员约翰·马奇(John March)就提出了一个法案,禁止在纽约州克隆人。"(Pence 1998:1)用生物学家西尔弗的话来说:

> 让数十亿人浮想联翩的当然不是克隆羊,而是克隆人的可能性。也许将来可以像用剪下的枝条来培植植物一样的方式来克隆人,这一前景让很多人觉得恐怖。这个消息见报后第一周内所作的民意测验表明,90%的美国人认为应该禁止克隆人。很多媒体评论员、伦理学家、政府决策者的意见——虽然并非完全一致——似乎都是跟着一般民意走。人可以被克隆,这个想法被认为是"道德上可鄙的""不得人心的""完全不对的",而且它"在伦理上是错误的,是对社会的误导和对生物技术的误用"。
>
> (Silver 1998:108)

克隆技术关系到世界各地很多机构的利益,它们各自都提出了对科学和技术的看法,试图界定克隆技术对人类的影响。它们借用了科幻小说中的意象,以激发社会大众的某种情绪,这样做通常都能取得很好的修辞效果。

在"克隆"一词流行开来之前很久,社会大众就对科学家复制人有印象了,部分原因是很多科幻小说(它们甚至早在《美丽新世界》之前就已存在)都触及了这个话题。但离多莉羊克隆成功更近的则是托夫勒(Alvin Toffler)1970 年出版的《未来的冲击》(*Future Shock*)和伍迪·艾伦(Woody Allen)1973 年导演的电影《傻瓜大闹科学城》中提到的克隆人的可能性。克隆概念在艾伦的影片中具有喜剧效果,但在莱文(Ira Levin)的小说《纳粹狂种》(*The Boys from Brazil*)中则完全是另一番景象。这部小说出版于 1976 年(不久被改编成电影),情节围绕着流亡到巴西的新纳粹分子用希特勒的身体组织来克隆希特勒而展开。他们的邪恶意图是要制造出大批希特勒,每个人都与希特勒基因相同,他们将统治整个世界;希特勒的胚胎被移植到94位妇女体内,她们成为代孕母亲,小希特勒出生后被送到与希特勒童年时期极其相似的家庭中抚养。在电影中这个实验最终没有成功,但小说却成功地让读者感受到克隆技术被用于邪恶目的时的可怕情景。随后几年又有多部相关小说面世,其中包括弗里德曼(Nancy Freedman)的小说《约书亚:自生之人》(*Joshua: Son of None*),描述克隆美国总统肯尼迪的故事。更近一些的例子中较有代表性的是几部重要的女性主义科幻小说,如韦尔登(Fay Weldon)的《克隆乔安娜·梅》(1991年在英国被改编为电视剧)和安娜·威尔逊(Anna Wilson)的《孵化石头》。

在多莉羊克隆成功的消息传开之前,有关克隆技术的虚构作品中最有影响的要数斯皮尔伯格导演的电影《侏罗纪公园》,虽然它不是关于克隆人的。这部电影改编自迈克尔·克莱顿(Michael Crichton)1990年发表的畅销小说,1993年上映后立即高居全球各地票房榜首。故事的核心是利用凝固在化石中的DNA克隆出很多种不同的恐龙,目的是打造一个"世界上最先进的游乐公园"的观光胜地,社会大众可以花钱到这里来观赏恐龙之间的互动。为了说明这是如何实现的,影片运用了新的拍摄技术。比如,电影中穿插了一个动画短片《DNA先生》,以便让观众更好地了解片中主要角色及人类自身,短片勾勒了克隆恐龙的主要步骤。这些步骤听起来很简单——在有着数百万年历史的琥珀中发现了史前的蚊子,它们体内包含着它们死前从恐龙皮肤中汲取到的血液,从这些血液中可以提取出恐龙的DNA。公园的科学家利用提取到的DNA作为"基因蓝图",将其与青蛙的DNA进行剪接以填补缺失的遗传代码。之后,经过剪接的基因材料根据不同的恐龙类型被分别植入鳄鱼或鸵鸟的蛋中,放到孵化场直到成熟。就这样,恐龙这种早已灭绝的动物又在咆哮声中复活了。正如米切尔所指出,"'弗兰肯斯坦'作为现代科学复活神话的中心,它本身也在《侏罗纪公园》的故事中复活了。这部电影调动了种种新的基因工程技术、克隆技术和计算机技术，创造出关于过往生命的新型'动画'"（Mitchell 1998：95）。人们很快就发现，"动画"一词有点低估了《侏罗纪公园》，影片其余部分以精湛的特技效果展示了克隆出来的恐龙在摆脱人类控制的道路上可以走得多么远（影片中的角色马尔科姆说："生命总要逃脱一切限制。生命总要获得自由。"）。每一个带有"自动防止故障"性能的专用恐龙关押系统最终都灾难性地失败了。随之而来的是狂暴的混乱场面，而为公司工作的科学家们则是这一切混乱的罪魁祸首。片中的马尔科姆惊叹道："基因的力量是这个星球上出现过的最可怕的力量，但是你们却像儿童玩弄他老爸的枪一样来玩弄它。"在影片的后面，他还说道："你们公司的科学家一心只想着自己能否做到什么，他们从来不愿稍停片刻想想自己该不该这么做。"

应当说，《侏罗纪公园》对克隆技术的社会意义所做的阐释，也会影响到社会大众对基因学的观感，而且这种影响很可能是深远的。两位研究者指出，克莱顿的小说是一种"通俗的教义问答书，它推销了'DNA 不灭'的观念"，同时它也是"一场关于禁果的道德戏剧，告诉人们科学家充当上帝的角色有多么危险"（Nelkin and Lindee 1995：54；另见 Franklin et al. 2000）。一部分观众（尤其是年轻人）把这部电影当作启蒙读物，他们从中大致了解到什么是克隆，同时大胆地提出自己对于人类失去对克隆生物的控制所导致的社会后果的想象性看法。戴克指出："想象性的作品在基因知识传播过程中发挥了关键作用，正是这些作品塑造了社会大众对基因科学的印象。"（Dijck 1998：2—3）在她看来，比起新闻报道，科幻故事更能"发挥某种活动场所的作用，人们在那里讨论克隆的文化后果，探索社会对克隆的宽容程度，并在更广泛的哲学层面提出人的完整性问题"。她还认为，有关克隆的各种故事都有一个特别明显的特点，就是提出了很多"假设性"的场景；比如："要是特定的个体可以被无限复制，会给人类带来什么后果？"（Van Dijck 1998：55）这个问题又带出很多扣人心弦的新问题，诸如：人的

"自然"寿命究竟可以有多长？作为个体生命的人究竟有什么样的"本质"？等等。笔者认为，在具体的话语情境中，科幻故事与新闻报道究竟哪个对社会大众的克隆认知影响更大，这是可以调查的，但很明显，在任何情况下这两者都有影响，而处在它们影响之下的大众认知又构成了更大的文化背景。

把多莉羊克隆成功的新闻报道放在这样的文化背景中来阅读，可以清楚地看到有关事实的话语是如何被虚构的话语所塑造的。多莉是用成年绵羊的 DNA 制造出来的，这个工作以前从来没有成功过。爱丁堡附近罗斯林研究所的胚胎学家威尔穆特（Ian Wilmut）博士在"PPL 医疗公司"的协助下领导一个研究小组[1]，他们从第一只绵羊（一只 6 岁绵羊）身上取出乳腺细胞，对其 DNA 作了改动，使其能与第二只绵羊的卵细胞结合（因为它是用乳腺细胞克隆出来的，所以被起了一个好笑的名字"多莉"，该名源自美国著名乡村女歌手多莉·帕顿 [Dolly Parton]）。第二只绵羊身上取出的卵细胞被除去基因材料，然后与第一只绵羊的细胞相融合，这样，第二只绵羊的卵细胞的基因就被第一只绵羊的 DNA 所取代。融合后形成的细胞带有第一只绵羊的 DNA，这些细胞也像普通受精卵一样成长和分裂，最终形成胚胎。再把胚胎移植到另一只母羊体内，这只母羊在 1996 年 7 月生下了多莉。多莉羊是一个令人惊奇的无性繁殖成功案例，据报道，科学家们当时一共融合出 277 个卵细胞，最终只有多莉一个正常出生。多莉实际上有两个母亲，但她没有父亲。有趣的是，在宣布多莉羊出生时，有记者问威尔穆特：多莉究竟该算 7 个月大还是 6 岁大（被克隆的成年绵羊的年龄）？威尔穆特承认："我没法回答这个问题。我们真的不知道答案。"（转引自 Pence 1998：18；另见 Kolata 1997）

---

[1] 罗斯林研究所是英国最大的家畜家禽研究所，也是世界闻名的生物学研究中心；PPL 医疗公司是苏格兰一家生物技术公司。——译注

如果说在多莉羊出生之前动物克隆问题还只是一种科学猜测的话，那么现在它却在一夜之间变成了现实。在很多负责向其受众解释克隆细节的新闻记者看来，克隆羊的成功表明科学已经疯狂。刚开始的时候，有些记者把多莉羊视为"基因怪物"，因而也是在通往人类毁灭的道路上迈出的第一步。"以复制的方式来繁殖人"，这一前景引发了极其热烈的公开辩论（那位疯狂的科学家在这些辩论中被称为"疯狂的复制者"），其中出现了一些近乎歇斯底里的声音。有人试图指出，同卵双胞胎就是克隆（虽然他们是"以自然的方式取得的"），而且克隆方法可能会给那些与体外受精试管移植有关的人提供帮助，但在媒体上群情激愤的克隆人讨论中，这些声音很难被听到。多莉羊出生的消息公布时威尔穆特承认，理论上讲用类似技术可以把人克隆出来，但他强调自己强烈反对克隆人的想法，在他看来，克隆人只是科幻小说中的话题，完全不必理会。威尔穆特的这一观点得到《卫报》的回应，该报在当天头版出现了这样的新闻标题："科学家嘲笑了低级科幻小说对克隆的担忧"。威尔穆特向新闻界表示："我们认为，克隆人在伦理上完全无法接受，我们不会做这件事。"相反，长远来看，他相信克隆羊的成功将会有助于动物改良，进而以比目前所用方法更便宜的成本制造出医治人类疾病（如血友病）的药品（克隆羊成功的秘诀已经成为一项专利）。还有一种可能性是，克隆动物可以作为人类疾病（如囊状纤维症）的样本，使科学家可以在它们身上测试新的治疗方法。

尽管威尔穆特和他的同事们一再保证绝不会试着去克隆人，但是接下来几周新闻媒体对这项惊人科技突破的报道，一直集中在克隆人议题上。围绕着克隆人议题的激情报道打开了一片话语空间，各种不同的观点都到这里来演练。赫克斯福德研究了接下来几个月英美报纸上的相关报道，认为伦敦《每日邮报》的一个新闻标题（"是怪兽还是奇迹"）突显了反对者的立场，为随后"铺天盖地而来"的反对声浪定下了基调。他指出，新闻记者借用一些科幻故事中出现的强调反科学主题的论述框架,"建立了一系列二元对立的叙事结构,从而把新闻报道变成了:科学对宗教、高雅文化对低俗文化、有着浪漫情怀的个体对大众化的社会"(Huxford 2000:187)。这份研究总共分析了 204 篇报道,其中将近一半(46%)提到了科幻故事中的意象,这些被援引的意象绝大多数都是负面的,从而引发了读者对克隆技术应用前景的忧虑。路透社宣称"英国克隆羊唤起人们对'弗兰肯斯坦'的担忧"(1997 年 2 月 24 日),美国北卡罗来纳州首府罗利的报纸《新闻与观察》1997 年 3 月 9 日头版上的主标题质问道:"我们是在克隆一个'美丽新世界'吗?"值得注意的是,赫克斯福德的研究结果显示,在那些提及科幻故事的新闻报道中,引用率最高的是赫胥黎的小说,其次是《弗兰肯斯坦》,两者分别占 32%和 21%。接下来依次是《纳粹狂种》,引用率为 13%;喜剧电影《丈夫一箩筐》(*Multiplicity*),占 4%。[《丈夫一箩筐》在前一年(1996 年)上映,片中主角一再被克隆,每一个新的克隆"版本"都比前面的"原版"差。]赫克斯福德的研究表明,"报纸之所以借用科幻故事中的典故,更多是为了提示读者去回想通俗科幻故事中所包含的某种文化忧虑,而不是想让他们更好地了解克隆本身"(Huxford 2000:192)。

普里斯特分析了美国"精英报纸"或"能够设置议程的报纸"在 1994—1997 年间对克隆争议的报道,得出了与赫克斯福德一致的结论。普里斯特着重研究了《纽约时报》《华盛顿邮报》《洛杉矶时报》和《华尔街日报》上的相关报道,她发现美国媒体从未像报道多莉羊一样密集地报道过其他科学新闻。她的研究有个特别让人感兴趣的地方,那就是克隆羊的新闻在多大程度上演变为关于克隆的伦理后果的争议。普里斯特写道:"新闻记者的职业规范和美国独特的文化背景都使这一新闻被摆上了显著位置。他们创造了一个新的新闻'框架',在这个框架中,伦理学家以及(有时候)宗教领袖的意见成了科学家意见的对立面。"(Priest 2001:59)她指出,新闻记者喜欢争议。克隆新闻可以满足科学报道所需要的"惊奇"因素,但她认为克隆新闻之所以能够持续占据显著版面,更主要的原因在于它是一种"具体的符号",体现了社会大众对生物技术的关注。换言之,争议的焦点不在于技术方面的事实以及如何去解释这些事实,而在于运用这些事实时所涉及的伦理。伦理学家的评论经常被新闻记者用来"平衡"科学家的观点,其结果(尽管记者本身很可能是无意的)就使得这场争论具有很大的局限性。普里斯特指出,克隆争议"从根本上讲不会对现状构成伤害,因为推动生物技术发展的力量主要是某些机构本身狭隘的经济效益,而非更广泛的社会效益"(Priest 2001:67)。因此,她认为生物技术领域业已存在的权力关系基本上不会被撼动。事实上,纵观这项研究所涵盖时间段内的新闻报道,她发现"几乎看不到有什么报道从经济、环境等角度来反对将基因工程用于农业或制药业"(Priest 2001:67)。这就为后续的公共辩论提供了一个框架,其影响是深远的。[这一结论与Neresini(2000)对意大利相关报道的分析结论一致。]

很显然,与生物技术相关的议题正在变得日益迫切,这就需要媒体持续地提供新的、更大的、能容纳多样意识形态的空间,以供社会大众讨论生物技术带来的后果。要想真正认识到扩大对话空间的重要性,首先必须看清虚构作品与事实真相之间是如何相互连接、相互交错和相互矛盾的。正如加斯克尔等人在讨论生物技术时所说:"个体和集体的想象在塑造社会大众认知方面的重要性,怎么估计都不为过。"事实上,"生物技术的关键词汇('试管婴儿''基因工程''克隆'等)所引起的文化共鸣,不仅与这些词汇的科技含义有关,也与它们的隐喻力量有关"(Gaskell et al. 1998:10)。当然,涉及具体的经济、政治和意识形态利益时,这类词汇所代表的精确含义会有很大变化。比如,对有些支持生物技术的人来说,它们意味着在治疗性克隆方面将会有激动人心的进展,也就是说,科学家可以在实验室制造出人体胚胎,再从这些胚胎中提取特定细胞用于医学治疗。在这方面,经常被提到的是此类克隆可能给器官移植带来的好处,这是因为,根据需要"定制出来"的细胞被病人免疫系统排斥的可能性较小,它们会被当作病人自己身上的细胞。这类克隆可以使得器官移植(如肾脏和心脏移植)变成普通手术。治疗性克隆还可以为烧伤患者制造出新的皮肤,或者为糖尿病患者制造出胰腺细胞以提供胰岛素,等等。支持者们还指出,白血病、帕金森氏症、老年痴呆症和其他各种退化性疾病的治疗都可能出现新的革命性突破。

相反,反对克隆人技术的人则主要针对科学家对人类胚胎干细胞(它们是人体组织中所有细胞的母细胞)的使用,顾名思义,胚胎干细胞只能从胚胎中提取出来。成体干细胞(adult stem cell)在有些情况下也可以使用,但通常认为它们缺乏胚胎细胞所具有的完全灵活性。很多宗教团体和反堕胎团体非常严厉地谴责使用胚胎干细胞,认为这违背了伦常。他们中有很多人都认为,一个胚胎(包括那一小簇被"收割走"的细胞——用他们的话来说)就是一个独一无二的生命,因此是神圣不可更改的。他们担心科学家们试图"蔑视自然"或"充当上帝",因而对那些正在从事克隆人研究的科学家发出激烈批评。意大利医师、生育专家塞韦里诺·安蒂诺里(Severino Antinori)教授就是其中备受批评的一位,他采用体外受精试管移植技术(TVF)帮助一位62岁的妇女怀孕并产子,这件事在1990年代中期引发了一场媒体风暴。安蒂诺里在多个场合公开宣称他将致力于发展克隆人(或者用他自己更喜欢的话来说就是"基因重组")技术,以帮助不能生育的夫妇得到孩子。新闻记者亚当斯曾采访过安蒂诺里,下面是他们之间的一段对话,很能说明问题:

安蒂诺里说:"人们担心我们会失去个性。但是决定人的个性的因素有上百万种啊!环境是个因素,他们所处的时代也是个因素。我知道有两个'克隆人',他们是同卵双胞胎。一个是医生,

第八章　人类的影子：机械机器人、生物机器人、电子机器人、克隆人

另一个不知道从事什么职业。你看不出他们有什么差别！但实际上他们的差别再大不过了。有什么好担心的呢？"

"但是这项技术最终不会落入坏人之手吗？"

安蒂诺里说："在原子弹问题上人们也提出过这样的疑问，"

"哦，是的……"

安蒂诺里说："但它并未发生！"

"人们不会把它当作通往永生的捷径吗？再造一个自我？"

安蒂诺里说："想想吧！我们可以制造出一千个亚当斯！谁会需要这么做呢？**太可怕了！一千个亚当斯！没门！**但这正是制度的事，要用制度来保障克隆人技术被用于积极的方面，而不是阻止科学发展。"

（转引自 Adams 2001；黑体为原文所加）

安蒂诺里的立场明显与众不同，但也在科学界得到了一些支持（虽然支持很有限）。与他有着同样立场的人认为，克隆技术可以让那些原本没有机会享受为人父母之乐的人获得一个与自己有着基因联系的孩子。以前的许多技术发展——输血、器官移植、当然还有试管婴儿——在社会大众中所引起的骚动最终都成了过眼云烟，因为越来越多的人看到了这些技术能够带来的好处。他们认为，克隆技术也不例外，重要的是要让研究持续进行下去，尤其是要确保建立可靠的胚胎干细胞来源。他们急切地指出，治疗性克隆不同于生殖性克隆（后者在很多国家都是非法的）。然而，持相反立场的人则认为，这种区别最终是站不住脚的。他们中很多人实际上认为治疗性克隆只是个开端，接下来必然会一步步地滑向"设计出来的儿童"和成群克隆人的出现。这些反对立场，有的是站在哲学层面提出来的，有的则是因为坚信克隆人不安全。他们说，克隆实验将会导致婴儿发育异常，或者出生后很快死亡——在这方面他们经常引用克隆出来的老鼠、牛、猪和山羊作为可

以类比的例子。他们认为，制造"不会得病的超级儿童"的梦想必将成为一场悲剧性的噩梦。

最后，我们回到本章开头提出的问题：人到底是什么？我们还是找不到确定的答案，今后也不可能找到。实际上，本章在讨论中引述的许多不同观点恰好表明，对于"究竟什么才是完整的人"这个问题，每个人的视角不同，得出的结论也就千差万别。此外，非常明显，媒体正在传播着关于人的种种不同定义，每种定义都试图动员大家来支持它所喜欢的科学构想，从而使得建立在这种构想之上的相应的人类未来规划取得合法性。但有一点是大家都同意的，那就是这个问题从来没有像今天这样关系重大。更重要的是，后人类时代可以说正在向我们招手，果真如此，我们还乐观得起来吗？海尔斯在探讨信息时代的含义时采取了一种激进的立场，她认为我们可能应该欢迎和拥抱后人类时代的到来，而不是畏惧它、厌恶它。她说，不管采取哪种立场，

> 争夺"后人类时代"定义权的最好时机就是现在，否则，后人类时代所承载的思想列车一旦停驶，要改变它们就要用炸药来爆破了。虽然现有观点中有的版本认为后人类时代是反人类的、世界末日般的时代，但是我们也可以提出不同的版本，这种版本将更加有利于人类的长期存在，也更加有利于其他生命形式（不管是生物的还是人工的）的长期存在，我们人类与他们同甘共苦，共同分享这个星球。
>
> （Hayles 1999：291）

我们迫切需要对"人是什么"这个复杂而又充满内在矛盾的问题进行全新思考，当前这种迫切性正在日甚一日地增加。海尔斯强调的正是找出新方式的重要性，以便重新认识导致人的定义发生变化的种种变动不居的动态因素，这是一个合理而激动人心的挑战，本章（及本书）就以提出这一挑战而告终。

深入阅读书目

Gray, C. H. (2001) *Cyborg Citizen*. New York: Routledge.
Haraway, D. J. (1991) *Simians, Cyborgs, and Women*. London: Free Association Books.
Hartouni, V. (1997) *Cultural Conceptions: On Reproductive Technologies and the Remaking of Life*. Minneapolis, MN: University of Chicago Press.
Hayles, N. K. (1999) *How We Became Posthuman*. Chicago: University of Chicago Press.
Nelkin, D. and Lindee, M. S. (1995) *The DNA Mystique*. New York: W. H. Freeman.
Nottingham, S. (2000) *Screening DNA: Exploring the Cinema-Genetics Interface*. Stevenage: DNA Books.
Turney, F. (1998) *Frankenstein's Footsteps: Science, Genetics and Popular Culture*. New Haven, CT: Yale University Press.
Van Dijck, J. (1998) *Imagenation: Popular Images of Genetics*. London: Macmillan.
Watson, J. D. (2000) *A Passion for DNA*. Oxford: Oxford University Press.

参考文献

Ackerman, F. J. (1997) *World of Science Fiction*. London: Aurum.

Adam, B. (1998) *Timescapes of Modernity: The Environment and Invisible Hazards*. London: Routledge.

Adam, B. (2000) The media timescapes of BSE news, in S. Allan, B. Adam and C. Carter (eds) *Environmental Risks and the Media*. London and New York: Routledge.

Adam, B., Beck, U. and van Loon, J. (eds) (2000) *The Risk Society and Beyond: Critical Issues for Social Theory*. London: Sage.

Adams, J. (1999) Cars, cholera, cows, and contaminated land: virtual risk and the management of uncertainty, in R. Bate (ed.) *What Risk? Science, Politics and Public Health*. Oxford: Butterworth Heinemann.

Adams, T. (2001) The clone arranger. *Observer [Review section]*, 2 December.

Adams, W. C. (1986) Whose lives count? TV coverage of natural disasters. *Journal of Communication*, 36(2): 113—22.

Aldiss, B. (1973) *Billion Year Spree*. London: Weidenfeld.

Alkon, P. K. (1994) *Science Fiction before 1900*. New York: Twayne.

Allan, S. (1999) *News Culture*. Buckingham and Philadelphia, PA: Open University Press.

Allan, S., Adam, B. and Carter, C. (eds) (2000) *Environmental Risks and the Media*. London and New York: Routledge.

Altman, D. (1986) *AIDS and the New Puritanism*. London: Pluto.

Altman, L. K. (2001a) The AIDS questions that linger, *New York Times*, 30 January.

Altman, L. K. (2001 b) H. I. V. 'explosion' seen in East Europe and Central Asia, *New York Times*, 29 November.

Alwood, E. (1996) *Straight News: Gays, Lesbians and the News Media*. New York: Columbia University Press.

Anderson, A. (1997) *Media, Culture and the Environment*. London: UCL Press.

Anderson, A. (2000) Environmental pressure politics and the 'risk society', in S. Allan, B. Adam and C. Carter (eds) *Environmental Risks and the Media.* London and New York: Routledge.

Angenot, M. (1979) Jules Verne: the last happy utopianist, in P. Parrinder (ed.) *Science Fiction: A Critical Guide.* London: Longman.

Appleyard, B. (1992) *Understanding the Present.* London: Pan.

Ashley, M. (2000) *The Time Machines.* Liverpool: Liverpool University Press.

Atkinson, K. and Middlehurst, R. (1995) Representing AIDS: the textual politics of health discourse, in B. Adam and S. Allan (eds) *Theorizing Culture.* London: UCL Press; New York: NYU Press.

Baker, R. (2001) *Fragile Science.* London: Macmillan.

Bakir, T. V. (2001) Media agenda-building battles between Greenpeace and Shell: a rhetorical and discursive approach. Unpublished PhD thesis, University of Hull.

Barnard, P. (1999) *We Interrupt This Programme.* London: BBC.

Barr, J. and Birke, L. (1998) *Common Science?* Bloomington, IN: Indiana University Press.

Baudrillard, J. (1994) *Simulacra and Simulation.* Ann Arbor, MI: University of Michigan Press.

Beardsworth, A. and Keil, T. (1997) *Sociology on the Menu.* London: Routledge.

Beck, U. (1992a) *Risk Society: Towards a New Modernity.* London: Sage.

Beck, U. (1992b) From industrial society to risk society: questions of survival, social structure and ecological enlightenment. *Theory, Culture and Society,* 9: 97—123.

Beck, U. (1995) *Ecological Politics in an Age of Risk.* Cambridge: Polity.

Beck, U. (1996a) Risk society and the provident state, in S. Lash, B. Szerszynski and B. Wynne (eds) (1996) *Risk, Environment and Modernity: Towards a New Ecology.* London: Sage.

Beck, U. (1996b) World risk society as cosmopolitan society? Ecological questions in a framework of manufactured uncertainties. *Theory, Culture and Society,* 13(4): 1—32.

Beck, U. (1998) Politics of risk society, in J. Franklin (ed.) *The Politics of Risk Society.* Cambridge: Polity.

Beck, U. (2000) Foreword, in S. Allan, B. Adam and C. Carter (eds) *Environmental Risks and the Media.* London and New York: Routledge.

Becker, H. S. (1967) Whose side are we on? *Social Problems,* 14(3); 239—47.

Beder, S. (1997) *Global Spin: The Corporate Assault on Environmentalism.* Totnes, Devon and White River Junction, VT: Green Books and Chelsea Green Publishing.

Bell, A. (1994) Climate of opinion: public and media discourse on the global environment, *Discourse and Society,* 5(1): 33—64.

Bellon, J. (1999) The strange discourse of *The X-Files, Critical Studies in Mass*

Communication, 16: 136—54.

Bennett, T. (1995) *The Birth of the Museum*. London: Routledge.

Best, S. and Kellner, D. (2001) *The Postmodern Adventure*. London: Routledge.

Beynon, J. (2002) *Masculinities and Culture*. Buckingham: Open University Press.

Bird, S. E. (1996) CJ's revenge: media, folklore, and the cultural construction of AIDS, *Critical Studies in Mass Communication*, 13: 44—58.

Blum, D. (1997) Investigative science journalism, in D. Blum and M. Knudson (eds) *A Field Guide for Science Writers*. New York: Oxford University Press.

Blum, D. and Knudson, M. (1997) Editors' note, in D. Blum and M. Knudson (eds) *A Field Guide for Science Writers*. New York: Oxford University Press.

Bodmer, W. (1985) *The Public Understanding of Science*. London: Royal Society.

Bodmer, W. and Wilkins, J. (1992) Research to improve public understanding programmes. *Public Understanding of Science*, 1: 7—10.

Boyer, P. (1985) *By the Bomb's Early Light: American Thought and Culture at the Dawn of the Atomic Age*. New York: Pantheon.

Bradburne, J. M. (1998) Dinosaurs and white elephants: the science center in the twenty-first century. *Public Understanding of Science, 7:* 237—53.

Brassley, P. (2001) The minister and the malady. *History Today,* 51(11): 26—8.

Brody, J. E. (2001) Clean cutting boards are not enough, *New York Times*, 30 January.

Broks, P. (1996) *Media Science before the Great War*. London: Macmillan.

Brookes, R. (2000) Tabloidization, media panics, and mad cow disease, in C. Sparks and J. Tulloch (eds) *Tabloid Tales*. Lanham, MD: Rowman and Littlefield.

Brookes, R. and Holbrook, B. (1998) 'Mad cows and Englishmen': gender implications of news reporting on the British beef crisis, in C. Carter, G. Branston and S. Allan (eds) *News, Gender and Power*. London and New York: Routledge.

Bucchi, M. (1998) *Science and the Media: Alternative Routes in Scientific Communication*. London: Routledge.

Bunyard, P. (1988) Nuclear energy after Chernobyl, in E. Goldsmith and N. Hildyard (eds) *The Earth Report: Monitoring the Battle for our Environment*. London: Beasley.

Campbell, J. E. (2001) Alien(ating) ideology and the American media, *International Journal of Cultural Studies*, 4(3): 327—47.

Canaday, J. (2000) *The Nuclear Muse*. Madison, WI: University of Wisconsin Press.

Caplan, P. (2000) 'Eating British beef with confidence': a consideration of consumers' responses to BSE in Britain, in P. Caplan (ed.) *Risk Revisited*. London: Pluto.

Carter, D. (1988) *The Final Frontier*. London: Verso.

Carter, S. (1997) Reducing AIDS risk: a case of mistaken identity?, *Science as Culture*, 6(2): 220—45.

Cartmell, D., Hunter, I. Q., Kaye, H. and Whelehan, I. (eds) (1999) *Alien Identities*. London: Pluto.

Chapman, G., Kumar, K., Eraser, C. and Gaber, I. (1997) *Environmentalism and the Mass Media: The North-South Divide*. London: Routledge.

Chibnall, S. (1999) Alien women: the politics of sexual difference in British sf pulp cinema, in I. Q. Hunter (ed.) *British Science Fiction Cinema*. London: Routledge.

Clarke, A. C. (1993) Introduction, in H. G. Wells, *The War of the Worlds*. London: Everyman.

Clute, J. and Nicholls, P. (1999) *The Encyclopedia of Science Fiction*. London: Orbit.

Cohen, S. (1972) *Folk Devils and Moral Panics*. London: MacGibbon and Kee.

Cohn, V. (1997) Coping with statistics, in D. Blum and M. Knudson (eds) *A field Guide for Science Writers*. New York: Oxford University Press.

Collins, H. and Pinch, T. (1998) *The Golem at Large*. Cambridge: Cambridge University Press.

Cook, J. (1999) *Adapting telefantasy: the Doctor Who and the Daleks films*, in I. Q. Hunter (ed.) *British Science Fiction Cinema*. London: Routledge.

Cooter, R. and Pumfrey, S. (1994) Separate spheres and public places: reflections on the history of science popularization and science in popular culture, *History of Science*, 32: 237—67.

Cottle, S. (1998) Ulrich Beck, 'risk society' and the media: a catastrophic view?, *European Journal of Communication*, 13(1): 5—32.

Cottle, S. (2000) TV news, lay voices and the visualisation of environmental risks, in S. Allan, B. Adam and C. Carter (eds) *Environmental Risks and the Media*. London and New York: Routledge.

Coupland, J. and Coupland, N. (2000) Selling control: ideological dilemmas of sun, tanning, risk and leisure, in S. Allan, B. Adam and C. Carter (eds) *Environmental Risks and the Media*. London and New York: Routledge.

Crimp, D. (1993) Accommodating Magic, in M. Gerber, J. Matlock and R. L. Walkowitz (eds) *Media Spectacles*. New York: Routledge.

Critcher, C. (in press) *Moral Panics and the Media*. Buckingham: Open University Press.

Cunningham, A. M. (1986) Not just another day in the newsroom: the accident at TMI, in S. M. Friedman, S. Dunwoody and C. L. Rogers (eds) *Scientists and Journalists*. New York and London: Free Press.

Daley, P. and O'Neill, D. (1991) 'Sad is too mild a word': press coverage of the *Exxon Valdez* oil spill, *Journal of Communication*, 41(4): 42—57.

Daley, S. (2001) French report faults response to mad cow crisis, *New York Times*, 18 May.

Darier, E. (ed.) (1999) *Discourses of the Environment*. Oxford: Blackwell.

Dawkins, R. (1998) *Unweaving the Rainbow*. Harmondsworth: Penguin.

Dean, J. (1998) *Aliens in America: Conspiracy Cultures from Outerspace to Cyberspace.* Ithaca, NY: Cornell University Press.

DeFrancesco, L. (2001) Quickening the diagnosis of mad cow disease, *The Scientist,* 15(12): 22.

Detjen, J. (1997) Environmental writing, in D. Blum and M. Knudson (eds) *A Field Guide for Science Writers.* New York: Oxford University Press.

Dickinson, R. (1990) Beyond the moral panic: Aids, the mass media and mass communication research. *Communications,* 15(1/2): 21—36.

Dickson, D. (2000) Science and its public: the need for a third way, *Social Studies of Science,* 30(6): 917—23.

Disch, T. M. (1998) *The Dreams Our Stuff is Made of.* New York: Touchstone.

Dornan, C. (1988) The 'problem' of science and the media: a few seminal texts in their context, 1956—1965, *Journal of Communication Inquiry,* 12(2): 53—70.

Dornan, C. (1990) Some problems in conceptualizing the issue of 'science and the media'. *Critical Studies in Mass Communication,* 7:48—71.

Dubois, L. (1996) A spoonful of blood: Haitians, racism and AIDS, *Science as Culture,* 6: 7—43.

Dunbar, R. (1995) *The Trouble with Science.* London: Faber and Faber.

Durant, J. (1992a) Introduction, in J. Durant (ed.) *Museums and the Public Understanding of Science.* London: Science Museum.

Durant, J. (1992b) Editorial, *Public Understanding of Science,* 1: 1—5.

Durant, J. (1993) What is scientific literacy?, in J. Durant and J. Gregory (eds) *Science and Culture in Europe.* London: Science Museum.

Durant, J. (1998a) Pseudo-science, total fiction. *The Independent,* 21 August.

Durant, J. (1998b) Once the men in white coats held the promise of a better future..., in J. Franklin (ed.) *The Politics of Risk Society.* Cambridge: Polity.

Durant, J., Bauer, M. W. and Gaskell, G. (eds) (1998) *Biotechnology in the Public Sphere.* London: Science Museum.

Dutt, B. and Garg, K. C. (2000) An overview of science and technology coverage in Indian English-language dailies. *Public Understanding of Science,* 9:123—40.

Editors, Lingua Franca (2000) *The Sokal Hoax.* Lincoln, NE: University of Nebraska Press.

Eldridge, J. (1999) Risk, society and the media: now you see it, now you don't, in G. Philo (ed.) *Message Received.* London: Longman.

Elena, A. (1997) Skirts in the lab: *Madame Curie* and the image of the woman scientist in the feature film. *Public Understanding of Science,* 6: 269—78.

Epstein, S. (1996) *Impure Science: AIDS, Activism and the Politics of Knowledge.* Berkeley, CA: University of California Press.

Evans, A. B. (1999) The origins of science fiction criticism: from Kepler to Wells, *Science Fiction Studies,* 26(2): 163—86.

Farmelo, G. (1998) Book review. *Public Understanding of Science,* 7: 352—4.

Fauvel, J. (1989) AIDS culture, *Science as Culture,* 7: 43—68.

Featherstone, M. and Burrows, R. (eds) *Cyberspace/Cyberbodies/Cyberpunk.* London:Sage.

Fishman, M. (1980) *Manufacturing the News.* Austin, TX: University of Texas Press.

Flatow, I. (1997) Magazine style, in D. Blum and M. Knudson (eds) *A Field Guide for Science Writers.* New York: Oxford University Press.

Ford, B. J. (2000) *The Future of Food.* London: Thames and Hudson.

Franklin, J. (ed.) (1998) *The Politics of Risk Society.* Cambridge: Polity.

Franklin, S., Lury, C. and Stacey, J. (2000) *Global Nature, Global Culture.* London: Sage.

Friedman, S. (1981) Blueprint for breakdown: Three Mile Island and the media before the accident. *Journal of Communication* 31(2): 116—28.

Friedman, S. M. (1986) The journalist's world, in S. M. Friedman, S. Dunwoody and C. L. Rogers (eds) *Scientists and Journalists.* New York: Free Press.

Friedman, S. M., Dunwoody, S. and Rogers, C. L. (eds) (1986) *Scientists and Journalists.* Washington, DC: AAAS.

Friedman, S. M., Gorney, C. M. and Egold, B. P. (1987) Reporting on radiation: a content analysis of Chernobyl coverage. *Journal of Communication,* 37(3): 58—78.

Friedman, S. M., Dunwoody, S. and Rogers, C. L. (eds) (1999) *Communicating Uncertainty.* Mahwah, NJ: Lawrence Eribaum.

Fuller, S. (1997) *Science.* Buckingham: Open University Press.

Gaber, I. (2000) The greening of the public, politics and the press, 1985—1999, in J. Smith (ed.) *The Daily Globe: Environmental Change, the Public and the Media.* London: Earthscan.

Gaddy, G. D. and Tanjong, E. (1986) Earthquake coverage by the Western press, *Journal of Communication,* 26(2): 105—12.

Garfield, S. (2001) AIDS: the first 20 years. *The Guardian,* 3 June.

Garrett, L. (1997) Covering infectious diseases, in D. Blum and M. Knudson (eds) *A Field Guide for Science Writers.* New York: Oxford University Press.

Gascoigne, T. and Metcalfe, J. (1997) Incentives and impediments to scientists communicating through the media. *Science Communication,* 18(3): 265—82.

Gaskell, G., Bauer, M. W. and Durant, J. (1998) The representation of biotechnology, in J. Durant, M. W. Bauer and G. Gaskell (eds) *Biotechnology in the Public Sphere.* London: Science Museum.

Gauntlett, D. (1996) *Video Critical: Children, the Environment and Media Power.* Luton:

University of Luton Press/John Libbey.

Gernsback, H. (1926) A new sort of magazine. *Amazing Stories,* 1(1): 3.

Giddens, A. (1998) Risk society: the context of British politics, in J. Franklin (ed.) *The Politics of Risk Society.* Cambridge: Polity.

Glasner, P. (2000) Reporting risks: problematising public participation and the Human Genome Project, in S. Allan, B. Adam and C. Carter (eds) *Environmental Risks and the Media.* London and New York: Routledge.

Goldblatt, D. (1996) *Social Theory and the Environment.* Cambridge: Polity.

Goldsmith, M. (1986) *The Science Critic.* London: Routledge and Kegan Paul.

Goldstein, R. (1991) The implicated and the immune: responses to AIDS in the arts and popular culture, in D. Nelkin, D. P. Willis and S. V. Parris (eds) *A Disease of Society.* Cambridge: Cambridge University Press.

Gould, S. J. (1996) *Dinosaur in a Haystack.* London: Jonathan Cape.

Gray, C. H. (2001) *Cyborg Citizen.* New York: Routledge.

Greenberg, J. (1997) Using sources, in D. Blum and M. Knudson (eds) *A Field Guide for Science Writers.* New York: Oxford University Press.

Greenberg, M. R., Sachsman, D. B., Sandman, P. M. and Salomone, K. L. (1989) Risk, drama and geography in coverage of environmental risk by network TV, *Journalism Quarterly,* 66(2): 267—76.

Gregory, C. (2000) *Star Trek: Parallel Narratives.* London: Macmillan.

Gregory, J. and Miller, S. (1998) *Science in Public.* Cambridge: Perseus.

Gregory, J. and Miller, S. (2001) Caught in the crossfire? The public's role in the science wars, in J. A. Labinger and H. Collins (eds) *The One Culture?* Chicago: University of Chicago Press.

Grimshaw, J. (1997) The nature of AIDS-related discrimination, in J. Oppenheimer and H. Reckitt (eds) *Acting on AIDS.* London: Serpent's Tail.

Gross, E. and Altman, M. A. (1995) *Captains' Logs.* Boston, MA: Little, Brown.

Grove-White, R. (1998) Risk society, politics and BSE, in J. Franklin (ed.) *The Politics of Risk Society.* Oxford: Polity.

Guedes, O. (2000) Environmental issues in the Brazillian press. *Gazette,* 62(6): 537—54.

Hackman, W. (1992) 'Wonders in one closet shut': the educational potential of history of science museums, in J. Durant (ed.) *Museums and the Public Understanding of Science.* London: Science Museum.

Haining, P. (1983) *Doctor Who: A Celebration.* London: Virgin.

Hall, S. (1981) The determinations of news photographs, in S. Cohen and J. Young (eds) *The Manufacture of News,* revised edition. London: Constable.

Hall, S., Critcher, C., Jefferson, T, Clarke, J. and Roberts, B. (1978) *Policing the Crisis:*

Mugging, the State, and Law and Order. London: Macmillan.
Hannigan, J. A. (1995) *Environmental Sociology: A Social Constructionist Perspective.* London: Routledge.
Hansen, A. (1991) The media and the social construction of the environment, *Media, Culture and Society,* 13: 443—58.
Hansen, A. (ed.) (1993) *The Mass Media and Environmental Issues.* Leicester: Leicester University Press.
Hansen, A. (1994) Journalistic practices and science reporting in the British press, *Public Understanding of Science,* 3: 111—34.
Hansen, A. (2000) Claims-making and framing in British newspaper coverage of the 'Brent Spar' controversy, in S. Allan, B. Adam and C. Carter (eds) *Environmental Risks and the Media.* London and New York: Routledge.
Haraway, D. J. (1991) *Simians, Cyborgs, and Women.* London: Free Association Books.
Hargreaves, I. and Ferguson, G. (2000) *Who's Misunderstanding Whom? Bridging the Gulf of Understanding between the Public, the Media and Science.* London: ESRC/British Academy.
Harré, R., Brockmeier, J. and Mühlhäusler, P. (1999) *Greenspeak: A Study of Environmental Discourse.* London: Sage.
Harris, J. (1998) *Clones, Genes and Immortality.* Oxford: Oxford University Press.
Harris, R. F. (1997) Toxics and risk reporting, in D. Blum and M. Knudson (eds) *A Field Guide for Science Writers.* New York: Oxford University Press.
Harrison, T., Projansky, S., Ono, K. A. and Helford, E. R. (eds) (1996) *Enterprise Zones: Critical Positions on Star Trek.* Boulder, CO: Westview.
Hartouni, V. (1997) *Cultural Conceptions: On Reproductive Technologies and the Remaking of Life.* Minneapolis, MN: University of Minnesota Press.
Hartwell, D. G. (1996) *Age of Wonders.* New York: Tom Doherty Associates.
Hawking, S. (1995) Foreword, in L. Krauss, *The Physics of Star Trek.* London: Flamingo.
Hayles, N. K. (1999) *How We Became Posthuman.* Chicago: University of Chicago Press.
Haynes, R. D. (1994) *From Faust to Strangelove: Representations of the Scientist in Western Literature.* Baltimore, MD: Johns Hopkins University Press.
Henriksen, E. K. and Frøyland, M. (2000) The contribution of museums to scientific literacy: views from audiences and museum professionals. *Public Understanding of Science,* 9: 393—415.
Hirsch, W. (1962) The image of the scientist in science fiction: a content analysis, in B. Barber and W. Hirsch (eds) *The Sociology of Science.* New York: Macmillan.
Hopkin, K. (2001) The risks on the table, *Scientific American,* April.
Hornig, S. (1993) Reading risk: public response to print media accounts of technological risk, *Public Understanding of Science,* 1: 95—109.

Hornig Priest, S. (1999) Popular beliefs, media, and biotechnology, in S. Friedman, S. Dunwoody and C. L. Rogers (eds) *Communicating Uncertainty.* Mahwah, NJ: Lawrence Eribaum.

Hornig Priest, S. (2001) *A Grain of Truth: The Media, the Public, and Biotechnology.* Lanham, MD: Rowman and Littlefield.

Horton, R. (1999) Genetically modified foods: 'absurd' concern or welcome dialogue?, *Lancet,* 354: 1312.

Howenstine, E. (1987) Environmental reporting: shift from 1970 to 1982, *Journalism Quarterly,* 64(4): 842—6.

Howley, K. (2001) Spooks, spies, and control technologies: technologies in *The X-Files, Television and New Media,* 2(3): 257—80.

Hurley, M. (2001) Strategic and conceptual issues for community-based, HIV/AIDS treatments media, Australian Research Centre in Sex, Health and Society.

Huxford, J. (2000) Framing the future: science fiction frames and the press coverage of cloning, *Continuum,* 14(2): 187—99.

Huxley, A. ([1932] 1955) *Brave New World.* Harmondsworth: Penguin.

Irwin, A. (1995) *Citizen Science.* London: Routledge.

Irwin, A. (2001) *Sociology and the Environment.* Cambridge: Polity.

Irwin, A. and Wynne, B. (eds) (1996) *Misunderstanding Science? The Public Reconstruction of Science and Technology.* Cambridge: Cambridge University Press.

Irwin, A., Allan, S. and Welsh, I. (2000) Nuclear risks: three problematics, in B. Adam, U. Beck and J. van Loon (eds) *The Risk Society and Beyond.* London: Sage.

James, E. (1994) *Science Fiction in the 20th Century.* Oxford: Oxford University Press.

Jarmul, D. (1997) Op-ed writing, in D. Blum and M. Knudson (eds) *A Field Guide for Science Writers.* New York: Oxford University Press.

Jasanoff, S. (1997) Civilization and madness: the great BSE scare of 1996, *Public Understanding of Science,* 6: 221—32.

Jasanoff, S. (1998) Book review. *Public Understanding of Science,* 7: 354—6.

Jones, R. A. (1997) The boffin: a stereotype of scientists in post-war British films (1945—1970), *Public Understanding of Science,* 6: 31—48.

Karpf, A. (1988) *Doctoring the Media.* London: Routledge.

Kavanagh, G. (1992) Dreams and nightmares: science museum provision in Britain, in J. Durant (ed.) *Museums and the Public Understanding of Science.* London: Science Museum.

Kiernan, V. (1997) Ingelfinger, embargoes, and other controls on the dissemination of science news. *Science Communication,* 18(4): 297—319.

Kiernan, V. (2000) The mars meteorite: a case study in controls on dissemination of science news. *Public Understanding of Science,* 9: 15—41.

King, G. and Krzywinska, T. (2000) *Science fiction Cinema.* London: Wallflower.

Kinsella, J. (1989) *Covering the Plague: AIDS and the American Media.* New Brunswick, NJ: Rutgers University Press.

Knight, P. (2000) *Conspiracy Culture: From Kennedy to the X Files.* London: Routledge.

Kolata, G. (1997) *Clone: The Road to Dolly and the Path Ahead.* London: Alien Lane.

Krauss, L. (1995) *The Physics of Star Trek.* London: Flamingo.

Krug, G. J. (1993) The day the earth stood still: media messages and local life in a predicted Arkansas earthquake. *Critical Studies in Mass Communication,* 10: 273—85.

Labinger, J. A. and Collins, H. (eds) (2001) *The One Culture?* Chicago: University of Chicago Press.

Lacey, C. and Longman, D. (1997) *The Press as Public Educator.* Luton: University of Luton Press/John Libbey.

LaFollette, M. C. (1990) *Making Science Our Own: Public Images of Science 1910—1955.* Chicago: University of Chicago Press.

Lambourne, R. (1999) Science fiction and the communication of science, in E. Scanlon, E. Whitelegg and S. Yates (eds) *Communicating Science: Contexts and Channels.* London: Routledge.

Lambourne, R., Shallis, M. and Shortland, M. (1990) *Close Encounters Science and Science Fiction.* Bristol: Adam Hilger.

Lash, S., Szerszynski, B. and Wynne, B. (eds) (1996) *Risk, Environment and Modernity.* London: Sage.

Lavery, D., Hague, A. and Cartwright, M. (1996a) Introduction, in D. Lavery, A. Hague and M. Cartwright (eds) *Deny All Knowledge: Reading the X-Files.* London: Faber and Faber.

Lavery, D., Hague, A. and Cartwright, M. (eds) (1996b) *Deny All Knowledge: Reading the X-Files.* London: Faber and Faber.

Leiss, W. and Chocioiko, C. (1994) *Risk and Responsibility.* Montreal: McGill-Queen's University Press.

Lindahl Elliot, N. (2001) Signs of anthropomorphism: the case of natural history television documentaries. *Social Semiotics,* 11(3): 289—305.

Linné, O. (1991) Journalistic practices and news coverage of environmental issues, *Nordicom Review of Nordic Mass Communication Research,* 1: 1—7.

Long, M., Boiarsky, G. and Thayer, G. (2001) Gender and racial counter-stereotypes in science education television: a content analysis, *Public Understanding of Science,* 10: 255—69.

Long, T. L. (2000) Plague of pariahs: AIDS zines, and the rhetoric of transgression, *Journal of Communication Inquiry,* 24(4): 401—11.

Lowe, P. and Morrison, D. (1984) Bad news or good news: environmental politics and the mass media, *Sociological Review,* 32(1): 75—90.

Lowry, B. (1995) *The Truth is Out There: The Official Guide to the X Files.* London: HarperCollins.

Luke, T. W. (1987) Chernobyl: the packaging of transnational ecological disaster, *Critical Studies in Mass Communication,* 4: 351—75.

Lupton, D. (1994) *Moral Threats and Dangerous Desires.* London: Taylor & Francis.

McArthur, L. C. (1998) Report: the portrayal of women in science books for junior readers. *Science Communication,* 20(2): 247—61.

McCurdy, H. E. (1997) *Space and the American Imagination.* Washington, DC: Smithsonian Institution Press.

Macdonald, S. (1996) Authorising science: public understanding of science in museums, in A. Irwin and B. Wynne (eds) *Misunderstanding Science? The Public Reconstruction of Science and Technology.* Cambridge: Cambridge University Press.

Macdonald, S. (1998) Exhibitions of power and powers of exhibition, in S. Macdonald (ed.) *The Politics of Display.* London: Routledge.

McGuigan, J. (1999) *Modernity and Postmodern Culture.* Buckingham: Open University Press.

Macnaghten, P. and Urry, J. (1998) *Contested Natures.* London: Sage.

McNair, B. (1988) *Images of the Enemy.* London: Routledge.

McNeil, M. (1987) *Gender and Expertise.* London: Free Association Books.

McNeil, M. and Franklin, S. (1991) Science and technology: questions for cultural studies and feminism, in S. Franklin, C. Lury and J. Stacey (eds) *Off-Centre: Feminism and Cultural Studies.* London: HarperCollins.

McNeil, M., Varcoe, I. and Yearley, S. (1990) *The New Reproductive Technologies.* Basingstoke: Macmillan.

McRobbie, A. (1994) *Postmodernism and Popular Culture.* London: Routledge.

Maddox, J. (1991) Basketball, AIDS and education. *Nature,* 354(6349): 103.

Major, A. M. and Atwood, L. E. (1997) Changes in media credibility when a predicted disaster doesn't happen. *Journalism and Mass Communication Quarterly,* 74(4): 797—813.

Malone, R. E., Boyd, E. and Bero, L. A. (2000) Science in the news: journalists' constructions of passive smoking as a social problem. *Social Studies of Science,* 30(5): 713—35.

Mazur, A. (1981) Media coverage and public opinion on scientific controversies, *Journal of*

Communication, 31(2): 106—15.

Meek, J. (2001) What's eating you?. *The Guardian,* 22 June.

Mellor, F. (2001a) Gender and the communication of physics through multimedia, *Public Understanding of Science,* 10: 271—91.

Mellor, F. (2001b) Between 'fact' and 'fiction': demarcating science from non-science in popular physics books. Unpublished research paper. London: Imperial College of Science, Technology and Medicine.

Mellor, F. (2001c) Colliding worlds: asteroid science and science fiction. Unpublished research presentation. Department of Science and Technology Studies, Cornell University, 5 March.

Miller, D., Kitzinger, J., Williams, K. and Beharrell, P. (1998) *The Circuit of Mass Communication.* London: Sage.

Miller, M. M. and Riechert, B. P. (2000) Interest group strategies and journalistic norms: news media framing of environmental issues, in S. Allan, B. Adam and C. Carter (eds) *Environmental Risks and the Media.* London: Routledge.

Miller, S. (2001) Public understanding of science at the crossroads. *Public Understanding of Science,* 10: 115—20.

Mitchell, W. J. T. (1998) *The Last Dinosaur Book.* Chicago: University of Chicago Press.

Moeller, S. D. (1999) *Compassion Fatigue.* New York: Routledge.

Molotch, H. and Lester, M. (1974) News as purposive behaviour: on the strategic use of routine events, accidents and scandals, *American Sociological Review,* 39(1): 101—12.

Morton, A. (1988) Tomorrow's yesterdays: science museums and the future, in R. Lumley (ed.) *The Museum Time Machine.* London: Routledge.

Mulkay, M. (1997) *The Embryo Research Debate: Science and the Politics of Reproduction.* Cambridge: Cambridge University Press.

Murray, J. (1991) Bad press: representations of AIDS in the media. *Cultural Studies from Birmingham,* 1: 29—51.

Myers, G. (1990) *Writing Biology: Texts in the Social Construction of Scientific Knowledge.* Madison, WI: University of Wisconsin Press.

Nelkin, D. (1995) *Selling Science: How the Press Covers Science and Technology,* 2nd edn. New York: W. H. Freeman.

Nelkin, D. and Lindee, M. S. (1995) *The DNA Mystique.* New York: W. H. Freeman.

Neresini, P. (2000) And man descended from the sheep: the public debate on cloning in the Italian press, *Public Understanding of Science,* 9: 359—82.

Neuzil, M. and Kovarik, W. (1996) *Mass Media and Environmental Conflict: America's Green Crusades.* Thousand Oaks, CA: Sage.

Nieman, A. (2000) The popularisation of physics: boundaries of authority and the visual culture of science. Unpublished PhD thesis. University of the West of England.

North, R. D. (1998) Reporting the environment: single issue groups and the press, *Contemporary Issues in British Journalism,* The 1998 Vauxhall Lectures. Cardiff: Centre for Journalism Studies, Cardiff University.

Nottingham, S. (2000) *Screening DNA; Exploring the Cinema-Genetics Interface.* Stevenage: DNA Books.

Nowotny, H., Scott, P. and Gibbons, M. (2001) *Re-Thinking-Science.* Cambridge: Polity.

O'Brien, D. (2000) *SF: UK.* London: Reynolds and Hearn.

Parlour, J. W. and Schatzow, S. (1978) The mass media and public concern for environmental problems in Canada, 1960—1972, *International Journal of Environmental Studies,* 13: 9—17.

Parrinder, P. (1980) *Science Fiction: Its Criticism and Teaching.* London: Methuen.

Parrinder, P. (1990) Scientists in science fiction: enlightenment and after, in R. Garnett and R. J. Ellis (eds) *Science Fiction Roots and Branches.* London: Macmillan.

Patton, C. (1985) *Sex and Germs.* Boston, MA: South End Press.

Pearson, G., Pringle, S. M. and Thomas, J. N. (1997) Scientists and the public understanding of science. *Public Understanding of Science,* 6: 279—89.

Pence, G. E. (1998) *Who's Afraid of Human Cloning?* Lanham, MD: Rowman and Littlefield.

Penley, C. (1997) *NASA/TREK: Popular Science and Sex in America.* London: Verso.

Perlman, D. (1997) Introduction, in D. Blum and M. Knudson (eds) *A Field Guide for Science Writers.* New York: Oxford University Press.

Persson, P. (2000) Science centers are thriving and going strong!, *Public Understanding of Science,* 9: 449—60.

Petit, C. (1997) Covering earth sciences, in D. Blum and M. Knudson (eds) *A Field Guide for Science Writers.* New York: Oxford University Press.

Phillips, Lord (2000) *The Inquiry into BSE and variant CJD in the United Kingdom.* London: HMSO.

POST (Parliamentary Office of Science and Technology) (1995) *Public Attitudes to Science.* Report 69. London: House of Commons.www.parliament.the-stationery-office.co.uk

POST (Parliamentary Office of Science and Technology) (1996) *Safety in Numbers?* Report 81. London: House of Commons. www.parliament.the-stationery-office.co.uk

POST (Parliamentary Office of Science and Technology) (2000a) *The 'Great GM Food Debate'.* Report 138. London: House of Commons. www.parliament.the-stationery-office.co.uk

POST (Parliamentary Office of Science and Technology) (2000b) *Science Centres.* Report 143. London: House of Commons. www.parliament.the-stationery-office.co.uk

Pounds, M. C. (1999) *Race in Space: The Representation of Ethnicity in* Start Trek *and* Star Trek: The Next Generation. Lanham, MD: Scarecrow Press.

Powell, D. (2001) Mad cow disease and the stigmatization of British beef, in J. Flynn, P. Slovic and H. Kunreuther (eds) *Risk, Media and Stigma.* London: Earthscan.

Powell, D. and Leiss, W. (1997) *Mad Cows and Mother's Milk: The Perils of Poor Risk Communication.* Montreal and Kingston: McGill-Queen's University Press.

Priest, S. H. (2001) Cloning: a study in news production. *Public Understanding of Science,* 10: 59—69.

Pyenson, L. and Sheets-Pyenson, S. (1999) *Servants of Nature.* London; Fontana.

Quin, M. (1993) Clone, hybrid or mutant? The evolution of European science museums, in J. Durant and J. Gregory (eds) *Science and Culture in Europe.* London: Science Museum.

Ratzan, S. C. (ed.) (1998) *The Mad Cow Crisis.* London: UCL Press.

Redman, P. (1991) Invasion of the monstrous others: identity, genre and HIV, *Cultural Studies from Birmingham,* 1: 8—28.

Reilly, J. and Miller, D. (1997) Scaremonger or scapegoat? The role of the media in the emergence of food as a social issue, in P. Caplan (ed.) *Food, Health and Identity.* London: Routledge.

Reiss, M. J. and Straughan, R. (1996) *Improving Nature?* Cambridge: Cambridge University Press.

Rensberger, B. (1997) Covering science for newspapers, in D. Blum and M. Knudson (eds) *A Field Guide for Science Writers.* New York: Oxford University Press.

Rhodes, R. (1998) *Deadly Feasts.* London: Touchstone.

Roberts, A. (2000) *Science Fiction.* London: Routledge.

Robertson, G., Mash, M., Tiekner, L., *et al.* (eds) (1996) *FutureNatural: Nature/ Science/ Culture.* London; Routledge.

Ropeik, D. (1997) Reporting news, in D. Blum and M. Knudson (eds) *A Field Guide for Science Writers.* New York: Oxford University Press.

Rosen, J. (1999) *What Are Journalists For?* New Haven, CT: Yale University Press.

Rosenberg, T. (2001) Look at Brazil, *New York Times,* 28 January.

Rosenthal, E. (2001) China now facing an AIDS epidemic, a top aide admits. *New York Times,* 24 August.

Ross, A. (1991) *Strange Weather.* New York: Verso.

Ross, A. (ed.) (1996) *Science Wars.* Durham, NC: Duke University Press.

Rowe, D. (1997) Apollo undone: the sports scandal, in J. Lull and S. Hinerman (eds) *Media Scandals.* Cambridge: Polity.

Rubin, D. M. (1987) How the news media reported on Three Mile Island and Chernobyl,

Journal of Communication, 37(3): 42—57.

Rutherford, P. (1999) Ecological modernization and environmental risk, in E. Darier (ed.) *Discourses of the Environment.* Oxford: Blackwell.

Saari, M-A., Gibson, C. and Osier, A. (1998) Endangered species: science writers in the Canadian daily press. *Public Understanding of Science*, 7: 61—81.

Sachsman, D. B. (1976) Public relations influence on coverage of environment in San Francisco area. *Journalism Quarterly,* 53(1): 54—60.

Sack, K. (2001) AIDS epidemic takes toll on black women. *New York Times,* 3 July.

Sagan, C. (1993) Science and pseudo-science, in D. Jarmul (ed.) *Headline News, Science Views II.* Washington, DC: National Academy Press.

Sagan, C. (1997) *The Demon-Haunted World: Science as a Candle in the Dark.* London: Headline.

Salisbury, D. F. (1997) Colleges and universities, in D. Blum and M. Knudson (eds) *A field Guide for Science Writers.* New York: Oxford University Press.

Salomone, K. L., Greenberg, M. R., Sandman, P. M. and Sachsman, D. B. (1990) A question of quality: how journalists and news sources evaluate coverage of environmental risk. *Journal of Communication,* 40(4): 117—30.

Sammon, P. M. (1996) *Future Noir: The Making of Blade Runner.* London: Orion.

Sandman, P. M. and Paden, M. (1979) At Three Mile Island, *Columbia Journalism Review,* 18(2): 43—58.

Scanlon, E., Whitelegg, E. and Yates, S. (eds) (1999) *Communicating Science, Reader 2.* London: Routledge.

Schoene-Harwood, B. (2000) *Mary Shelley: Frankenstein.* Cambridge: Icon.

Schoenfeld, A. C. (1980) Newspersons and the environment today. *Journalism Quarterly*, 57(3): 456—62.

Schoenfeld, A. C., Meier, R. F. and Griffin, R. J. (1979) Constructing a social problem: the press and the environment. *Social Problems,* 27(1): 38—61.

Select Committee on Science and Technology (House of Lords) (2000) *Science and Society.* London: HMSO.

Shachar, O. (2000) Spotlighting women scientists in the press: tokenism in science journalism. *Public Understanding of Science,* 9: 347—58.

Shamos, M. H. (1995) *The Myth of Scientific Literacy.* New Brunswick, NJ: Rutgers University Press.

Shelley, M. ([1818] 1994) *Frankenstein.* London: Puffin.

Shipman, D. (1985) *Science Fiction Films.* London: Hamlyn.

Shortland, M. and Gregory, J. (1991) *Communicating Science: A Handbook.* London: Longman.

Silver, L. M. (1998) *Remaking Eden: Cloning, Genetic Engineering and the Future of Humankind?* London: Phoenix.

Silverstone, R. (1992) The medium is the museum: on objects and logics in times and spaces, in J. Durant (ed.) *Museums and the Public Understanding of Science.* London: Science Museum.

Simon, A. (1999) *Monsters, Mutants and Missing Links: The Real Science behind The X-files.* London: Ebury.

Smith, C. (1992) *Media and Apocalypse: News Coverage of the Yellowstone Forest Fires, Exxon Valdez Oil Spill, and Loma Prieta Earthquake.* Westport, CT: Greenwood.

Smith, J. (ed.) (2000) *The Daily Globe: Environmental Change, the Public and the Media.* London: Earthscan.

Snow, C. P. (1965) *The Two Cultures: A Second Look.* Cambridge: Cambridge University Press.

Solow, H. F. and Justman, R. H. (1996) *Inside Star Trek.* New York: Pocket Books.

Sontag, S. (1989) *AIDS and its Metaphors.* Harmondsworth: Penguin.

Sood, R., Stockdale, G. and Rogers, E. M. (1987) How the news media operate in natural disasters. *Journal of Communication,* 37(3): 27—41.

Soper, K. (1995) *What is Nature?* Oxford: Blackwell.

Spigel, L. (1997) White flight, in L. Spigel and M. Curtain (eds) *The Revolution Wasn't Televised.* New York: Routledge.

Spinardi, G. (1997) Aldermaston and British nuclear weapons development: testing the 'Zuckerman Thesis', *Social Studies of Science,* 27: 547—82.

Stark, S. D. (1997) *Glued to the Set.* New York: Free Press.

Steinke, J. and Long, M. (1996) A lab of her own? Portrayals of female characters on children's educational science programs. *Science Communication,* 18(2): 91—115.

Stephens, M. and Edison, B. G. (1982) News media coverage of issues during the accident at Three-Mile Island, *Journalism Quarterly,* 59(2): 199—204.

Stocking, H. and Leonard, J. P. (1990) The greening of the media, *Columbia Journalism Review,* December: 37—44.

Sturken, M. (1997) *Tangled Memories.* Berkeley, CA: University of California Press.

Sullivan, R. (1992) Museums, in B. V. Lewenstein (ed.) *When Science Meets the Public.* Washington, DC: AAAS.

Szerszynski, B. and Toogood, M. (2000) Global citizenship, the environment and the media, in S. Allan, B. Adam and C. Carter (eds) *Environmental Risks and the Media.* London and New York: Routledge.

Thompson, K. (1998) *Moral Panics.* London: Routledge.

Toner, M. (1997) Introduction, in D. Blum and M. Knudson (eds) *A Field Guide for Science*

Writers. New York: Oxford University Press.

Tourney, C. P. (1996) Conjuring science in the case of cold fusion, *Public Understanding of Science*, 5:121—33.

Trafford, A. (1997) Critical coverage of public health and government, in D. Blum and M. Knudson (eds) *A Field Guide for Science Writers.* New York: Oxford University Press.

Treichler, P. A. (1999) *How to Have Theory in an Epidemic.* Durham, NC: Duke University Press.

Tulloch, J. and Jenkins, H. (1995) *Science Fiction Audiences.* London: Routledge.

Tulloch, J. and Lupton, D. (1997) *Television, AIDS and Risk.* St Leonards, NSW: Allen and Unwin.

Tulloch, J. and Lupton, D. (2001) Risk, the mass media and personal biography: revisiting Beck's 'knowledge, media and information society', *European Journal of Cultural Studies,* 4(1): 5—27.

Turney, F. (1998) *Frankenstein's Footsteps: Science, Genetics and Popular Culture.* New Haven, CT: Yale University Press.

Ungar, S. (2001) Moral panic versus the risk society: the implications of the changing sites of social anxiety, *British Journal of Sociology,* 52(2): 271—91.

Van Dijck, J. (1995) *Manufacturing Babies and Public Consent.* London: Macmillan.

Van Dijck, J. (1998) *Imagenation: Popular Images of Genetics.* London: Macmillan.

van Loon, J. (2000) Mediating the risks of virtual environments, in S. Allan, B. Adam and C. Carter (eds) *Environmental Risks and the Media.* London and New York: Routledge.

Watanabe, M. E. (2001) AIDS 20 years later..., *The Scientist,* 15(12).

Watney, S. (1988) AIDS, 'moral panic' theory and homophobia, in P. Aggleton and H. Homans (eds) *Social Aspects of Aids.* London: Palmer.

Watney, S. (1997) *Policing Desire,* 3rd edn. London; Cassell.

Watney, S. and Gupta, S. (1990) The rhetoric of AIDS, in T. Boffin and S. Gupta (eds) *Ecstatic Antibodies.* London: Rivers Oram Press.

Watson, J. D. (2000) *A Passion for DNA.* Oxford: Oxford University Press.

Watson, M. A. (1990) *The Expanding Vista: American Television in the Kennedy Years.* Durham, NC: Duke University Press.

Weeks, J. (1985) *Sexuality and its Discontents.* London: Routledge and Kegan Paul.

Weeks, J. (1993) AIDS and the regulation of sexuality, in V. Berridge and P. Strong (eds) *AIDS and Contemporary History.* Cambridge: Cambridge University Press.

Wellings, K. (1988) Perceptions of risk: media treatment of AIDS, in P. Aggleton and H. Homans (eds) *Social Aspects of AIDS.* London: Falmer.

Wells, H. G. ([1898] 1993) *The War of the Worlds*. London: Everyman.
Wells, H. G. ([1901] 2001) *The First Men in the Moon*. London: Gollancz.
Welsh, I. (2000) *Mobilising Modernity: The Nuclear Moment*. London: Routledge.
Whitfield, S. E. and Roddenberry, G. (1968) *The Making of Star Trek*. New York: Ballantine.
Wiegman, O., Gutteling, J. M., Boer, H. and Houwen, R. J. (1989) Newspaper coverage of hazards and the reactions of readers, *Journalism Quarterly*, 66(4): 846—52.
Wilkins, L. and Patterson, P. (1987) Risk analysis and the construction of news, *Journal of Communication*, 37(3): 80—92.
Wilkins, L. and Patterson, P. (1990) Risky business: covering slow-onset hazards as rapidly developing news. *Political Communication and Persuasion*, 7(1): 11—23.
Williams, R. ([1958] 1989) Culture is ordinary, in R. Gable (ed.) *Resources of Hope*. London: Verso.
Williams, R. (1983) *Keywords*. London: Flamingo.
Wilson, A. (1992) *The Culture of Nature: North American Landscape from Disney to the Exxon Valdez*. Cambridge, MA: Blackwell.
Wilson, C. (2000) Communicating climate change through the media: predictions, politics and perceptions of risk, in S. Allan, B. Adam and C. Carter (eds) *Environmental Risks and the Media*. London and New York: Routledge.
Winter, G. (2001) Contaminated food makes millions ill despite advances, *New York Times*, 18 March.
Wolmark, J. (ed.) (1999) *Cybersexualities*. Edinburgh: Edinburgh University Press.
Wykes, M. (2000) The burrowers: news about bodies, tunnels and green guerillas, in S. Allan, B. Adam and C. Carter (eds) *Environmental Risks and the Media*. London and New York: Routledge.
Wynne, B. (1992) Public understanding of science research: new horizons or hall of mirrors?. *Public Understanding of Science*, 1: 37—43.

Yeo, R. (1993) *Defining Science: William Whewell, Natural Knowledge and Public Debate in Early Victorian Britain*. Cambridge: Cambridge University Press.
Young, P. (1997) Writing articles from science journals, in D. Blum and M. Knudson (eds) *A Field Guide for Science Writers*. New York: Oxford University Press.

Ziman, J. (1992) Not knowing, needing to know, and wanting to know, in B. V. Lewenstein (ed.) *When Science Meets the Public*. Washington, DC: AAAS.
Ziman, J. (2000) *Real Science*. Cambridge: Cambridge University Press.